国外马克思主义政治经济学译丛

任保平 康蓉 主编

科技部、教育部“高等学校学科创新引智计划”（111计划）“国外马克思主义经济学与中国特色社会主义政治经济学学科创新引智基地”项目资助

西北大学“双一流”建设项目资助

Sponsored by First-class Universities and Academic Programs of Northwest University

危机理论和西班牙经济大衰退

The Theory of Crisis and the Great Recession in Spain

［瑞士］胡安·巴勃罗·马泰奥·托梅（Juan Pablo Mateo Tomé）/著

李建利 张 蓉/译

中国经济出版社
CHINA ECONOMIC PUBLISHING HOUSE

·北京·

图书在版编目（CIP）数据

危机理论和西班牙经济大衰退/（瑞士）胡安·巴勃罗·马泰奥·托梅著；李建利，张蓉译．--北京：中国经济出版社，2023.9

书名原文：The Theory of Crisis and the Great Recession in Spain

ISBN 978-7-5136-7457-7

Ⅰ.①危… Ⅱ.①胡…②李…③张… Ⅲ.①经济危机-研究-西班牙 Ⅳ.①F155.144

中国国家版本馆 CIP 数据核字（2023）第 174090 号

责任编辑 贺 静
责任印制 马小宾
封面设计 任燕飞工作室

出版发行 中国经济出版社
印 刷 者 北京艾普海德印刷有限公司
经 销 者 各地新华书店
开　　本 710mm×1000mm 1/16
印　　张 21.75
字　　数 281 千字
版　　次 2023 年 9 月第 1 版
印　　次 2023 年 9 月第 1 次
定　　价 98.00 元
广告经营许可证 京西工商广字第 8179 号

中国经济出版社 **网址** www.economyph.com **社址** 北京市东城区安定门外大街 58 号 **邮编** 100011
本版图书如存在印装质量问题，请与本社销售中心联系调换（联系电话：010-57512564）

借鉴国外马克思主义政治经济学研究中国特色社会主义政治经济学

任保平

二战以后，针对当代资本主义的新变化，国外马克思主义政治经济学者对当代资本主义进行了系统研究。20 世纪 60 年代中期以后，随着资本主义“长期繁荣”迹象的终结，西方马克思主义政治经济学研究呈现出再度复兴的趋势。2008 年全球金融危机爆发后，国外出现了一股《资本论》研究热，一些对主流经济学教条不满的经济学家重新对马克思的相对贫困、不平衡发展、产业后备军、虚拟资本、资本过剩等概念进行了研究。因此，系统梳理和评析当代国外马克思主义政治经济学的研究成果，研究马克思主义政治经济学创新发展的规律，对于中国特色社会主义政治经济学的研究具有重要意义。

一、国外马克思主义政治经济学研究的演变

二战后，西方发达资本主义国家不仅没有出现预想的危机，反而进入了“长期繁荣”，引起了国外马克思主义者对其整个政治经济学进行重新审视，开始研究当代资本主义的新变化。这一时期，如何看待劳动价值论和利润率下降规律等马克思主义政治经济学基本理论，以及当代资本主义发展趋势等问题，成为二战以后到 20 世纪 60 年代中期国外马克思主义政

治经济学研究的主题。欧内斯特·曼德尔（Ernest Mandel）于1962年出版的《马克思主义经济理论》和1964年出版的《马克思主义经济理论导论》，保罗·巴兰（Paul Alexander Baran）于1952年出版的《论落后问题的政治经济学》和1957年出版的《增长的政治经济学》，都是这一时期的研究成果。

20世纪60年代中期以后，以福特制生产方式为基础的组织化资本主义转向以弹性生产方式为基础的后组织化资本主义，资本主义"长期繁荣"出现终结迹象，西方马克思主义政治经济学研究呈现出再度复兴和更加多样化的发展态势。在这一时期，马克思主义政治经济学基本理论、资本主义发展趋势、不发达经济等前期主要论题得到了更加深入的研究，同时，马克思主义经济理论研究的各种流派不断涌现。1973年詹姆斯·奥康纳（James O'Connor）出版了《国家的财政危机》，1974年哈里·布雷弗曼（Harry Braverman）出版了《劳动与垄断资本》，曼德尔1972年出版了《晚期资本主义》和1980年出版了《资本主义的长波》，伊曼纽尔·沃勒斯坦（Immanuel Wallerstein）和萨米尔·阿明（Samir Amin）等出版的《现代世界体系》（1974）、《资本主义世界经济》（1979）以及《世界范围的积累》（1974）等，都是这一时期的研究成果。法国以米歇尔·阿格里塔（Michel Aglietta）、阿兰·利比茨（Alain Lipietz）等为代表的"调节学派"也在这一时期兴起。

20世纪90年代以后，随着冷战的结束和经济全球化的不断推进，以及社会主义国家的市场经济实践，对全球资本主义、新自由主义、新帝国主义的分析批判以及对社会主义模式的研究构成了这一时期国外马克思主义政治经济学研究的主要问题。阿明的《全球化的挑战》（1996）和《资本主义的幽灵》（1999）、伊藤诚（Makato Itoh）和考斯达斯·拉帕维查斯（Costas Lapavitsas）的《货币金融政治经济学》、戴维·佩珀（David Pepper）的《生态社会主义——从深层生态学到社会主义》（1993）、约翰·

贝拉米·福斯特（John Bellamy Foster）的《马克思的生态学：唯物主义与自然》（2000），以及大卫·哈维（David Harvy）的《新帝国主义论》（2005）与艾伦·梅克辛斯·伍德（Ellen Meiksins Wood）的《资本的帝国》(2005)，都是这一期的代表性成果。

2008 年世界经济危机以来，国外马克思主义政治经济学研究的热潮开始出现，这一时期的主要研究内容为马克思主义政治经济学的当代价值，推进了剥削理论、阶级理论、资本积累理论、社会再生产理论的研究，学者们围绕新自由主义批判、金融化问题、资本主义生态危机和帝国主义问题展开了研究。新冠疫情进一步加剧了当代资本主义的系统性危机，在此背景下，国外马克思主义政治经济学学者始终以现实问题为导向，回归马克思主义政治经济学经典理论，研究全球经济问题。

二、国外马克思主义政治经济学对中国特色社会主义政治经济学研究的借鉴与启示

国外马克思主义政治经济学学者坚持以现实问题为导向，坚持马克思主义政治经济学经典理论，坚持了理论研究与现实问题研究的统一，对于中国特色社会主义政治经济学研究具有借鉴意义。我国经济发展进入新阶段，2015 年 11 月，习近平总书记在主持中共中央政治局第二十八次集体学习时强调，要立足我国国情和我国发展实践，揭示新特点新规律，提炼和总结我国经济发展实践的规律性成果，把实践经验上升为系统化的经济学说，不断开拓当代中国马克思主义政治经济学新境界。在目前我们研究中国特色社会主义政治经济学、开拓马克思主义政治经济学新境界的过程中，可以从国外马克思主义政治经济学中吸收思想借鉴。

1. 坚持问题导向，研究中国经济发展的新问题新情况

国外马克思主义政治经济学依据当代资本主义的新变化，研究了资本主义经济发展的新问题。我国经济发展进入了新阶段，也出现了许多新问

题、新情况和新矛盾。借鉴国外马克思主义政治经济学，对于中国特色社会主义政治经济学研究来说，非常重要的就是对我国经济结构转变的理解，必须在分清经济结构转变过程中出现问题的不同层次和不同性质的基础上，提出相应的对策来解决问题。

2. 借鉴国外马克思主义政治经济学研究的新进展，概括总结新材料新事实

要重视对新中国经济建设特别是改革开放以来新材料新事实的研究，进而概括总结为系统化的经济学说。2013 年 6 月，习近平总书记在十八届中央政治局第七次集体学习时的讲话中强调："在对历史的深入思考中做好现实工作、更好走向未来，不断交出坚持和发展中国特色社会主义的合格答卷。"我国经济发展进入新常态，出现了许多新问题新情况，也出现了许多新的事实材料。中国特色社会主义政治经济学的创新发展需要系统概括总结这些新的事实材料，探索新常态下经济发展和经济运行的新规律，并把它们上升为当代中国马克思主义政治经济学理论。

3. 借鉴国外马克思主义政治经济学研究的新进展，提炼升华新理论新话语

理论是对现实生活的反映、对实践经验的升华，理论必然要随着实践发展而发展。中国特色社会主义政治经济学的创新发展要在坚持马克思主义政治经济学基本原理的基础上，依据马克思主义政治经济学与时俱进的特征，依据不断发展变化的经济实践，推动当代中国马克思主义政治经济学创新发展。依据新问题、新情况、新矛盾和新事实，不断提炼形成新的当代中国马克思主义政治经济学理论。从中国经济改革、发展和运行的事实中概括出具有中国特色、体现时代特点和世界发展趋势的马克思主义政治经济学的概念、范畴、论断和基本规律，并能形成同世界对话的政治经济学理论体系和话语体系。

三、国外马克思主义政治经济学译丛的形成

2013 年，法国调节学派的创始人之一罗伯特·博耶（Robert Boyer）教授来西北大学经济管理学院讲学，做了三场报告，在此次学术交流中，我们发现了法国调节学派的理论价值。次年法国调节学派的会议在巴黎召开，国内许多政治经济学研究者和马克思主义研究者参加了大会，我和康蓉老师也投了稿，文章入选了大会，但是我由于其他事务的耽误未能成行，康蓉老师代替我参加了会议，并作了大会发言。从此，我们就和法国调节学派建立了联系。

罗伯特·博耶教授退休以后，他介绍法国里尔一大的弗洛朗丝·雅尼－卡特里斯（Florence Jany－Catrice）教授和我们联系。2016 年，我们通过国家外专局聘任弗洛朗丝·雅尼－卡特里斯教授为我院的专家，在我院做了三次讲座，在讲座期间聘任她为我院的兼职教授，我和她就调节学派和中国特色社会主义政治经济学的相关问题进行了对话，其间她送了自己的三部著作给我，我读了以后深受启发，萌生了翻译的想法，于是委托康蓉老师联系翻译事宜，经过紧张的工作，完成了“法国调节学派学术译丛”的出版，首先出版了弗洛朗丝·雅尼－卡特里斯教授的《财富新指标》《总体绩效：资本主义新精神?》《经济增长值得期待吗?》三部著作，这三部著作翻译出版以后，在国内产生了比较大的影响，许多马克思主义政治经济学的学者鼓励我们继续进行翻译和介绍。与此同时，弗洛朗丝·雅尼－卡特里斯教授又给我们介绍了三部著作：罗伯特·博耶教授的《资本主义政治经济学：调节与危机理论》、贝尔纳·沙旺斯的《制度经济学》、皮埃尔·阿拉里等的《法国货币理论文选汇编》，我们发现这些书的内容非常好，于是在原来三部的基础上，把“法国调节学派学术译丛”扩大到六部。

2019 年，在我牵头下，西北大学经济管理学院与教育部人文社会科学

重点研究基地成功获批了科技部、教育部“高等学校学科创新引智计划”（111 计划）“国外马克思主义经济学与中国特色社会主义政治经济学学科创新引智基地”，这个基地就是以法国调节学派的学术译丛和 2013 年以来与法国调节学派的学术联系为基础而建立的。同时，弗洛朗丝·雅尼－卡特里斯教授又给我们介绍了四部研究 2008 年世界金融危机的政治经济学著作，围绕 111 引智基地建设，形成了“国外马克思主义政治经济学译丛”，本套丛书包括《危机中的希腊资本主义——以马克思主义视角分析》《危机理论和西班牙经济大衰退》《通胀度量的政治经济学：基于法国案例的分析》和《化石资本：蒸汽动力的崛起与全球变暖的根源》。

四、《危机理论和西班牙经济大衰退》译介

《危机理论和西班牙经济大衰退》是“国外马克思主义政治经济学译丛”中的一部，主要运用马克思主义危机理论来研究西班牙经济危机。从 20 世纪 90 年代开始，西班牙一直是欧洲经济增长最快的国家之一，但由于西班牙经济过度依赖房地产业，在美国次贷危机的冲击下，房地产泡沫破裂，导致了经济危机。在 2008 年美国次贷危机的影响下，西班牙房地产泡沫的影响最为严重、持续时间最长、增长速度最快。危机严重的后果是金融危机过后会出现信贷紧缩的情况，利率较高导致房地产泡沫破灭。房地产业、建筑业、银行和相关行业都处于危机中，西班牙经济经历了 50 年来最严重的衰退，失业率上升到 20%，其中 45% 为青年。而且在明知风险越来越大的情况下，西班牙政府依然没有下决心解决经济过于依赖房地产业的问题，最终导致楼市的彻底崩溃和银行危机。

《危机理论和西班牙经济大衰退》主要是用政治经济学的理论与方法来研究和解释这次西班牙经济危机的。一是对政治经济学理论中不同危机概念的方法论进行理论探讨。二是对西班牙经济大衰退进行实证研究。本书的基本观点是：西班牙经济大衰退的根本原因在于资本增殖领域。由于

资本产生的剩余量不足以让积累过程延续下去，这是一场反映在盈利能力上的增殖危机。

全书主要分为三大部分：

第一部分介绍西班牙经济大衰退背后的危机理论基础。这部分坚持劳动价值论和唯物主义视角的危机必然性理论，为全书提供了理论基础。提出了一个基于唯物主义的危机理论，认为危机是资本主义的一种内生和必然现象。认为马克思经济学的切入点是资本，是资本主义社会主宰一切的经济力量，它不仅构成了本书研究的出发点，也是本书研究的结论。由于资本积累趋于导致危机，危机理论由此便嵌入对资本基本规律的分析中，也就是说，危机是资本逻辑作用下反复出现的高潮。本书认为研究危机理论的目的在于找出为何每一次危机爆发的形式各不相同，并在分析中将两个层次结合起来。必须从导致具体危机的这些直接原因和诱发原因中分清终极原因和结构性原因。马克思研究方法的特点之一在于他提出了存在于本质和现象之间的二元性，并给予危机理论所引起的争议一些启示。一方面，这一分析是建立在以市场为主导的系统之上。在这一体系中，我们会发现隐藏的经济力量，它们在表层底下相互依存、相互作用。另一方面，对危机的解释需要整合两个层次：内容和形式、本质及其表现方式、抽象和具体，由此认为危机必然性理论只能从劳动价值论发展而来。盈利能力下降导致全球性危机爆发，与追求利润最大化的资本家的存在相辅相成。盈利能力下降源于剩余的产出不足，利润率的下降使之成为现实。危机作为一种资本主义的固有现象，必然是内在动力积累的产物。如果没有达到生产目的，即产生的利润不足以支持继续投资，那么危机的最终原因就在于利润的决定因素，即剩余价值。在这种分析基础上，本书还给出了盈利能力的数学表达式。

第二部分是实证部分。主要对关键变量进行实证分析。一是对危机爆发前和经济萧条时期西班牙经济中的各种盈利指数和盈余数量进行量化，并与欧元区其他经济体进行比较分析。主要论证盈利能力的重要性，以便理解经济危机，并提供解决住宅资产通货膨胀的框架。二是对制约资本积累模型的投机性住宅繁荣的原因及其最重要的特点进行了解释，同时突出了价格效应，因为价格效应在很大程度上是资本盈利能力演变的产物。只有考虑到潜在的盈利能力问题和围绕房地业的投机过程的存在，才能正确把握资本积累动态的特殊性。三是研究盈利能力的基本决定因素，研究了西班牙经济资本构成的演变、生产率以及部门扭曲。揭示出盈利能力背后的主要因素——产出—资本比率的潜在下降现象，而这一下降反过来又依赖于利润率、相对价格和资本—劳动比率。

第三部分是讨论西班牙经济危机的原因。主要研究危机为什么会爆发以及爆发之后应采取什么措施。首先从经济政策、激励措施和代理商的决策、意识形态三方面解释了危机的形成。接着又从工资、劳动力市场收入分配角度解释了危机，认为工资决定是主要议题，劳动力市场的调节和消费者需求的作用也存在一些决定性影响。同时又从金融化角度解释危机，主要从低利率到信贷繁荣和过度负债角度进行解释。最后讨论了人们提出的走出危机的各种措施。主要讨论了自由主义提出的扩大市场、后凯恩斯主义提出的社会民主改革、向社会主义过渡的计划、欧元区和左翼经济战略。在这些方案讨论的基础上，本书提出了一些具体建议：一是增加国家国内生产总值，推进财政累进制度，以扩大福利国家的覆盖面，并为公共部门投资项目提供资金，从而减少对金融市场的依赖。确保国有化，或在战略部门建立公有制企业，如某些制造业、能源、运输、通信和银行系统。私营企业部门将继续存在，但应受到国家的严格监管。二是从根本上纠正自从向民主制度过渡以来实行的巨大分权。向社会主义过渡的经济计划需要配备适当的体制结构，以便捍卫国家主权，提高经济效率，保障所有公民的平等权利。

《危机理论和西班牙经济大衰退》一书的特点在于，依据马克思的唯物史观和劳动价值理论构建危机分析的理论基础，进行实证分析，在各种走出危机方案讨论的基础上，提出西班牙走出危机的具体措施。本书在理论上对于中国特色社会经济政治经济学的研究具有借鉴意义，在实践上对于防范和化解房地产风险、金融风险具有现实意义。

本书是“国外马克思主义经济学与中国特色社会主义政治经济学学科创新引智基地”（111 引智基地）的阶段性成果，该书的翻译，感谢弗洛朗丝·雅尼－卡特里斯教授与我们的合作，她在版权授权方面做了积极的努力。感谢西北大学经济管理学院副院长康蓉副教授在我们与调节学派的联系方面所做的辛勤工作。同时感谢西北大学科研处、社科处、学科办、外事处以及教育部人文社会科学重点研究基地——西北大学中国西部经济发展研究中心在各项工作中的支持。而且感谢中国经济出版社贺静编辑的辛勤工作。

前 言

理当如此的真实世界经济学

胡安·巴勃罗·马泰奥（Juan Pablo Mateo）撰写了一本在当今时代绝无仅有的著作，该书的重要性远远超出了其书名所承诺的一切。通过西班牙经济这面多棱镜，读者不仅能够了解西班牙这个重要的欧洲国家的经济困境，对于欧洲以及欧洲之外只占其中一部分的工业化世界的经济困境也能略知一二。

该书敢于直面所有呼吁使用“真实世界”方法的人们对经济思想提出的挑战。这些挑战包括在“反思经济学”的倡议中所发起的一次又一次的学生抗议运动，[①] 这些运动要求摆脱未能通过任何健全理论的基本考验并且自身就十分枯燥乏味的数学方法，这些数学方法并不能够预测现实，正如 2008 年的金融危机所证实的那样；此外还伴随着经济学界越来越多的焦躁不安的情绪，由此促进了《真实世界经济学评论》的创刊。[②] 这本杂志由拥有 13000 多名会员的世界经济协会编辑出版，参与这项工作的还有由乔治·德马蒂诺（George DeMartino）和迪德雷·麦克洛斯基（Deidre McLosky）所领导的不断发展壮大的美国协会。当前，要求对经济学伦理层面给予关注的呼声越来越高，由此可见一斑。

---

① 资料来源：http://www. rethinkeconomics. org/about/our – story/。

② 资料来源：http://www. paecon. net/PAEReview/。

但最重要的是，产生不安情绪的还有广大普通民众，他们对官方的经济话语极不信任，由此在很大程度上构成了以科尔宾主义（Corbynism）、梅郎雄（Melanchon）的“不屈的法兰西”党（France Insoumise）和西班牙的“我们能”党（Podemos）等为代表的巨大的左翼运动——更不幸的是——和以特朗普主义（Trumpism）或奥班主义（Orbanism）等新右翼运动为代表的激烈的政治暴力重组的一部分。“真实世界”这一短语并不简单，它至少包含三个方面的诉求，而这部著作之所以如此重要，就在于它满足了全部三个方面的诉求。

首要的是，“现实主义”的美好构想与理论的预测失败形成了鲜明的对照。马泰奥记录了西班牙当前的这一经济困境——最终将其列入欧洲表现最差的国家之列——这是那些基于对市场和西班牙所谓的“经济奇迹”盲目自信的主流评论家所未能预料的。但“现实主义”要求将事实作为坚实的研究基础，通过他所提供的丰富的经济中的细节，马泰奥深刻地剖析了西班牙市场失灵的过程及原因。

然而，“现实主义”需要一个充分的理论支持：一个不在新古典经济学这样一个巨大保护伞下、受其或多或少的意识形态思潮影响下所产生的论述，无论它所依据的数学公式多么博大精深。这样的论述同样需要避免公式化的方法。但可悲的是，这些方法正表明现在提供的“一刀切”的解决方案太多。此外，该书还深入研究了当前发达资本主义所产生的深刻、长期危机的真正原因。对此，马泰奥提供了一个基于基本事实的彻底分析，这是一个根深蒂固的、长期的投资失败所导致的事实，本身是由盈利能力的长期式微所引发的。

马泰奥对文献范围和提供的各种解释都进行了详细且多元的研究，对于我们理解工业化世界的现代条件做出了巨大贡献。基于此，这部著作绝对值得一读。

艾伦·弗里曼于温尼伯

致谢

本书介绍了一项关于西班牙经济及其危机的研究成果，该项研究由我的一些与马德里大学前国际经济与发展系有着各种紧密联系的同事和友人发起。因此，我首先对路易斯·布昂蒂亚（Luis Buendía）和里卡多·莫莱罗（Ricardo Molero）表达我的谢意，是他们带领着米格尔·蒙塔亚（Miguel Montanyà）、马布埃尔·格雷西亚（Mabuel Gracia）、玛利亚·何塞·帕兹（María José Paz）、爱德华多·加松（Eduardo Garzón）、比比亚娜·梅迪德（Bibiana Medialdea）、安东尼奥·萨纳布里亚（Antonio Sanabria）、玛利亚·尤根尼娅·鲁伊斯（María Eugenia Ruiz）、露西亚·文森特（Lucía Vicent）以及弗朗西斯科·哈维尔·穆里洛（Francisco Javier Murillo）完成了这项令人兴奋不已的集体工作，这种集体精神在《现代西班牙的政治经济：从奇迹到幻景》一书中体现得淋漓尽致。也正是因为这本书，我开始专注于对西班牙经济危机的研究。

在过去几年中，在危机分析和西班牙经济领域，我曾和朱利安·威尔斯（Julian Wells）一起在金斯顿大学（英国伦敦）以及和安瓦尔·谢赫（Anwar Shaikh）一起在新学院大学（美国纽约）进行过各种研究。为此我对两位付出的宝贵时间以及他们所提供的相关专业知识表示感谢。

我还必须提到迈克尔·罗伯茨（Michael Roberts），我正是与他分享了我在西班牙利润率方面的实证研究结果；也正是由于他的热情相邀，我才有机会参加书籍出版和其他后续活动。除此之外，我还要特别感谢艾伦·弗里曼（Alan Freeman），他的慷慨相助让我再次欠了他一个“大大的人情”。

目录 THE THEORY OF CRISIS AND THE GREAT RECESSION IN SPAIN

表目录

图目录

1

导言：西班牙危机的政治经济学

2008年下半年，对于主流经济学来说，在西班牙出现了一种所谓的“黑天鹅”现象，这是一种与资本主义和市场逻辑格格不入的怪现象。这一现象完全出乎人们的意料，但显然并不值得为这一现象建立一个理论框架：这是21世纪的第一次重大经济危机，亦被称为世界资本主义的大衰退。对于西班牙来说，可能更应该被称为一次真正的经济危机。

在分析这一危机时，有两件事情意义非凡，值得人们予以关注。首先，我们从经济体系的逻辑角度对其进行研究。也就是说，我们必须深入研究其具体现象背后的阴暗面，以便阐明这次危机在当今社会为何以这样一种方式爆发。在这种情况下，我们必须关注宏观经济变量的演变、经济政策的制度框架、先前的历史遗产以及当前的国际背景。这是一项极其复杂的任务，需要避繁就简，但无论如何简单，都必须能够提供解释整个事件链条的因果关系。

我必须承认，鼓舞人心的第二件事是使自由经济学家公之于众。当然，这难免带有非常强烈的个人色彩，谁也不能确定这是否由希望将经济学研究人员中持续存在的多种不满表现出来的欲望所致。事实上，它也由参与这场思想论战的兴趣所致。这样，那些对政治经济学兴趣盎然的人就可以再次证明正统经济思想在危机分析过程中的解释能力是何等微弱。

在最近的历史记忆中，以下活动变得重要：危机爆发后，似乎所有经济学家都懂得如何解释危机。但事实上，尽管可能是在非公开场合，他们早已预计到了危机的发生。在西班牙，经常在大众媒体上大谈经济学的冈萨洛·贝纳多斯（Gonzalo Bernardos）早在2004年的一场电视辩论中大肆吹嘘西班牙没有房地产泡沫。[①] 西班牙银行研究主管何塞·路易斯·马洛（José Luis Malo）在2007年也声称，“我们从未说过会出现什么房地产泡沫，我们预计可能会出现轻微的增长速度放缓。除此以外，什么都不会发生”（Muñoz - de - Bustillo，2014：58）。因此，在时任西班牙首相的何塞·路易斯·罗德里格斯·萨帕特罗（José Luis R. Zapatero）看来，不可能发生什么异乎寻常的事情，并且他坚信西班牙已经进入“欧洲经济冠军杯”（指经济发展势头良好）。在2008年竞选期间，他坚称任何危机都不会爆发。此外，萨帕特罗本人曾在当年9月无比自豪地证实：西班牙的人均收入水平已超过意大利。这一点令意大利总理西尔维奥·贝卢斯科尼（Silvio Berlusconi）头疼不已；萨帕特罗首相还宣称下一个目标则是在随后的3~4年超过法国。[②] 从时间角度来看，他们的这些言论、语气以及同伴的笑声都令人遗憾，让人感到羞耻，但显而易见的是，他们对此兴致勃勃。

当然，人们总是对政治家百般指责，因为私人管理——根据惯常的自由主义分析——本应该会迫使具有创新精神的企业家在股东面前变得更加高效和真诚。几十年来，埃米利奥·博廷（Emilo Botín）一直堪称西班牙最具影响力的银行家，他也是桑坦德银行（Banco Santander）行长——同

---

① 资料来源：https://www. youtube. com/watch? v = eF007olk - Fw。这位著名的经济学家在多年后撰写了一篇题为《西班牙房地产泡沫的产生与破坏》的文章（Bernardos，2009），他在文章中指出，“大量的投资者愿意将大量的资金投放住房市场，加上他们这个群体普遍认为房产价格永远不会下降，这就意味着一句彻头彻尾的经济谎言竟被视为一种绝对理性的投资”（同上：29）。

② 资料来源：https://www. youtube. com/watch? v = _vYWVKikXC4。

时也是掌握管理实权却未曾支持竞选的人之一——他在2008年年中的股东大会上宣布金融动荡时期已经过去，桑坦德银行不会面临任何经济困难（《西班牙国家报》，2008）。

如果必须用名誉担保的话，那就是：西班牙储蓄银行联合会（CECA）主席胡安·拉蒙·金塔斯（Juan Ramón Quintas）坚决担保西班牙的金融体系是世界上最好的，根本无须采取任何干预性的拯救措施，这与欧洲的其他国家或美国所面临的情况完全不同（Palafox，2017）。

在西班牙以外的国家和地区也不乏类似说法。经济合作与发展组织（OECD）秘书长安赫尔·古里亚（Ángel Gurría）也否认存在任何投机泡沫，并预计最多只会出现软减速现象（Muñoz - de - Bustillo，2014）。对于我来说，这些言论是否真诚可信仍然存疑，可能是背后隐藏的利益迫使有关方面蓄意掩盖事实真相。鉴于此，马克思以下的话语的确十分重要：

> 庸俗经济学家——绝不能与我们一直批评的经济调查人员混淆起来——实际上他们只是翻译了受资本主义生产束缚的资本主义生产承担着的观念、动机等，在这些观念和动机中，资本主义生产仅仅在其外观上反映出来。他们把这些翻译成教条语言，但他们是从统治层面，即资本家的角度来这样做的，因此他们的这种处理方式不是天真而客观的，而是辩护的。[马克思，1861 - 1863：450，《马克思/恩格斯文集》（MECW）32）]

1.1 分析目的和理论框架

如标题所示，在本书中，我将讨论以下两点，因为它们都与经济危机息息相关。首先是基于经济学理论中不同危机概念的方法论所进行的一个理论探讨，其目的在于随着资本主义生产方式（以下简称CMP）的演进，在更加宽泛的再生产概念中确定危机理论所占据的地位。其次是对爆发于

2008 年下半年、一直持续到 2013—2014 年的西班牙经济大衰退进行实证研究。

我认为西班牙经济大衰退的根本原因——作为一场资本主义经济危机——在于资本增殖领域，并且由于资本产生的剩余量不足以让积累过程延续下去，这是一场反映在盈利能力上的增殖危机。

在本书中，这两个方面相互关联。在理论部分，通过对不同经济思想流派之间的激烈对话进行分析，我将讨论准确定义危机概念时所必需的各种经济分析要素。随后的两个实证部分将延续这一讨论。本书旨在强调危机爆发的根本原因，并提供其他可能的解释供大家批评指正。

这次研究借鉴了政治经济学传统，特别是马克思主义的分析方法。当然，在这一理论框架中也包含多种观点和流派。同样，没有劳动价值理论就不可能有马克思主义的存在（Guerrero，1997b），也不可能存在“没有马克思的马克思主义”（Freeman，2010）。认识了多股有助于个人智力发展的思想源泉——另外，在我看来，这仅仅是个开始，远未结束——必须明确限定折中主义的范围。

我们可以将马克思主义方法与亚当·斯密（A. Smith）、大卫·李嘉图（D. Ricardo）和约翰·斯图尔特·密尔（J. S. Mill）创立的古典政治经济学传统相结合，但是它们之间具有本质的区别。毕竟，马克思对政治经济学进行了批判。无论如何，经济学概念是一个社会科学概念，旨在研究资本主义社会框架内的生产和分配形式。因此，此“经济学”是政治经济学，与阿尔弗雷德·马歇尔（Alfred Marshall）创立的那种“经济学”（新古典政治经济学）恰好相反，因为它显然摆脱了意识形态的影响。此外，本书反对遵循“个体—稀有—选择—效益—交换—市场—市场经济”这一顺序，更倾向于采用“社会—再生产—劳动—社会产出—盈余—生产模式—资本主义”（Guerrero，1997a）这一路径。本书并不打算在思想上恪守中立，但力求在理论分析和实证分析中坚持严谨。

定义经济理论的第一个要素是价值概念。它的基础是什么？如何解释价格？如果盈余的确存在，该如何对其进行定义？马克思主义分析的价值基础是社会必要劳动时间，或是抽象劳动。从这个意义上讲，它是一种客观理论，因为其出发点是社会生产关系的客观性，而不是个人的主观性。抽象劳动则是价值的内容，在资本主义生产框架内采用了这种形式。[①] 或者换一种更简单的说法：我们该如何解释国内生产总值（GDP）？它是一个经济体在一年内生产的商品和服务的货币价值吗？因此，国内生产总值是工薪阶层所投入劳动量的货币单位的表现形式。因此，马克思主义方法认为生产领域具有分析优先性。在讨论资本盈利能力和与资产通胀相关的积累过程的限制时，本书将会重申这一观点。

本书还将强调社会矛盾，即如果产生了剩余，而这些剩余被资本占有，那么基本上将存在两个社会阶级：资产阶级和工人阶级——排除其他中间阶级。正如新古典经济学所言，根本没有所谓的社会和谐，只有斗争和对抗、不稳定和不平衡。当然这种动荡也有其他表现形式：资本竞争是一场公开战斗，其中，资本都企图在生产过程中减少成本，降低价格，同时兼顾国家因素，即国际地缘政治。因此，根据潜在的盈利问题以及所处的欧元区框架，本书旨在解决基于生产技术（资本构成、生产力、价格）的西班牙在积累动态过程中面临的种种矛盾。也就是说，本书将以保持与理论框架的一致性为目的，将西班牙经济中资本固有的趋势具体化，并时刻保持与其他思潮进行持续不懈的批判性对话。

本书将强调，马克思主义批评的重要性基于资本主义制度基本结构的中心地位（Smith，1990）。在这个意义上，它构成了一个具有物质—客观意义的概念：不否认其相关性，即既没有基于伦理判断，也没有基于个人

---

① 这种内容和形式的结合本身就与新古典主义者所赋予形式优先权的方式相去甚远——因为它不需要询问价值，所以分析可以从价格开始——英国经济学家或许会从内容开始分析——即合并劳动，但并不包括对形式的解释。

欲望。换言之，这一经济分析明显依赖于唯物主义的哲学方法。此外，这种强调资本主义社会客观结构的革命性的观点还有待重新确立。

依据格雷罗（Guerrero，1997a）的观点，非正统经济方法需要具备以下特征中的一种：要么基于劳动的价值观念，即劳动价值论；要么为捍卫社会主义社会而对资本主义进行批判。在这方面，我已指出（Mateo，2018），只有在马克思那里才会有人承诺履行以价值规律为基础的社会主义使命。因此，从上述内容中可以推断出，其余的非正统思想具有以下特征：①具有不同的理论基础；②其中的危机的概念只是一种可能性；③反过来导致了改良主义的方法，因为这些方法强调资本主义的非基础结构是种种矛盾的根源所在。

在本书中，我试图在理论基础、实证分析和对经济政策的影响之间保持三重逻辑的一致性，因为这场大衰退在很大程度上导致了马克思主义经济学领域出现了不一致的情况，至少在前面提到的两个要素中是这样。研究这场危机的马克思主义学者提供的部分解释被置于由新自由主义、金融化和不平等或消费不足构成的“三位一体”的层面，这也是一个不同的层面（Mateo，2013）。

出于这个原因，弗里曼（2010）不失时机地使人们开始注意他所说的“没有马克思的马克思主义”，即“将他的结论与他的经济理论相脱离的系统性尝试”（同上：84）。依据他的建议，本书所讨论的基础部分必须对以后章节进行实证分析起到指导作用，其出发点就是剩余生产。此外，在本书第11章将讨论得到工人阶级支持的经济政策。

我认为这种方法构成了经济学中的非正统范式。在对危机的分析中，这一特征和资本主义框架内产生的内生危机理论的特殊性有异曲同工之处。然而，在西班牙，批判性/政治性的经济形势确实令人担忧。正统方法具有压倒性优势，甚至连批评新古典主义是纯粹幻想的凯恩斯主义在很大程度上也被认为是具有颠覆性的。此外，马克思主义经济分析在非正统领域受到的重视有限，而后凯恩斯主义思想在明斯基（Minsky）或卡莱茨基（Kalecki）的传统中的地位更加突出。因此，本书仅为特例。

1.2 危机理论及其相关性分析

经济增长和经济危机的概念具有互补性，是同一枚硬币的正反两面，都属于社会再生产中的广义再生产理论范畴。从经济增长的解释类型来看，它在逻辑上遵循了有关危机发生原因的解释理论，或者使用另一种包含经济增长概念、系统再生产概念以及资本主义制度本身概念的危机分析方法。危机理论建立了一个分支，其中包括多个经济思想流派，经济危机的概念也占有一席之地。同时，它也为相应的经济政策建议提供助力。

依据谢赫（Shaikh，1990）的提议，对资本主义再生产的分析包括三条路径：第一条分析路径含蓄地认为资本主义有能力进行自我再生产，这和新古典主义以及凯恩斯主义的主张几乎一致，仅有的差别在于，新古典主义认为再生产的特点是简单高效，而凯恩斯主义则认为再生产的特点是极度不稳定和巨大的浪费；第二条分析路径则认为这一体系趋于停滞，正如消费不足和过度生产理论所声称的那样，仅仅通过内部机制，再生产是无法实现的；本书明确支持的第三条分析路径认为，再生产深化了资本主义的内部矛盾，在这种方式下，危机源于经济体系的固有特征。

基于以上界定，我们方可对理论进行以下分类：危机要么是资本积累过程的一个必然时刻；要么只是一种可能性。也就是说，危机是有可能避免的，或者只要资本主义存在，危机就将持续存在。换言之，就是危机必然性理论与危机可能性理论。这种二分法，对于分析具有重要价值，所以它将成为我们在此后部分谈论的重点。这种分类具有非凡的解释力，因为它的标准简单、明确，将细微差别暂且搁置；同时，它迫使我们在没有欺骗的分歧中做出选择。

马克思主义关于危机理论的特别之处在于，它认为危机是资本主义社会再生产的一个必然时刻。这一根本特征，即危机的必然性，既源于其不可避免性，也源于其不可或缺性：

> 在资本主义生产中，危机不仅是可能的，而且是必然的。资本主义生产的需要来自两方面：它的不可避免性和不可或缺性。首先，危机是必然的，因为正常的积累过程必然或不可避免地导致危机的出现；由于资本增殖不足和生产率提高意味着利润率下降，危机周期性地爆发，不可避免地阻碍积累的进行。其次，危机是必然的，因为在危机中，价值遭到破坏，盈利能力需要恢复，危机发挥了不可或缺的净化作用，使得重新积累成为可能。（Gill，1996：541）

相反，那些坚持认为危机只是一种可能性的观点含蓄地肯定了资本主义可以进行无限再生产，前提是只需要满足一系列合理性条件。在这些概念中，危机是由一系列历史上的确定因素（一般指的是经济政策制定、收入分配模式的变化或与金融有关的各种问题）共同引起的。在这种经济分析中，因为危机不构成经济体系的内生现实，所以危机将成为一种独特的现象，由此，欲对其进行概括总结也并非易事。

塔皮亚（Tapia，2009：38）声称“经济学家坚持讨论导致当前危机的原因”，他的观点本身并没有错，但从科学的角度来看，就变得荒谬不堪了，就好像医生没完没了地争论死于肝癌的蒙加诺（Mengano）患病的原因，就像“如果地质学家反复讨论为什么某年某天在某地发生地震的原因”。这种批判言论绝对是至关重要的，因为它使我们将危机可能性理论与这种理论方法特有的这类问题联系起来。

同样，关于危机的概念也存在诸多争议，尽管本书不打算讨论危机概念的类型和其他有关使用衰退（recession）或萧条（depression）术语的问题。我们可以简单地说，危机可以被理解为是资本积累的全面崩溃，而且只有危机对生产结构进行深刻调整以后经济才能够完成恢复。人们可能会提到发生在19世纪最后25年的衰退、20世纪30年代的大萧条、20世纪70年代和20世纪80年代初的大萧条，还有目前正在讨论的最近一次大衰退，以及最近发生的波及范围较小但强度较高的其他几次危机，如1997—1998年的亚洲金融危机，甚至还有外围经济体在20世纪90年代遭遇的危机。从这个意义上讲，一场普遍危机是资本积累进程在全球范围内的全面崩溃，我们必须把它与经济周期相关的局部衰退区分开来。本书中提到的危机理论属于第一种类型，即普遍的资本危机。关于萧条，罗伯茨（Roberts）这样说道：

> 这里的定义是，当经济体的增长远远低于先前的产出率（总体和人均）并低于其长期平均水平时，这也意味着就业和投资水平远远低于这些峰值和长期平均水平。最重要的是，这意味着这些国家资本主义部门的盈利能力总体上仍然低于萧条开始前的水平。（Roberts，2016：4－5）

依据这一定义，西班牙经济将遭受一场尚未复苏的经济萧条。可以看出，2019年的盈利能力和投资水平有待恢复，经济增长基于偶然因素，而不是生产性的结构调整。无论如何，抛开细微差别不谈，这些术语的使用都会变得含糊不清。

1.3 经济理论与西班牙经济动态

诚然，每个经济体的经济行为各具特点且相互关联，由此给经济理论带来了重重挑战。似乎比较明显的是，在西班牙，对经济分析的兴趣存在于可能相互关联的两个因素：一个是融入一个更为广阔的货币领域，这意味着使用欧元；另一个是围绕建设领域产生的投机活动。我最终坚信，这些因素在很大程度上是构成2008年以前增长模式的特殊性的基础所在，因此也是关于危机根源的理论争议的基础所在。

想要将西班牙纳入欧洲经济和货币联盟（EMU）或欧元区（EA），必须拥有一个实现资本增殖（使用共同货币）的空间。需要强调的是，货币联盟是由具有不同经济结构和不同发展水平的经济体组成的。可以说，整个欧洲不是铁板一块，而是可以被分为以下三个集团：第一个集团包括较发达的经济体，如德国、一些邻国和芬兰；第二个集团处于外围地区，主要包括位于地中海盆地的国家，如西班牙、葡萄牙和希腊等；第三个集团是更接近欧洲核心的中间集团，包括法国、意大利和爱尔兰，意大利和爱尔兰的情况很有特点。

自 1997 年以来，西班牙的名义汇率几乎保持不变，这个名义汇率是在使用欧元的固定平价决定两年后才确定的。2008 年以前的增长阶段和这次融入欧元区的行为，以及在西班牙生产发展水平较低的背景下维持西班牙汇率的过度升值都密切相关。换言之，由于国内剩余生产潜能不足，将国内价值转化为国际价值的速度严重受阻。这种特殊性使得积累动态中的扭曲现象频繁出现，给经济理论带来了挑战。

波德林等（Boldrin，2009：166）公开承认了这一点，即“西班牙的经济表现与传统经济理论预测大不相同……1975 年后，西班牙成了‘反常增长的国家’：当就业情况转好时，生产力和实际工资却不增反降”（同上：188）。因为这种情况相当罕见，所以我们必须强调他们的言论中饱含的勇气与诚意。他们大多数的同行经济学家都直接跳过理论框架差异的那部分，盲目地选择视而不见，只将不断累积的扭曲现象列举出来。同样，从政治经济学角度来看，在资本积累模式上，马克思在《资本论》中使用的高度概括以及那种导致 2008 年大萧条的增长模式之间存在着差异，但这对充分总结这场危机的特点能有什么影响呢？

波德林等（2009）认为，结合西班牙的三个特点，可以使用动态的一般均衡模型，采用“不那么与众不同”的技术来解释其经济演变。这三个特点包括：①它远离技术前沿；②它的劳动力市场非常僵化，能力有限；

③它接收了流入本国的大量移民劳动力。

但从马克思主义角度来看，资本构成指标的特殊演变、生产率和实际工资的双重停滞，以及房地产泡沫带来的相对价格扭曲共同构成了资本主义经济的特有现象。也就是说，经济的一个增长阶段不一定非要具备这些要素，但它的存在并不违背价值规律，也不违背资本积累所固有的趋势。相反，要解释这些特殊性，就必须从资本流动规律的全球框架和由此必然带来的矛盾的角度出发。

虽然研究对象是西班牙的经济大衰退，但本书将尽量全景展现当前世界经济的发展状况。因此，第一个需要参考的年份是1995年。在1992—1993年经济衰退后，经济增长局面实际上开始得更早，但西班牙国民账户体系（SNA，或西班牙语中的CNE）只提供了一个以1995年为开始的同质系列。根据西班牙国家统计局（NSI或INE）的数据，转折点出现在2008年，因为经济在当年下半年进入衰退期。然而，在2007年，大多数宏观经济变量的发展趋势均有所变化，因此，本书的后几章会将2007年视为真正的转折点。

由此，1995—2007年将成为确定危机原因和解释因素，以及提出危机发生方式的参照期。这一阶段的基本特征是所谓的房地产泡沫，这又被称为建筑资产通货膨胀，特别是住宅类型的房地产（住房）泡沫。或在洛佩斯和罗德里格斯（López and Rodríguez，2010）看来，这是一种基于资产通货膨胀的房地产——金融资本主义。出于这个原因，参照期有时也是1999—2007年，因为这一阶段正好对应以上提到的住房泡沫。

从宏观经济角度来看，衰退期结束于2013年。因为尽管增长速度十分缓慢，但在2014年，国内生产总值的确实现了再次增长。在这个衰退期内，转折点又出现在2010年，这一年实施了以降薪提高盈利能力和确保偿还债务为目标的经济调整措施。然而，正如前文解释的，关于衰退的真正结束时间仍存在争议。目前经济的复苏基础相当薄弱，在某种程度上还谈不上进入了真正的积累阶段，只是国内生产总值的复苏阶段。无论如何必须记住的是，2008 年的国内生产总值——最高水平——为 11160 亿欧元。按照当前价格计算，超过这个数字仅需要 8 年时间，即 2016 年，国内生产总值达到 11180 亿欧元（西班牙国家统计局，2018），因此将这十年称为“失去的十年”无比恰当。

对于许多分析师甚至欧盟委员会来说，大衰退前期创造了一个真正的经济奇迹。西班牙成为新欧盟效仿的典范（Buendía，2018）。创造喜悦气氛的代表人物当属贝尔纳多和马丁内兹（Bernaldo and Martínez，2005）。他们不加批判地谈到了一场无声革命，这场革命由保守人民党（PP）所支持的新自由主义经济政策领导，据称，该党对 1996—2004 年的增长负责。此外，这将会让西班牙与欧洲经济与货币联盟——这一最富有经济体实现真正的融合。这不禁使人们想起了 1960—1974 年的工业化时期出现的另一个奇迹。

表 1. 1 从需求角度显示了国内生产总值的演变过程及其各部分的年增长率。第一个问题强调 1995—2007 年的增长速度为平均每年增长 3. 78%，远远超过欧盟的 2. 5% 和欧元区的 2. 3%（欧盟委员会经济和金融事务总署年度宏观经济数据库，2019），几乎达到新兴市场国家和发展中经济体的平均水平，按购买力平价计算为 3. 86%（国际货币基金组织，2019）。在欧元区，只有爱尔兰和希腊等外围经济体的增长率较高，分别为 6. 98% 和 3. 88%。在最发达经济体中，芬兰在这几年实现了 3. 96% 的增幅。然而，按人均计算，西班牙这一指标的增长率大幅减少，降至每年 2. 6%（原因在于人口大幅增加），接近欧元区和欧盟的平均水平（这两者分别为 1. 9% 和 2. 2%），比希腊和芬兰低约 1 个百分点（欧盟委员会经济和金融事务总署年度宏观经济数据库，2019）。

表 1.1 宏观经济动态的需求侧视角（1995—2017 年）

当前价格，占比（%）					
	1995 年	1999 年	2007 年	2013 年	2017 年
消费	60.95	59.68	56.98	58.35	57.4
公共支出	17.65	16.84	17.68	19.68	18.49
固定资本形成总额	22.02	24.87	31.05	18.76	20.49
出口	21.93	26.40	25.71	32.22	34.31
进口	22.90	28.34	31.70	28.96	31.40
2010 年不变价格，变动率（%）					
	1995—2017 年	1995—2007 年	1999—2007 年	2007—2013 年	2013—2017 年
消费	1.78	3.61	3.58	-2.22	2.46
公共支出	2.71	4.26	5.01	0.69	1.15
固定资本形成总额	2.09	6.37	6.02	-7.56	4.76
出口	4.78	6.49	4.73	1.49	4.72
进口	4.29	8.66	7.01	-4.43	5.12
国内生产总值	2.17	3.78	3.77	-1.36	2.79

资料来源：西班牙国家统计局（2018）。

1995—2007 年这一增长阶段的推动力是固定资本形成总额（GFCF），或可称之为总投资，其增长率非常高，每年超过 6%。因此，其最初占国内生产总值的 22%，在危机爆发前夕占到 31%。①这个积累过程中产生了巨大的进口需求，使得在国内生产总值中拥有相似占比的进口在数量上实现了每年 8.6% 的增长。尽管出口表现良好，而且增长速度略高于国内生产总值，其占国内生产总值的 1/4。但结果却是，这一时期产生了巨大的贸易逆差——2006—2007 年占国内生产总值的 8%（经济合作与发展组织，2019）。尽管由于旅游业带来的收入使西班牙在服务贸易方面经常获得盈余，但初次收入和二次收入的分项账户赤字使西班牙在发达经济体中成为经常账户赤字最严重的国家之一。

① 需要注意的是，在国际比较中，这一投资总额的百分比是相当突出的，远远高于发达经济体集团 22% 的平均水平，而欧元区的水平也差不多（国际货币基金组织，2019）。后面会看到，问题在于这项投资用于资产和部门的构成。

尽管这是一种历史趋势，但应该注意的是，直到1999年，融资（或经常账户余额）需求为0.7%～1.6%。但从1999年开始，房价开始螺旋式上升，累积的赤字继续攀升。在那一个财政年度，经常账户逆差比上年翻了一番，达到国内生产总值的3.3%，在2007年和2008年超过9%。对外国资金的这一迫切需求的确需要相应的资本流入量。因此，这是一个把盈余二分为产生的盈余和流通的盈余的时期，意味着对于全世界的其他地区而言，我们既是债务人，也是需求者。另外，尽管投资和增长的繁荣都使得获得更高的财政收入成为可能，但国内生产总值中用于公共支出的部分处于中等水平，仍然低于国内生产总值的20%。此外，即使资本积累的范围越来越大，但由于就业岗位的增加速度缓慢，消费部分还是下降了4个百分点。

2008年危机的爆发无疑意味着投资的崩溃。虽然2013年的最低水平是18%，但必须考虑的是，按当前价格计算的固定资本形成总额比2007年的峰值下降了40%，以不变价格计算下降了37%，价格指数累计通缩率为8%。此外，我们还必须考虑的是，尽管在2002年之前，固定资本消耗不到国内生产总值的14%，但自2011年以来，它已接近国内生产总值的18%，在经合组织国家中这一增长相对而言是最快的。因此，在危机期间几乎不存在任何实际净投资。鉴于西班牙经济的外部影响因素较多，即严重依赖进口，危机至少重新调整了贸易和经常账户的平衡，但这一平衡实际上是由于进口货物量大幅下降所致。截至2013年年底，西班牙开始有了少量盈余，占到国内生产总值的1%～2%。尽管贸易赤字并未消失，但至少已经开始大幅减少。

应该指出的是，本书的理论基础、研究对象和研究方法都属于原创。在英语世界中，我们可以找到与此相关的参考资料，但却有着本质的区别。第一，洛佩斯和罗德里格斯（2011）——实际上是洛佩斯和罗德里格斯（2010）著作的浓缩版——按照大卫·哈维（David Harvey）和罗伯特·布伦纳（Robert Brenner）的非正统方法去处理西班牙在积累动态方面的种种矛盾，他们还借用哈维和布伦纳的“资产—价格的凯恩斯主义”术语。他们的观点强调“通过金融渠道恢复利润和需求，以及积极参与到通过建造环境和住宅生产而运行的积累机制中的组合”（López and Rodríguez，2011：12－13）。然而，他们对经济危机没有进行系统分析，虽然他们确实研究了一些欧元区框架内西班牙经济所表现出的特殊之处。

第二，在《西班牙资本的限制》一书及其缩减版中关于西班牙融入新国际分工的研究，即对20世纪60年代初以来实现了工业化的西班牙经济进行分析的方法在查诺克等（Charnock et al.，2014，2015，2016）看来非常有借鉴意义。根据大卫·哈维的观点，这些学者从马克思主义的方法开始，尽管目的各不相同，但他们都指出有必要解释西班牙危机重演的原因，关注西班牙在欧洲资本主义世界中所处的位置，突出地理要素和城市化进程的作用。因此，“我们认为西班牙案例表明了马克思的论点，即危机是（a）必然的，（b）具有资本主义构成的社会再生产形式的周期性重复特征”（同上：176－177）。

此外，“相对剩余价值生产和资本再生产是一个内在的全球过程，尽管这一过程受制于国家之间的政治斡旋”（同上：178）。此外，与本书第3章相一致的是，这些学者指出，“将这场危机归咎于人性脆弱、监管设计欠佳、体制失灵、特定思想的影响、银行家和政治精英的贪婪或某些民族文化特征，说得好听一点，是片面的、教条的，说得难听一点，就是种族主义”（同上：178）。然而，与上述学者一样的是，这些学者对于危机理论并没有进行理论层面的认真讨论，对于盈利能力危机及其决定因素也没有进行实证分析，对于西班牙经济危机的其他观点也没有进行严格审查。

第三，有机会参与马德里大学（Complutense University of Madrid）博士项目的一些同事（和朋友）最近出版了一本关于西班牙经济的书，这本书以后凯恩斯主义和马克思主义方法（Buendía and Molero－Simarro，

2018）为视角，分析了过去 20 年经济增长以及危机阶段的各个方面。虽然这本书的研究对象并不是经济危机本身，但它对资本增殖、外部因素、金融、劳动力市场和收入分配领域都进行了系统研究，有助于我们对危机进行进一步分析。

总之，以往关于西班牙危机的文献缺乏对西班牙大衰退理论的批判性研究。因此，本研究至少可以填补这一空白。从这个意义上说，本书受到由斯塔弗罗斯·马夫卢戴斯（Stavros Mavroudeas，2015）编辑的优秀著作《危机中的希腊资本主义：以马克思主义视角分析》的启发而得以完善。在这本书中，通过与其他有争议的观点进行比较，作者从欧元区外围国家的视角强调了马克思主义方法的重要性。

1.4 西班牙经济危机的历史视角

在任何国家，分析危机最有成效的方法之一就是从有待解释的现象出发。这样，它便可以为研究者提供一个更为广阔的视角，避免其对当前危机的特殊性深信不疑。这也许是最好的，也是最简单的一种方法，至少它可以揭露正统危机理论存在的谬误。

在扩张的每一瞬间，“危机已成过去”这句话不绝于耳。尽管长期以来一直有人如此认为，但当危机真正到来时，人们总是将其归咎于某种外生因素，总是大张旗鼓地宣称：“每一场危机都是一次性事件，持续时间不会太长。无论如何，它都不会再发生，因为其根本问题已经解决。”（Shaikh，2016：728）反过来，无论是源自前一阶段的扭曲现象还是危机发展过程中的一系列事件，重要的根本不是将分析本身仅仅局限于对表面现象的描述，而是要对其进行深入探讨。

在西班牙，从旧政权到与资本主义崛起相关的自由主义的转变发生在 19 世纪的前 30 年，而对这种转变的抵制一直持续到 1876 年第三次卡洛斯战争（Carlist War）才结束。可以说，自 19 世纪 30 年代以来，西班牙一直是一个自由政权，它支持巩固资本主义制度（Carreras and Tafunell，2018）。在西班牙资本主义这一历史框架中，出现过几个重要的危机阶段，在此值得一提。根据科明（Comín，2015）等经济史学家的观点，这些阶段包括1855—1859年、1863—1871年（铁路泡沫的破裂）、1873—1877年、1883—1898年（农业和牲畜危机）、1902—1908年、1916—1921年、1929—1955年（其中包括1929—1930年的危机和1936—1939年的内战）、1959—1961年（1959年稳定计划引发的危机）、1975—1985年、1992—1993年，最后是2008—2014年的经济大萧条。

以普拉多斯·德·拉·埃斯克苏拉（Prados de La Escosura，2017）提供的长期系列数据（见图1.1）为标准，以不变价格计算的国内生产总值在16个阶段出现了下降，分别是1856—1857年、1864—1868年、1874年、1878—1879年、1885—1890年、1893—1896年、1902—1905年、1911—1914年、1917—1918年、在1926年和1928年有轻微变化、1930—1933年、1936—1938年、1945年（1948—1949年人均国内生产总值下降，1953—1959年人均国内生产总值略有下降，1959—1960年人均国内生产总

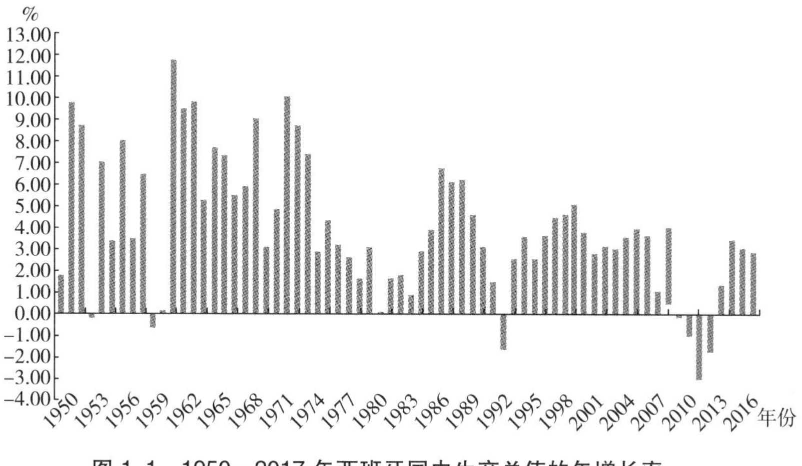

图1.1 1950—2017年西班牙国内生产总值的年增长率

资料来源：普拉多斯·德·拉·埃斯克苏拉（Prados de la Escosura，2017）。

值下降)、1981 年、1993 年以及 2009—2013 年。

在这份清单之后让人难以理解的是，经济学家不会问自己这种危机的再次发生是否可能是由某种共同因素引起的，因为如果对世界经济进行分析（Reinhart and Rogoff，2009），同样的情况也可能会发生。据国际货币基金组织（IMF）提供的数据，在过去半个世纪里，总计发生了 4 次全球范围的危机，分别在 1975 年、1982 年、1991 年和 2009 年（Kose and Terrones，2015）。在美国，得益于国家经济研究局（NBER）的工作，最完整的危机研究统计数据才得以长期记录并保存。通过这些统计数据，我们可以清楚地看到在过去的一个半世纪里，每隔 7 ~ 8 年就会出现一次衰退，自 1854 年以来总计出现了 33 次衰退，自 1980 年以来先后出现了 4 次衰退（美国国家经济研究局，2019）。

是否有人继续声称危机只是一系列偶然事件？是否还会有人认为危机是外部因素或人为错误导致的结果？如何使人明白经济科学的主要部分并没有提供一套危机内生理论？不幸的是，主流经济学方法所采取的策略，或至少是糊涂推断的策略，主要谈论的是周期性增长，削弱了危机理论概念的意义，目的就是有效延长增长时间。因为一旦危机出现彻底退化和普遍化的现象，最后就会失去形成危机理论的价值。

令经济学家震惊不已的是，这些衰退现象不仅持续发生，而且表现形式各不相同，因为在这种历史背景下，它们只能如此，这就是制度框架和每个阶段增长的特点。直到 19 世纪 80 年代，经济危机的主角一直是农业危机和生存危机。从那时起，衰退表现为商品生产过剩。例如，1882 年的危机是由国外进口的农产品触发的。但随着 20 世纪 60 年代工业化进程的发展，农业不再成为经济周期的标志。因此，在 1975—1984 年的经济停滞时期，虽然国内生产总值没有出现绝对下降，但其与 1960—1974 年成为佛朗哥（Franco）独裁统治第二阶段工业化的绝对主角——工业部门密切相关。近年来，占据主导地位的产业变成了建筑业和相关服务业，旅游业和银行业保持原状。无论如何，这种投机动态并非新鲜之事：1864—1871 年的危机发生之前，铁路运输业出现了投机性繁荣；1960—1974 年工业化期间以及 20 世纪 80 年代后半期（1985—1991 年）的增长阶段出现了建筑业泡沫，主要是住宅泡沫，而且其总是伴随着银行规模的过度扩张。

19 世纪的西班牙还不是金本位制的国家，因此它拥有财政和货币主权。这种独立地位使西班牙的扩张性政策能够克服危机，但这里也存在一个保护主义的框架，如 1891 年的《卡诺瓦斯关税》（*Cánovas Tarrif*），随后是 1906 年的《萨尔瓦多关税》（*Salvador Tarrif*），这些都使稳定国际收支成为可能。从历史上看，西班牙的危机导致了汇率贬值（Catalán and Sánchez，2013；Comín，2015），随着相关优势和成本（如通货膨胀）的出现，这种现象一直延续到西班牙加入欧元区。当前大衰退的特殊性在于西班牙加入了一个超国家货币区，因而可以避免汇率贬值。然而，在国际收支中，贸易和经常账户赤字一直反复出现，尽管在 19 世纪的铁路建设繁荣时期，它没有超过国内生产总值的 5%，而在融入欧元区后，这一数值接近 10%（Carreras and Tafunell，2018）。我们在这里始终研究的这一个阶段的一个新奇之处就是名义利率的趋同，至少在危机爆发之前都是如此。自 1621 年西班牙首次以与德国、荷兰和英国相同的利率进行融资，这给了外国投资者前所未有的信心（Comín，2015）。

历史视角也有助于我们理解当前危机的严重性。在卡雷拉斯和塔夫内尔（Carreras and Tafunell，2018）看来，考虑到人均国内生产总值下降的强度及其持续时间——从 2008 年起连续 6 年——这场危机一直都是一场经济衰退，甚至是全面的大衰退。在这一时期，西班牙人的经济福利不断被削减。至少自 1850 年以来，在过去的危机中从没有发生过这样的事情，甚至在紧随其后的内战中也没有发生过（同上：357）。根据危机前恢复生产水平所需的年数，这次衰退是历史上第二严重的，仅次于 1930 年开始的那场危机。1930 年危机爆发后，尽管这场起于内战的灾难引入了一个独特的因素，但这些学者认为它将会持续 25 年。在前两次衰退期间，即 1975—1984 年和 1992—1993 年，人均国内生产总值并没有下降，只是增长速度放缓了。

从历史上看，西班牙在扩张阶段实现了人均国内生产总值趋同局面的逆转，究其原因正是经济危机。科明（Comín，2015）指出，在 1873 年，欧盟 10 国（比利时、丹麦、法国、德国、意大利、荷兰、挪威、瑞典、瑞士和英国）的人均国内生产总值达到了 72.7% 的最高水平，直到 1999 年才恢复正常。从普拉多斯·德·拉·埃斯克苏拉（2017）建立的数据库中可以看出，19 世纪末的衰退将这种差异扩大到 1896 年人均国内生产总值的 50% 以上，而相对水平保持不变，略有震荡，直到 1960 年才降至 37%。在达到这个最小值后，随后的增长阶段——西班牙奇迹——创造了趋同的局面。1972 年才恢复到内战前的相对水平，到 1975 年达到 63.9%，这明显高于 20 世纪 20 年代初的水平。随后，20 世纪 80 年代后半期的繁荣使得趋同态势得以恢复，而 20 世纪 90 年代初期的衰退使其再次中断。2003 年又达到最大值，即人均国内生产总值占到欧洲平均水平的 75%，这一数值在扩张的最后阶段有所下降，当前的大衰退扩大了这种差异。不幸的是，当前没有理由能够确保西班牙的人均国内生产总值能够与西欧最发达经济体的人均国内生产总值持平。

1.5 本书结构

本书旨在分析西班牙经济危机，包括理论和实证两个方面，共分为三个部分。第一部分强调危机的理论基础，前两章提出危机的概念，并由此展开实证分析：首先，揭示了危机最广为人知的一些方面，并对其进行高度的分析概括；其次，对更为具体的方面进行解释。这两章都为基于劳动价值论和唯物主义视角的危机必然性理论奠定了理论基础。弄懂以上问题后，下一部分将重点分析危机可能性理论的特点，同时强调在分析过程中使用的共同研究方法。

理论框架一旦建立，第二部分就将对关键变量进行实证分析，以便进一步理解西班牙经济危机。这一部分包括三章：对危机爆发前和经济衰退时期西班牙经济中的各种盈利指数和盈余数量进行量化，并与欧元区其他经济体进行比较分析。这一部分的第一章旨在论证盈利能力的重要性，以便理解经济危机，并提供解决住宅资产通货膨胀的框架，因为这是大衰退前的增长阶段中最为显著的一个方面。准确地说，这里的第二章对制约资本积累模型的投机性住宅繁荣的原因及其最重要的特点进行了解释，同时突出了价格效应，因为价格效应在很大程度上是资本盈利能力演变的产物，但它对某些衡量利润率的指标也产生了一定的影响。只有考虑到潜在的盈利能力问题和围绕房地产业的投机过程的存在，才能正确把握资本积累动态的特殊性。因此，这里的第三章主要研究盈利能力的基本决定因素，即西班牙经济资本构成的演变、生产率以及部门扭曲。这一章揭示出作为盈利能力背后的主要因素——资本—产出比率——的潜在下降现象，而这一下降现象反过来又依赖于利润率、相对价格和资本—劳动比率。

本书第三部分将继续讨论西班牙经济危机，但会以来自不同经济思想流派的学者提出的不同争论为视角。因此，这一批判性对话与第一部分的理论基础以及第二部分的经验方法之间建立了有机联系。这一部分的第一章介绍西班牙危机解释中最常见的分析特征，其目的就是确定这些对危机的诊断所依据的量化指标。后面两章将对这些诊断进行批评，从而揭示其具有的某些局限性。

接下来的两章讨论危机（爆发）的原因，一方面与劳动力市场和收入分配领域有关，另一方面与在很大程度上涉及利润率以及债务的金融领域有关。这两章从实证方面强调收入分配和财政领域在危机中的重要性。此外，读者能够从这一部分的第一章提出的方法论特征中直观地看到其共同的基础，因为这些特征为经济学中的正统思想和各种非正统思想所共有。

本书第三部分的最后一章涵盖了一种解释危机的主要含义：来自理论框架的合乎逻辑的经济政策建议。顺着这一章的主线，作者和其他学者进行了一场批判性对话，旨在为西班牙的经济模式提供一个替代性建议。

参考文献

[1] AMECO (2019). Annual macro - economic database. European Commission's Directorate General for Economic and Financial Affairs.

[2] Bernaldo L, Martínez R(2005). El modelo económico español, 1996 - 2004. Una revolución silenciosa. Instituto de Estudios Económicos, Madrid.

[3] Bernardos G(2009). Creación y destrucción de la burbuja inmobiliaria en España. Información Comercial Española 850 :23 - 40.

[4] Boldrin M, Conde - Ruiz I, Díaz - Giménez J(2009). Eppur si Muove! España: creciendo sin un modelo. In: Bentolila S, Boldrin M, Díaz - Giménez J et al (coords) La crisis de la economía española. Análisis económico de la Gran Recesión. FEDEA, p 165 - 235. Online edition: http://crisis09. fedea. net/ libro_crisis/la_crisis_de_la_economia_espanola. pdf.

[5] Buendía L(2018). A perfect storm in a sunny economy: a political economy approach to the crisis in Spain. Socio - Economic Review. https://doi. org/10. 1093/ser/mwy021.

[6] Buendía L, Molero - Simaro R(coords)(2018). The political economy of modern Spain: from miracle to mirage. Routledge, London.

[7] Carreras A, Tafunell X(2018). Entre el imperio y la globalización. Historia económica de la España contemporánea. Crítica, Barcelona.

[8] Catalán J, Sánchez A(2013). Cinco cisnes negros: grandes depresiones en la industrialización moderna y contemporánea, 1500 - 2012. In: Comín F, Hernández M(eds) Crisis económicas en España, 1300 - 2012. Lecciones dela

Historia. Alianza, Madrid, p 83 – 112.

[9]Charnock G, Purcell T, Ribera – Fumaz R(2014). The limits to capital in Spain. Crisis and revolt in the European South. Palgrave Macmillan, London.

[10]Charnock G, Purcell T, Ribera – Fumaz R(2015). The limits to capital in Spain: the roots of the "New Normal". Critique 43(2):173 – 188.

[11]Charnock G, Purcell T, Ribera – Fumaz R(2016). New international division of labour and differentiated integration in Europe: the case of Spain. In: Charnock G, Starosta G(eds.) The new international division of labour. Global transformation and uneven development. Palgrave Macmillan, London, p 157 – 180.

[12]Comín F (2015). Las dimensiones de la crisis actual desde una perspectiva histórica. Gaceta Sindical 24:25 – 64.

[13]El País (2008). Botín: la crisis es como la fiebre de los niños, empieza fuerte yluego baja, 22 June.

[14] Freeman A (2010). Marxism without Marx: a note towards a critique. Capital & Class 34(1):84 – 97.

[15]Gill L(1996). Fundamentos y límites del capitalismo. Trotta, Madrid.

[16]Guerrero D (1997a). Historia del pensamiento económico heterodoxo. Trotta, Madrid.

[17]Guerrero D (1997b). Un Marx imposible: el marxismo sin teoría laboral delvalor. Investigación Económica 57(222):105 – 143.

[18]IMF (2019). World economic outlook database, April. International Monetary Fund, Washington, DC.

[19]Kose A, Terrones M (2015). Collapse and revival: understanding global recessions and recoveries. International Monetary Fund, Washington, DC.

[20]López I, Rodríguez E (2010). Fin de ciclo. Financiarización, territorio

y Sociedad de propietarios en la onda larga del capitalismo hispano (1959 - 2010). Traficantes de Sueños, Madrid.

[21]López I, Rodríguez E (2011). The Spanish model. New Left Review 69:5 -29.

[22]Marx K(1861 -63). A contribution to the critique of political economy. Marx & Engels Collected Works, vol. 32. Lawrence & Wishart, London.

[23]Mateo J P(2013). La crisis económica mundial y la acumulación de capital, las finanzas y la distribución del ingreso. Revista de Economía Crítica 15:31 -60.

[24]Mateo J P (2018). Teorías económicas, crisis y la crítica del reformismo. In: Guerrero D, Nieto M (eds) Qué enseña la economía marxista. 200 años de Marx. El Vicjo Topo, Barcelona, p 201 -232.

[25]Mavroudeas S (ed)(2015). Greek capitalism in crisis. Routledge, London.

[26]Muñoz - de - Bustillo R(2014). La crisis del nunca acabar. El comportamiento macroeconómico español 2008 -13. In: García N, Ruesga SM (coords) Qué ha pasado con la economía española? La Gran Recesión 2.0(2008 a 2013). Pirámide, Madrid, p 55 -82.

[27]NBER (2019). US business cycle expansions and contractions. National Bureau of Economic Research.

[28]NSI(2018). Annual Spanish National Accounts. Base 2010. Accounting series 1995 -2017. National Statistics Institute, Madrid.

[29]OECD(2019). OECD. Stat. Organisation for Economic Co - operation and Development, Paris.

[30]Palafox J (2017). Cuatro vientos en contra. El porvenir económico de España. Pasado y Presente, Barcelona.

[31]Prados de la Escosura L(2017). Spanish economic growth, 1850 – 2015. Palgrave Macmillan, London.

[32]Reinhart C, Rogoff K (2009). This time is different: eight centuries of financial folly. Princeton University Press, Princeton N J.

[33]Roberts M (2016). The long depression. Haymarket, London.

[34]Shaikh A (1990). Valor, acumulación y crisis: ensayos de economía política. Tercer Mundo Editores, Bogotá.

[35]Shaikh A(2016). Capitalism: competition, conflict, crises. Oxford University Press, New York.

[36]Smith T(1990). The logic of Marx's Capital. Replies to Hegelian criticisms. State University of New York Press, Albany NY.

[37]Tapia J A(2009). Causas de las crisis: especulación financiera, burbujas inmobiliarias, machismo desaforado y otras explicaciones económicas de nuestra penuria. Ensayos de Economía 34:35 – 46.

第一部分

经济思想中危机理论的基础

2

唯物主义的危机观

在本章中，我旨在介绍西班牙经济大衰退背后的危机理论基础，同时将重点讨论当下一些高度抽象的方法论问题。这些方法论基础将揭示出作为资本主义的一种内生和必然现象的危机的唯物主义史观与其他方法之间存在的深刻且根本的不同之处。

马克思主义的研究对象包括资本主义社会的基本规律，以及发生在这一社会的生产、分配和交换过程。本书旨在揭示危机的的确确在资本主义社会中占据着中心地位。那么，劳动价值论中的危机理论就属于资本主义生产方式时代再生产动态的一般理论，其重要性正是基于这样一个事实，即它是资本逻辑诸多固有矛盾的结果。因此，这一理论便是一个危机必然性理论。根据这些情况，危机便成为经济分析的一个对象。

依据危机理论在理论中所占据的重要地位，可以得知，危机是资本主义生产方式诸多特有因素的必然结果。因此，为了能够理解资本主义的运行规律，我们首先必须了解危机。换句话说，一个不完善的经济危机理论会妨碍我们对这种制度给予正确的解读。而且，如果一种经济思想根本无法解释危机的再发生，那就足以证明该理论的失败之处。

2.1 方法论方面

鉴于危机理论在经济分析中占据的中心地位，对其方法论基础的解释便变得至关重要。由于它们在解释方面具有一些相同之处，该理论也可用来确定与其他危机概念之间的差异究竟源自何处。

首先要指出的问题是在危机理论的制定中进行不同程度的概括总结背后的方法，这也许是区别其与马克思主义方法的不同要素之一。一个理论框架的方法论视角可以从其切入点予以定义，“开始建立一个理论所选定的方法，即一个理论家聚焦的初始概念，以便使所有的切入对象产生意义”（Wolff and Resnick，2012：37）。马克思经济学的切入点是资本，“是资本主义社会里主宰一切的经济力量，它不仅构成了我们研究的出发点，也是我们研究的结论所在”［Marx，1857a－58：44（MECW 28）］。与其他理论方法不同的是，资本表达了一种对立的社会生产关系，在这种关系中，生产条件的所有者与劳动者互为对立关系。资本的相关性源于这样一个事实，即“资本与雇佣劳动之间的关系决定了生产方式的整个特点”［Marx，1894：866（MECW 37）］，也就是其底层逻辑。

这一切入点揭示了资本主义生产的所有矛盾，主要表现在以下三个方面（Mateo，2018b）：首先，这是通过劳动价值论而得出的价值概念，由此，资本的逻辑定义了整体性的本质；其次，这是一个具体的社会，是一个由资本家和工人构成的资本主义社会，这种关系必然导致“剥削”这一概念的出现；最后，资本的内生限制，由于“资本主义生产的真正障碍是资本本身，正是资本及其自我扩张才表现为生产的起点和终点，表现为生产的动机和目的”（Marx，1894：248－249）。鉴于此，“这些内生限制必须与资本的本质相一致”［Marx，1857a－58：342（MECW 28）］。因此，由于资本积累趋于导致危机，危机理论由此便嵌入对资本基本规律的分析中，即危机是资本逻辑作用下反复出现的高潮。

高度概括一下，危机揭示了生产力发展与社会生产关系之间的矛盾，换言之，就是使用价值与交换价值之间的矛盾。在理想条件范畴内，我们对危机的抽象趋势进行了概括总结：假设各类商品和服务供应充足，考虑到体制框架内各种易于修正和完善的因素已经修正和完善，某种人类理性的存在以及价格变化会随着生产条件（抽象劳动）的变化而发生变化。在此之前我们必须澄清，现实情况绝不会与这些假设保持一致。事实上，资本主义再生产中出现的动荡、不稳定都属于正常现象，资本主义再生产的不平衡和价格变化并非基于各种价值变化。但这一高度概括意义非凡，因为它让我们了解到这种理论化的危机不是来自外生个体的错误或体系的缺陷，而是源于在最优可能条件下存在的基本趋势。

在一段时间内反复出现的危机可以佐证这一危机理论的必然性。“如果危机是资本主义制度的永恒特征，那么我们需要一套理论来证明危机是不可避免的，也就是危机的必然性”（Carchedi，2011：169）。因此，囿于寻找周期性复发现象的共同原因并非科学的做法，理论若仅限于找寻每次危机背后的原因，也属荒谬之举（Tapia，2009）。恰恰相反，马克思将解释每场危机之间的联系置于首位，每一场危机的共同之处足以表明危机在资本主义动态发展中所占据的中心地位。

从方法论上讲，研究危机理论的目的在于找出为何每一次危机爆发的形式各不相同，并在分析中将两个层次结合起来。我们必须从导致具体危机的这些直接原因和诱发原因中分清终极原因和结构性原因。因此，这一方法路径可以为我们提供一个解释框架，在该框架内，具体事物和最抽象事物将保持一定的联系。显然，这并不意味着要对危机的具体层面视而不见、对其重要性忽略不计，相反，我们会对其进行深入探讨，也必须对其进行深入探讨。[①]

---

① 例如，分析必须从抽象的一般资本开始，然后，在最具体的层次上，解释必须考虑到资本的各个部分，以及在社会、临时或地理方面矛盾可以被取代的方式。

2.1.1 结构分析与整体视角

危机理论的方法论视角在唯物主义方法的框架内具有结构性和整体性的特点。整体性是一种具有社会性质的关系结构，而经济结构就是一整套社会生产关系（Cohen，1978）。作为一个结构，整体大于其各组成部分的总和，因为整体不是各部分简单相加的结果（Mateo，2018b），这样的结构才具有一定的逻辑性。因此，社会是一个有机整体。

> 在这一有机整体中，不同部分相互牵制，组成该整体的各元素互相约束、永不分离。整体不仅仅是各个组成元素简单相加的结果，而且是由各元素之间的关系来定义的，这些关系又反过来由这些元素在整体中的地位和功能所决定。（Sanjuán，2019：166）

因此，整体的概念优先权对其组成部分也同样适用。[①] 以资本为切入点，用以解释危机理论的统一轴心必须以资本的全球循环为核心，该循环具有多种形式：［‘M’ –］M – C……P｛MP，LP｝……C’ – M［ – ‘M’］，其中，M 代表货币，C 代表商品，MP 代表生产资料，LP 代表劳动力。正是在这一框架内，货币资本、商品资本、生产资本和（或）固定资本、可变资本，以及该循环中其他与这一部分有关的特性都变得通俗易懂。在这些条件下，唯物史观中的危机理论主张客观分析，即首先对生产力进行解释，抑或对人们所称的社会基本结构进行解释。

由于危机代表着整体再生产的破裂，危机的概念是基于对这种再生产方式的解释。这一运动——被认为是整体再生产过程——受到某些定义这

① 请注意，这一方法论视角对于充分解释危机的做法具有决定性影响。例如，在微观经济中，商品的价值优先于商品的构成成分。抽象劳动总量优先于可分解的工资或利润的数量，因此危机理论不是基于产出的这些部分的变化。利率亦然，它只在总剩余价值的框架内才有意义，因为只有资本循环可以解释其上下波动的规律。另外，剩余价值总量以及剥削率都是在社会层面上确定的，这会使每一项具体活动都变得抽象。也就是说，威克斯（Weeks，2010）所言极是：从概念上讲，剩余价值率是先于个体价值率的。因此，该比率首先基于宏观经济层面，并不是其各部门比率汇总的结果。整体方法与总体或微观经济观点对比（Morishima，1973）可得：剩余价值率等于部门比率的加权平均数。对这些问题的具体应用将在下一章看到。

一系统的模式或规律的支配。这种逻辑本质或内在本质就是所谓的资本主义发展的一般规律。因此，资本积累的过程是通过运行规律完成的，而运行规律揭示了某些方面的规律性或周期性（Mateo，2018a）。

首先，这些规律具有社会历史性，因为它们既不是自发的、不可变的，也不具有技术维度（与事物相关），而是由历史决定的社会关系。依据苏菲迪斯（Tsoulfidis，2010：6）的理论，“市场占据了配置社会产品生产以及分配的主导地位之后，系统性有规律的经济现象出现了，并服从于支配其出现的运行规律”，因此它们完全属于资本主义。另外，以一种更贴切的方式解释危机时，必须指出它们的客观性和倾向性。客观性是马克思主义分析的共同特征，作为一种研究社会进程的唯物主义方法，其最大的（也是必然的）指标便是价值规律。因此，资本规律源于其自身性质，且不以人的意志为转移。①

其次，不同于任何机械论解释（Freeman，2010b），规律就是倾向力，像倾向力一样发挥作用。正如弗利特伍德（Fleetwood，2012：247）所言，“‘倾向’用来比喻某种推动、促使、促进、推进、施压”。我们也可以说倾向力是一种主导性压力和反作用力。虽然有效的结果取决于二者的相对力量，但二者的本体地位却大不相同。只要确定了反作用力发挥有效作用的限度，就可以发现一个普遍的模式（Shaikh，1990；Mateo，2018b）。

相对于生产领域的资本构成，资本集中值得一提。这一趋势有助于产生并长期维持产业后备军，从而使经济周期中工资的演变满足资本增殖（分配）的需求。两者都使利润率呈下降趋势，这是政治经济学最重要的规律，是前几条规律的结果，也是经济危机的基础。

因此，尽管这些规律是通过资本的多重性（竞争）表现出来的，整体的组成部分（个人、社会阶层、资本部分、政府）不能创造新的发展规

① 事实上，正是马克思通过赞扬考夫曼（Kaufman）并将其思想引入他自己的主张，提出“规律不仅不以人的意志、意识和智力为转移，相反，规律决定人的意志、意识和智力”（Marx，1867：18［MECW35］）。

律，但它们可以对其自我表达方式产生影响。这种解释性假设将成为定性危机的关键，因而也是对其他观点的批评。

2.1.2 本质与现象

马克思研究方法的特点之一在于它提出了存在于本质和现象之间的二元性，并给予危机理论所引起的争议一些启示。

一方面，这一分析建立在以市场为主导的系统之上。在这一系统中，我们会发现隐藏的经济力量，它们在表层下相互依存、相互作用。① 这一不能直接理解的领域对于解释直接可观察到的现象至关重要。

另一方面，对危机的解释需要整合两个层次：内容和形式、本质及其表现方式、抽象和具体。曼德尔（Mandel，1976）所言极是，即否认这种重构本质和现象的需求就像全盘接受表象一样，不去寻求藏匿于表面的经验主义的观察者背后的种种基本力量和基础矛盾，此举既反辩证又令人困惑。如果危机理论仅限于最为抽象的问题，并固执地坚持可见现象背后的增殖问题，则会显示出其解释力的不足。与之相同的另一解释便是从危机的扭曲或不平衡层面开始并进行分析的。在这种情况下，该理论仅限于对危机的发生及其可能性进行描述。未向具体发展的本质主义受到解释的限制，但庸俗的危机理论典型的肤浅性甚至超越了这种偏见，表现出令人咋舌的解释上的不可操作性。

在这两个极端之间，危机理论必须尝试由抽象到具体的纵向发展，因为政治经济学作为一个学科存在，就是要揭示介于这两个过程之间的关联所在。在高度抽象的情况下，可以将不同危机的共同基础理论化，即无论不同时期或不同国家的具体情况如何，都可以将危机复发的内容作为理论基础（Carchedi，2011）。一个共同的内容，即增殖危机，可以通过不同的

---

① 在前资本主义的生产方式中，由于所有者支配地位显著，剩余的榨取是以更透明的方式进行的。没有任何隐蔽的因素应该被理论化，因为“政治权力或传统等非经济力量明确了谁生产什么、如何生产以及谁获得生产成果的一系列规律。因此，在这些社会中，一切都一目了然”（Tsoulfidis，2010：6）。

触发因素予以解决，同时也取决于危机的不同特点。

与其他理论方法不同的是，马克思主义关于危机的理论认为，每个直接原因的表层特征预示着最终解释的到来。因此，失业程度、生产崩溃、库存积累、过度通货膨胀（或通货紧缩）、拖欠工资、资产膨胀等构成了所有这些反映经济问题的不同变量。尽管它们不应该构成分析的起点，但这并不意味着它们之间毫无关联。实际上，马克思认识到了很多危机的直接“原因”（Freeman，2016），但这并不代表马克思危机理论的特殊性。用增殖周期来解释，即当积累中断时，出现的失衡状况通常涉及售出无望、生产过剩、负债率高、工资成本高昂或投机泡沫的出现。但这些都不能成为最终原因，因此它们不能成为危机理论的基础。

即使在价值关系之外的价格没有发生变化，包括最重要的价格——劳动力价格（即工资），也不论竞争中的资本及其各派系如何，危机必然由资本积累的本质所引发。只有在这些条件下，一种理论才能揭示危机复发的原因，说明危机的出现与资本的内在逻辑息息相关，即从整体资本概念的本质看来，资本是一种面对雇佣劳动的社会关系。①

因此，工资、利息支付、资本之间的竞争或经济政策措施等的不平衡或具体的动态变化，只会加剧或形成——但不能创造——现有矛盾。此外，价格与价值之间的这种分歧，直至它们可能拥有自主权或在经济失衡之前都不是这一体系运行中简单出现的障碍。它们更像是这一体系再生产过程中出现的典型动荡。这里出现了危机的一个功能，那就是恢复价值关系的首要地位，表明价格不由供求关系决定，而是最终与劳动时间挂钩。

① 在马克思本人的著作中，危机理论倾向在《资本论》第一卷及其“积累的一般规律”中就已经有了萌芽。虽然马克思在后来的第三卷中才揭露了利润率下降趋势的规律，但他在论述其构成部分之前，仍然是在一般资本的抽象程度上进行分析，关于这个问题，我的分析参考了马泰奥（2018c）的研究。

2.2　人为因素和主观因素

危机在马克思主义思想中所占据的理论地位，与那些最终从人类行为出发来解释危机的观念是相互对立的。当然，这并不意味着要忽视危机采取的形式中主观作用的影响，也并不意味着危机可以构成危机理论的轴心。危机理论的核心思想在于，危机作为积累的必要环节，并非来自主体性，而是来自整体结构的客观性及其发展规律。

与之相关的是，根本的因果关系来自生产力的发展和社会生产关系的框架，界限由此确立，从而使代理人的决定受到制约。“历史的动力”是指阶级斗争，但更像是直接原因。“为什么成功的阶级会取得成功呢？马克思在生产力的特征中找到了答案”（Cohen，1978：14），马克思找到了这个根本因素，或者可以说是最终因素。将人为因素纳入危机的经济分析中是十分恰当的，因为经济关系具有一个社会维度。事实上，经济并不是纯粹的存在，因为它与社会政治关系盘根错节、不可分割。但人们不应忽视概念上的优先性和基本的因果关系。个人或机构的主观作用以及上层建筑的意识形态或法律因素，最终取决于各种进程以及客观倾向。

在危机理论中，这种主体性是通过社会阶级的概念来实现的，在任何情况下，经济剩余概念以及生产过程组织对于社会阶级都是不可或缺的。马克思揭示了阶级和剥削是如何影响人们的观念、认知和行动的（Wolff and Resnick，2012）。资本家和工人息息相关，但二者关系仅仅是社会关系的人格化或表达方式，因为在个人活动中存在一定的社会决定量或客观决定量（Mateo，2018a）。[①] 因此，亚当・斯密（1994：141）所言极是：“迫使所有资本家成为‘积累者’的是他们在资本主义生产过程中的客观作用

① 根据马克思（1894：866）的观点，“这种生产方式本身的主要代理人，即资本家和雇佣劳动者，就其本身而言，只是资本和雇佣劳动的体现、化身，是社会生产过程赋予个人明确的社会特征以及这些明确的社会生产关系的产物”。因此，“适用于个体资本家的也适用于资产阶级”（马克思，1885：122）。

和地位。”

盈利能力下降导致全球性危机爆发，这与追求利润最大化的资本家的存在相辅相成。[①] 需要注意的是，如果要从推动资本主义生产的内在力量来描述危机，就必须将危机现象与资本的本质联系起来。因此，危机反复发生的历史验证了马克思预言的正确性，因为危机构成了资本内在逻辑的外在表现。

2.3　生产与价值规律

在危机理论形成的过程中，价值理论是基本的参考理论，因为它浓缩了理论框架的诸多方面：唯物主义视角、整体方法、经济系统的基本领域和运行规律。最终，危机必然性理论只能从劳动价值论发展而来。

在某种程度上当活劳动成为价值（和剩余价值）的来源时，劳动活动便处于分析的中心。具有有限性质的定量价值的物质存在对产出、利润和工资设立了限制（Smith，1994）。同样，当抽象劳动具有价值形式时，就需要一个对危机理论至关重要的整体视角，这也需要对许多争议有一个充分的理解：“价值的大小不是由给定要素的相加或组合决定的——例如利润、工资和租金——而是一个同样大小的价值，一个给定的价值量，被分解为工资、利润和租金。”［Marx，1861 - 63：517（MECW32）］。在这种整体方法中，由于整体结构的特点是其诸多要素被分为不同层级，而危机理论源于生产的本质，因此便有了“资本主义生产方式”这一术语。在整个经济进程中，这一领域将在整个经济过程中具有概念上的优先性，因为它“为社会、政治和思想生活的一般过程提供了条件”［Marx，1859：263

---

① 然而，马克思主义（P. Roemer）和激进经济学都认为利润率（宏观层面）的下降趋势与利润最大化资本主义（微观层面）的假设相互矛盾（Gintis，1992）。在这个意义上，我要澄清的是，马克思主义并不反对微观基础，这一点我参考了马泰奥（2018a）的研究。

(MECW 29)], 以确保其进一步再生产所需的基础材料。[1]

虽然关于危机可能性的诸多理论始于流通领域的各种关系, 并被统称为 "不均衡", 但马克思主义方法探究的是这种失衡产生的原因。其出发点是生产领域产生剩余价值的能力。简单来说, 就是 M - C……P……C′ - M′的循环, 最终原因在于 [P], 尽管它在获取 [M] 的过程中表现出失衡现象, 且步骤为 [M - C] 或 [C′ - ′M′]; 由 [D′] 偿还债务或付款。因此, 劳动价值论是唯物主义概念——历史唯物主义的一个重要组成部分、例证以及推论。危机不能被理解为资本积累超出价值规律客观性的必然结果。从这种唯物主义概念来看, 核心利润应以客观现实为出发点, 应该指出经济政策、社会动荡、代理人前景以及企业战略的决定因素。因为马克思将利润划为剩余价值的前提是, 假设劳动力的价值和价值总量为固定值。简言之, 劳动价值论和生产至上论是唯物主义方法论的结果。

由于 "生产剩余价值是这种生产方式的绝对规律" [Marx, 1867: 614 (MECW 35)], 生产实际上是一种利润最大化的活动。生产是不同社会共同的内容, 且以剩余价值的生产和榨取为形式, 因此, 经济危机的共同因素必然与资本增殖有关, 这是最后一个关键因素。资本增殖的水平反映在利润率上, 最终决定了资本积累的过程, 从而决定了扩张和危机的周期。从价值规律可以看出, 经济制度的时间再生产受规律支配, 这些规律只能从抽象劳动中的价值基础而不是价格中揭示出来 (Shaikh, 1990)。或者正如马蒂克 (Mattick, 1969) 所言, 资本主义发展与生产过程中的劳动时间是密切相关的。

为了不陷入与马克思方法论相悖的确定性视角, 我们必须明确构成资本主义结构的各要素之间相互影响, 因此具有相对的自主性 (Mateo,

---

[1] 马克思(1857b - 58:36 [MECW 29])将生产的作用说得十分清楚:"我们得出的结果是,不是说生产、分配、交换和消费是相同的,而是说它们都是一个整体的所有要素,是一个整体内的差异。生产是主导性环节,无论是就生产的矛盾决定本身而言,还是就其他环节而言,都是如此。"反过来,这也一定是解释危机的基础。

2018a）。金融领域并非仅仅是生产领域的被动反映，政府有能力影响经济动态，当然，工人工资也可以得到增长，从而侵蚀盈利能力。但与此同时，还有一个解释层次，即并非所有要素都在同一水平上发挥作用，因此我们可以说这是一种基本的因果关系。尽管生产、分配和消费之间存在着内在的关系，但生产领域具有优先性，因为剩余价值的生产构成了这一体系的驱动力。换言之，分配结构在很大程度上是由生产决定的，这种特征贯穿《资本论》的始终，而且事实上，它也构成了马克思方法论的基础（Weeks，2010）。

2.3.1　供给和需求

供给和需求受盈利能力调节，也受价值调节，它们绝不是独立存在的。供求双方确实能够调节市场价格与市场价值的偏差，但当它们重合时，市场价格实际上是由生产价格调节的。因此，价格是由资本主义生产的内部规律决定的，与竞争无关。如果危机与价格波动无关——尽管价格波动已经表现出这种趋势——那么它与供需失衡也毫不相关。

在危机理论中，重要的不是供给或需求哪个更为重要之间的争论，我们可以说它和“利润是息息相关的”（Shaikh，2016）。价值规律调节供给，供给随着生产力的发展和社会必要劳动时间（SNLT）的变化而变化。决定均衡价格或再生产价格的是生产条件。一方面，供给取决于利润的多少，这就解释了各个部门的状况，从而解释了可能出现的不平衡现象。另一方面，需求取决于收入，反过来又取决于是否进行了生产性劳动，即是否产生了剩余价值。在很大程度上，需求是由雇主雇用工人的预先支付决定的，其结构反映在资本构成中。正是生产领域反过来产生了需求，才产生了一个具有收入或有偿付能力需求的市场：

> 对于提供的产品价值（从经济的整体性考虑），对应的是等值的购买力（即需求力）。这是从李嘉图（Ricardo）和马克思的劳动价值

> 规律中得出的。需求方所包含的价值只能在生产中产生，因此产出中所包含的价值必须相当于等值的购买力。(Astarita，2011)

因此，消费需求不是一个自变量，因为消费和投资不是孤立存在的。“是积累的规模决定了消费和投资之间的这种分配所占的比例”［Marx，1894：18（MECW 37）］。如果从消费需求出发进行分析，那么价值似乎是由需求来决定的，这就导致了一种主观价值理论的产生。但是，这种批评并不意味着需求在劳动价值论中毫无重要性可言，实际上，需求在商品实现最终跳跃，即 C′－M′这一步骤中具有决定性作用。它是表明具体（直接）劳动将被接受为抽象劳动——以及接受到何种程度的最后要求。在危机产生的过程中，需求的下降源于利润率的下降，因为真正下降的是生产剩余价值的能力。因此，正是由于缺乏积累才导致有偿付能力的需求不足，而不是相反。

2.3.2 盈利能力下降的压力及其决定因素

正如前文所言，危机最终源于剩余价值的产出不足，利润率的下降使之成为现实。危机作为一种资本主义的固有现象，必然是内在动力积累的产物。如果没有达到生产目的，即产生的利润不足以支持继续投资，那么危机的最终原因就在于利润的决定因素，即剩余价值。

然而，危机与产生的利润之间的这种联系仍然不够紧密。不仅危机与资本主义之间必须存在关联，而且再生产过程也必然会导致危机。应该在资本主义社会的运行规律中提供一个对危机随时间循环往复的解释性框架，这实际上是马克思唯物主义方法论的实证预测（Kliman，2007；Freeman，2010a）。利润率下降趋势规律（LTRPF）表明，资本积累对盈利能力所施加的压力越来越大。该规律在任何情况下都不应被解释为利润率的需要——它本身就是一个变量，其经验性计算会产生各种争议，此类事件应永久性减少。同样，就像一个物体不掉下来并不意味着重力不存在一样，物体下面需要一个支撑物来防止其坠落，这恰恰证明了这种重力定律的存在——利润率下降趋势规律并不取决于某一特定时期资本比率的演变。这一规律代表了资本的趋势以及资本所面临的矛盾。

马克思认为，“无论从哪个方面看，这都是现代政治经济学最重要的规律，也是理解最复杂关系的最基本的规律。从历史观角度看，它是最重要的规律”［Marx，1857b－58：133（MECW 29）］。因此，利润率下降趋势规律不是危机众多原因中的一个，但它显示出了走向危机的趋势。利润率下降趋势规律是资本主义再生产的一系列矛盾的结晶与浓缩。正如弗里曼（Freeman，2016：77）所言：“利润率下降趋势规律通过加剧其他所有矛盾来‘引发’危机，就像年龄增长会使所有威胁生命的可能加剧一样。”在高度概括的情况下，它是价值生产与使用价值的物质生产之间关系的矛盾。或者换句话说，也就是必要劳动和剩余劳动之间的矛盾。更具体来说，它表明资本再生产不是一帆风顺的过程，而是一个跌宕起伏、险象环生的过程。简言之，它是把劳动价值论应用于资本发展过程的结果。

危机理论所采用的方法论观点意味着利润率下降趋势规律与资本最初的分析有关，即资本总体上被作为一种社会生产关系来分析。这样，人们可以在《资本论》第一卷的抽象层面，从资本与劳动的对立关系出发展开分析，即使它在现实中通过资本竞争得以实现。这种方法假设利润率下降趋势规律具有超越其决定因素——资本构成和剥削率——的理论地位。从这个意义上说，它并不是一个意义或本体论地位取决于其决定因素的相对力量且与技术和分配领域有关的规律（Mateo，2007，2018b）。在这种情况下，这一规律不具有资本主义发展规律的地位，而仅仅是一种取决于某些因素是否同时发生的可能性。当且仅当资本比率主导收入分配模式时，盈利能力才会出现下降的趋势。因此，经济危机的理论地位将被严重降低，从而被削弱。我们不可能谈论资本固有的危机倾向。这样，讨论会继续下去，但却以另一种形式进行。与从价值规律和资本积累的内在驱动力方面出发的分析不同，另一种形式的讨论将优先考虑解释利润率的不同变量之间的数学关系。因此，其结果是不确定的。

依据以上解释，我们可以得出：正是利润率下降趋势规律让资本构成和收入分配的界限得以解释和确定。此外，马克思明确指出：

> 利润率的下降和积累的加速是同一过程的不同表现，只是两者都反映了生产力的发展。积累的增长又反过来加速了利润率的下降，因为它意味着劳动力的大规模集中，从而提高了资本构成……它在产生过剩人口的同时，也导致生产过剩、投机泡沫、资本危机以及资本过剩。[Marx，1894：240（MECW 37）]

在这些决定因素中，马克思进一步指出"在这一研究中，最重要的因素是资本构成及其在积累过程中所经历的种种变化"［Marx，1867：607（MECW 35）］。归根结底，利润率下降趋势规律只是资本主义生产过程中用来表达驱逐活劳动的另一种方式罢了。由于生产过程呈机械化趋势，危机就是一个增殖问题。但尽管有"技术"或"技能"一说，其本质仍属于社会层面，因为它是基于社会生产关系的这一框架。生产资料主要是榨取剩余劳动力的手段。

从方法论层面来讲，资本构成的增长趋势首先必须从资本逻辑自身出发进行分析，因此需要将资本总体作为一种社会关系或抽象概念来分析，即对资本主义生产方式的基本矛盾所对应的劳资关系进行分析（Mateo and Lima，2012）。逐步机械化的趋势源于减少所需劳动数量以扩大剩余劳动的目的，而这又意味着资本主义对劳动过程控制的加强。机械化在竞争的第一种表现形式中产生了权力关系，一种资本与雇佣劳动的对立关系。然后，在更加具体的水平上——资本的多样性——为提高竞争力，价格竞争迫使每一种资本进行技术革新，以便与其他资本竞争。而其中具有创新能力的资本家将获得巨额回报。超额利润将是创新资本家能够获得的回报。

由于利润是剩余劳动所接受的货币形式，引进节约劳动力的技术带来了种种无法解决的矛盾。为了改变工作时间在必要劳动和剩余劳动之间的分配，就需要增加每个工人使用的生产资料的总量。

2.3.3 盈利能力的数学表达式

根据研究目的和现有的统计数据，剩余价值量的计算方式多种多样：税前和税后、利息和租金、贬值、非生产性行业部门，对此，我参考马泰奥（2007）的方法。然而，针对这一实证分析，利润率将用数学方式表示为生产技术和分配领域变量的函数。

$$r = \frac{p}{K} \tag{2.1}$$

利润率（r）与利润（p）成正比，与资本存量（K）成反比，二者均以现价计算。由于$p = Y - W$（Y：总产量，W：工资），那么该公式便与其他各种资本比率指数相关，即资本—劳动比率（K^*/L，其中K^*为不变价格）、资本—工资比率（K/W）和资本—产出比率（K/Y），这些比率代表的就是资本构成的概念。

$$r = \frac{e}{K/W} = \frac{PS}{K/Y} \tag{2.2}$$

利润率与工资利润率（p/W，代表剩余价值率或剥削率）以及利润份额（$PS = p/Y$）成正比。同样，它可以用资本—劳动比率来表示，尽管在这种情况下产出价格平减指数（P_y）、消费价格平减指数（P_c）以及资本存量的价格平减指数（P_k）必须包含在内：

$$r = \frac{\left(\frac{Y^*}{L}P_y\right) - \left(\frac{w}{L}P_c\right)}{\frac{K^*}{L}} \tag{2.3}$$

利润率会随着劳动生产率（$q = Y^*/L$）的提高而提高，随着每个工人实际工资（$w_L = w/L$）和资本—劳动比率［$K/(LP_k)$］的提高而降低。如果价格以类似的方式演变——或者忽略价格波动——那么利润率可以用以下公式表示：

$$r = \frac{q - w_L}{\theta} = \frac{e}{\varphi} = \frac{PS}{\rho} \tag{2.4}$$

但除此之外，生产资料数量与劳动力数量的关系在技术领域同样发挥着核心作用。首先，φ 受比值 θ 的影响，换句话说，资本—工资比率可以用 K^*/L 表示：

$$\varphi = \theta \frac{P_k}{w_L P_c} \tag{2.5}$$

资本—工资比率（φ）取决于 θ 和 $\frac{P_k}{w_L P_c}$ 这两个因素，后者是 P_k 与每个工人名义工资（W_L）之比，当 $W_L = w_L P_c$ 时，即每个工人的实际工资（w_L）乘以消费价格平减指数（P_c）。如果工资随着劳动生产率的变化而变化，那么 P_k / W_L 这一比值则代表生产一个单位资本所需的劳动力（包含直接和间接）的递减量（Wolff，2001）。因此我们可以预估，随着生产率的增加，资本—工资比率会以低于 θ 的比率增加（^），所以 $\hat{\varphi} < \hat{\theta}$。另外，资本—产出比率（$\rho$）也可以表示为 θ 的一个函数。同样，参考 K/Y 的反比，即或资本生产率（$\Pi = Y/K$），由于它表示在没有工资的情况下的最大利润率（否则不可能），此时 $p = Y$：

$$\rho = \frac{\theta}{q} P_{ky} \rightarrow \Pi = \frac{\frac{q}{\theta}}{P_{ky}} \tag{2.6}$$

资本—产出比率又取决于两个因素：① θ/q 之比，可称为机械化生产效率的反比，该比率表示在生产资料和工人上的投资使劳动力能够提高到何种水平。该比率过度增高意味着该生产率的提高是以高于按比例提高单位劳动的资产量为代价的。②相对价格（P_{ky}），指的是资本成本的相对增加或减少。若一个经济体成功实现了以较低的机械化水平以及通过提高低于通货膨胀率的资本存量价格平减指数增长速度来提高生产率，那么 K/Y 的增长速度就会减缓，利润率压力就会减少。原则上，在积累过程中，$K/$

Y 的增长率应低于 K/W，且小于 K^*/L。

应该注意到，在这些数学关系的背后，作为分子的剩余值是随着作为分母的资本比率的增加而增加的。我们分析的出发点是需要增加每个工人的生产资料量（θ）来提高生产率，从而降低工人的再生产成本，最终得到一个边际工资（$q-W_L$）。生产过程的机械化会提高剥削率（e）和利润份额（PS），与之相对应的是，在其他资本比率（φ，ρ）上也存在一个上行压力。因此，这一系列过程中底层的因果关系应是：$\theta \to q - w_L$；$\varphi \to e$；$\rho \to PS$。此外，根据工资的变化可以得知，通过提高生产率的方式，资本—劳动比率对 φ 和 ρ（Π 的相反数）都会产生影响。[①]

想要增加资本构成以实现收入分配的进一步递减的做法，不仅表明了各种利润率决定因素的不同情况，而且表现出它们所面临的不同限制。从根本上说，利润不可能无限增长，因为利润的基础是工人的剩余劳动，所以利润的生成受工人阶级的总工作日的限制。马克思［1867：410（MECW 35）］所言极是，“利用机器生产剩余价值的做法包含一个内在的矛盾：在一定量资本所创造的剩余价值的两个因素中，一个因素是剩余价值率。如果要提高剩余价值率，就只有减少另一个因素，即工人人数”。虽然资本比率只认可有效的资本存量资产，但利润毕竟受工作时间的限制。或者更明确地讲，利润份额有一个最大值，即 $PS \leqslant 1$，就像不同工作日的工作时间也有上限一样。

因此，更高的剩余价值率不能补偿资本有机构成的增加。利润率下降趋势规律实际上是独立于收入分配模式、存在于资本各个部分之间的这种关系——特别是金融可能具有的重要性——或积累过程依赖的经济政策框

---

① 在这里有必要澄清一下，之所以强调利润率下降趋势的重要性，不是因为劳动生产率在降低，而是因为劳动生产率在逐渐提高，应该对这一说法加以限定。对于资本积累的抽象分析来说，这一说法是正确的，因为在这种分析中，生产发展与资本构成水平是一致的。然而，在对某一具体国家进行宏观经济分析时，就必须认识到这一说法的复杂性，以及发达经济体和外围经济体在资本构成水平和它们力所能及的生产力程度方面都具有其特殊性的事实。这一点将在下一章中讨论，此外，这对于本书后面所涉及的在欧元区框架内对西班牙资本主义进行宏观经济分析也颇有意义。

架。然而，工资下降有助于提高盈利能力，但利润率随着剩余价值比率的增加反而呈递减式增长，也就是说，利润率受剩余价值比率的影响程度逐渐减小（Mateo，2007）。

2.4 危机的意义和影响

正如危机可以揭示出经济增长过程中一些尚未显露出的问题，危机理论也可以帮助我们解剖经济思潮。资本主义体制中的矛盾或不平等，在其扩张阶段可以被粉饰，但在危机期间却再也无法掩盖，最终成为众矢之的。在这些时刻，资本和劳动之间的斗争变得透明，但同时资本之间的竞争也变得更加尖锐，地缘政治学显示出国际关系背后的公开冲突。

在经济萧条期间，工资下降，贫困和不平等程度加剧，失业率飙升，不稳定的劳动关系成为新常态。这些现象并非源自代理人的决定，而是恢复资本盈利能力需求的后果，即危机对资本的影响。因此，危机是经济低迷的表征之一：高失业率以及经济危机的循环往复导致了作为资源配置机制的市场的失灵。大量的人力资源和资本资源在此期间发生贬值、遭到破坏，其他资源则被闲置，而这只是因为生产是以获得利润为其指导原则造成的结果。

这场危机若的确无法避免，那么我们就有理由拒绝正统经济学的均衡倾向。增长过程极不稳定且具有波动性和不确定性，危机的重复发生使不均衡的概念应运而生，我们不是简单地将其作为一种可能发生的情况来予以考虑，恰恰相反，而是将其置于经济分析的中心来予以对待。依据谢赫（2016：104）的观点，我们可以讨论不均衡的轨迹，或是一个表现为周期性和抵消不均衡的引力过程的经典概念——均衡。

总而言之，一个反资本主义本质的提议必须与危机必然性理论联系起来，即在资本主义再生产过程中危机总是不可避免地反复出现。格雷罗（Guerrero，2018：171）所言极是，“资本主义有两个特征，使得任何非经济学自由主义者的人都想用一种更为优越的制度取而代之，即导致普遍危机的倾向及其基本的不民主特征”。马克思思想的革命性特征——就其反资本主义激进主义而言——可以解释为其对客观现实的关注，如社会生产关系的框架，同时揭示出一种不易改变的底层逻辑的存在。

参考文献

[1]Astarita(2011)Ley de Say, Marx y las crisis capitalistas. http://rolandoastarita. wordpress. com/? blogsub = confirming#subscribe – blog. Accessed 28 Oct 2018.

[2]Carchedi G (2011) Behind the crisis. Marx's dialectics of value and knowledge. Brill, Leiden and Boston.

[3]Cohen G(1978)Karl Marx's theory of history. A defence. Princeton University Press, Princeton NJ.

[4]Fleetwood S(2012)Laws and tendencies in Marxist political economy. Capital & Class 36(2):235 –262.

[5]Freeman A(2010a)Marxism without Marx:a note towards a critique. Capital & Class 34(1):84 –97.

[6]Freeman A(2010b) Crisis and "law of motion" in economics:a critique of positivist Marxism. Research in Political Economy 26:211 –250.

[7]Freeman A (2016) Booms, depressions and the rate of profit:a pluralist, inductive guide. In: Subasat T(ed)The great financial meltdown. Systemic, conjunctural or policy created? Edward Elgar, Northampton MA, p 73 –96.

[8]Gintis H(1992)The analytical foundations of contemporary political economy: a comment on Hunt. In:Roberts R, Feiner S(eds Radical economics.

[9]Kluwer Academic Publishers, Boston, p 108 –116.

[10]Guerrero D(2018)Las crisis económicas y la incompatibilidad entre capitalismo y democracia. In: Guerrero D, Nieto M (eds) Qué enseña la

economía marxista. 200 años de Marx. El Viejo Topo, Barcelona, p 171 –198.

[11]Kliman A(2007) Reclaiming Marx's Capital: a refutation of the myth of inconsistency. Lexington Books, Lanham.

[12]Mandel E(1976) El Capital: cien años de controversia en torno a la obra de Karl Marx. Siglo XXI, Madrid.

[13]Marx K(1857a –1958). Economic Manuscripts of 1857 –1858. Marx & Engels Collected Works, vol. 28. Lawrence & Wishart, London.

[14]Marx K(1857b –1958). Outlines of the critique of political economy (rough draft of 1857 – 1958) [second instalment], vol. 29, p5 –256. Lawrence & Wishart, London.

[15]Marx K(1859) A contribution to the critique of political economy. Marx & Engels Collected Works, vol. 29, p 257 –417. Lawrence & Wishart, London.

[16]Marx K (1861 –1963) A contribution to the critique of political economy. Marx & Engels Collected Works, vol. 32. Lawrence & Wishart, London.

[17]Marx K(1867) Capital, vol. Ⅰ. Marx & Engels Collected Works, vol. 35. Lawrence & Wishart, London.

[18]Marx K(1885) Capital, vol. Ⅲ. Marx & Engels Collected Works, vol. 36. Lawrence & Wishart, London.

[19]Marx K(1894) Capital, vol. Ⅲ. Marx & Engels Collected Works, vol. 37. Lawrence & Wishart, London.

[20]Mateo J P(2007) La Tasa de ganancia en México, 1970 – 2003. Análisis de la crisis de rentabilidad a partir de la composición del capital y la distribución del ingreso. Dissertation, Complutense University de Madrid.

[21]Mateo J P(2018a). Teorías económicas, crisis y la crítica del reformismo. In: Guerrero D, Nieto M (eds) Qué enseña la economía marxista. 200

años de Marx. El Viejo Topo, Barcelona, p 201 – 232.

[22] Mateo J P(2018b) Marx's law of the profit rate and the reproduction of capitalism. Neither determinism nor overdetermination. World Review of Political Economy 9(1):41 – 60.

[23] Mateo J P(2018c) Capital, trabajo y la ley general de la acumulación. Sociología Histórica, 9: 507 – 534.

[24] Mateo J P, Lima V (2012) Aspectos metodológicos en el análisis del cambio tecnológico. Una perspectiva holista. Principios: Estudios de Economía Política 20:105 – 126.

[25] Mattick P(1969) Marx and Keynes: the limits of the mixed economy. Porter Sargent, Boston.

[26] Morishima M(1973) Marx's economics: a dual theory of value and growth. Cambridge University Press, Cambridge.

[27] Sanjuán C (2019) Historia y sistema en Marx. Hacia una teoría crítica del capitalismo. Siglo XXI, Madrid.

[28] Shaikh A (1990) Valor, acumulación y crisis: ensayos de economía política. Tercer Mundo Editores, Bogotá.

[29] Shaikh A (2016) Capitalismcompetition, conflict, crises. Oxford University Press, New York.

[30] Smith M (1994) Invisible leviathan: Marxist critique of market despotism beyond postmodernism. University of Toronto Press, Toronto.

[31] Tapia J A (2009) Causas de las crisis: especulación financiera, burbujas inmobiliarias, machismo desaforado y otras explicaciones económicas de nuestra penuria. Ensayos de Economía 34:35 – 46.

[32] Tsoulfidis L(2010) Competing schools of economic thought. Springer, Berlin.

[33]Weeks J(2010) Capital, exploitation and economic crisis. Routledge, London.

[34]Wolff E N(2001)The recent rise of profits in the United States. Review of Radical Political Economics 33(3):315 –324.

[35]Wolff R, Resnick S (2012) Contending economic theories: Neoclassical, eynesian, and Marxian. MIT Press, Cambridge MA.

3

危机理论的发展：社会、时间和地理动态

本章将更加具体地探讨关于危机理论的几个问题，目的是从理论层面转向具体层面。为达到此目的，本书将采取相互作用的动力或者力量，由此可能会影响危机出现的形式，也可能导致资本积累的固有矛盾发生转移：①人类行为和资本积累过程中形成的体制框架，这意味着要融入（经济）政策；②社会冲突和收入分配；③金融活动和投机泡沫，从而使系统性矛盾得以暂时转移；④世界范围内的不平等发展，以及由各种国家增殖定价空间组成的世界体系的中心—外围关系。

这些因素决定了危机表现形式的框架。每一次经济危机都是多种因素和多股力量相互作用的结果。对于经济分析而言，区分及整合各个层次的分析至关重要。因此，在本章我试图推进危机理论的发展，以整合总体的某些组成部分——资本主义社会——如个人和政治体制领域、社会阶级、资本部分或民族国家，其表现为诸多具有广泛现实性的例子，如混乱不堪的资本竞争及其古怪异常的表现形式。

正如马克思所言，“竞争遵循的是资本的内在规律；它将这些规律转化为与个人资本相关的强制性规律，但它没有发明这些规律，而是践行了这些规律”［Marx，1857b－58：136（MECW29）］。同样——如前所

述——资本主义社会的这些组成部分之间的关系所提供的具体视角并不能创造新的规律，而只能影响这些规律的产生。

3.1 个人代理人和体制框架

个人的作用、政治行为或体制框架并非机械地产生于一套社会生产关系中的被动现实，也不仅仅是经济结构的结果。我坚持一种整体论，即这种整体论可以与韦斯特法尔（Westphal，2003）所说的个人作用兼容并存，也就是说，它并不排斥个人作用。但同时，我必须声明，这些理论并不具有完全自主性。

概念上的优先级并不是铁板一块，也有高低之分。与基于人文主义的方法相对的是，马克思基于对社会的基本结构所产生的有关危机的理论，对那些界定资本主义的基本结构给予了更大的解释意义。雇佣劳动和生产资料私有制的出现，以及经济活动的重商主义特征，都是产生某种制度逻辑的要素。我们只有确定资本主义生产方式的性质，才能理解代理人的行为。这是一种社会决定，它限制了个人的决策能力，或者说这是一种源自客观过程的社会制约。阐明社会演进的并非个人或人性（Milios et al，2002），相反，社会各阶级的相关性源自经济关系框架。

个体工人、企业家或政治家也并非绝对自由。资本家的作用只是作为资本的象征，正如工人的作用只是劳动的象征一样（Marx，1861 - 63）。最终，资本的概念包含了资本家（Marx，1857 - 58），资本家和工人都是不同社会阶级或社会生产关系的表现形式。此外，还存在另一个问题：资本优先于劳动。“劳动力的存在是为了满足现有价值自我扩张的需要，而不是物质财富的存在是为了满足劳动者发展的需要”［Marx，1867：616（MECW35）］。

危机理论的基础不在于人性，也不在于个人的决策，无论是工人（工会）、企业家（出于投机的选择，或者是银行家给予过多的信贷），还是经济政策的制定者（或多或少的自由性质）。当然，这些因素可以决定危机的表现形式，甚至加剧现有的矛盾。此外，必须指出的是，在有些紧要关头，这个例子里提到的现象可能会造成危机，例如一次严重的政治动荡或一场激烈的军事冲突。但是，如果没有出现造成这种现象的势头，就不容易对其进行理论总结。

这些方面均处于危机可能性理论的框架内，因此，仅具有偶然性。但无论如何，那些可以解释危机的冲突决不会与资本主义社会基本结构中固有的矛盾格格不入。一旦明确了这一点，就有必要阐明本书所依据的政治经济学分析的社会基础，而且本书反对任何类型的决定论或目的论方法。

3.2　工资和收入分配

虽然分配领域具有绝对的相关性，但只有在特殊情况下才会产生危机。危机必要性理论一方面是基于增殖周期的有机统一，另一方面也是基于生产领域相较于分配等其他领域的优先性。从本质上讲，对收入分配的分析实际上是对工资决定的分析，马克思的方法是基于事先确定的劳动力价值、这一周期的短期影响及其上限和下限。

马克思的伟大贡献之一就是预先确立了一个国家在某一特定时期的劳动力价值。它构成了一个客观的物质要素，并成为工资浮动的重心。劳动力价值首先取决于生产力在国内的增殖空间的发展。因此，同一行业会在不同的国家产生不同的价值。其次，这种价值不仅包含经济层面，即不仅取决于生产率，还受到工人运动和体制框架之间相互斗争的制约。需要注意的是，在这一点上，社会政治领域被置于分析的中心，也就是劳动力价值的确定之中。然而，这种确定受制于资本增殖的需要。因此，这种价值水平最终受制于剩余价值产生的过程。这种从属关系是通过它的上限和下限得以实现的，也就是说，它必须允许资本进行再生产，也必须允许劳动者本身进行再生产。

一旦这一价值得以确定，那么盈余就可以计为剩余。① 其中一个因素是经济周期，它通过产业后备军，或者用更时髦的话说，通过失业率、工作的不安全程度、就业不足或非正规就业的数量来影响这些变化。然而，马克思［1867：616（MECW35）］明确指出："因此，工资的增长受到限制，这种限制不仅让资本主义制度的基础丝毫无损，而且保证了再生产规模的不断扩大。"工资有一定上限，可以防止其在较长时间内增长过高。工资增长过高会压缩利润，并使工人获得生产资料，从而削弱资本的主导地位。但关键问题在于，即便出现这种情况，资本主义也有限制这种工资增长的内生机制，因为投资下降会给工资带来下行压力。同样，工资的过度下降必然会招致工会某些有组织的反抗。如果报酬过低，工人的生存就会受到威胁，进而威胁到资本本身。

经济周期产生的工资波动对资本主义本身也有一定影响。繁荣阶段工资的上涨与资本竞争息息相关，因为它们能够削弱竞争力较弱的公司的盈利能力（Weeks，1982）。那些已经降低了生产成本的创新公司，可以雇用最好的工人以牺牲最低效工人的利益。事实上，在增长阶段，投资需求对供应施加了巨大压力，某些价格大幅上涨，这不仅有工资，还有原材料和其他不变资本要素的价格及其利率。反过来，这些工资的增长又促进了劳动力在不同行业部门之间的有效再分配。工人跳槽是为了得到更高的收入，这与盈利能力更强的行业有关。简言之，工资上涨是增长阶段的一个正常过程，危机前夕往往是工资普遍上涨的时期。

分配领域具有结构性的决定因素，因此与生产领域相比，它的地位是次要的。虽然偶尔一次特别的工会动员可能会通过降低盈利能力的方式来减缓积累过程，但这会是一种非同寻常的衰退，因为过剩人口数量的扩大将给工资限制带来压力。这些事实难以支持一套危机理论，仅能支持危机

① 事实上，尽管受到新古典凯恩斯主义的启发，这一计算过程仍遵循国民账户。值得注意的是，在此种情况下，它们是根据马克思的方法制定的。

发生的可能性，这既是因为危机的相对强度，也是因为危机不可能扩大到全球范围。[1] 更准确地说，工资上涨仅仅是一个触发因素，或者按通常的说法，是先前已有矛盾的加剧。

3.3　危机的金融层面

政治经济学，特别是价值论，具有一种货币特征，因为现实和货币之间不存在二元性。货币是劳动的社会属性的一种特殊表现形式，它的第一个功能是对私人劳动的社会价值化，包括将这种具体劳动转化为抽象的社会劳动和价值实体。金融领域也被看作积累过程中必不可少的基本组成部分。简言之，资本主义是一种离不开货币和金融的经济体系，没有了资本和金融的资本主义体系是无法想象的。

要理解金融在危机中的作用，首先需要将对货币和信贷的分析与一般积累理论结合起来。这样，才能把握金融的功能以及其与危机之间的关系。一个出发点是，资本主义的运行规律必然通过产生利息的货币—资本的流通来表达，并在一定程度上受到货币—资本的引导，并将信贷系统作为渠道（Harvey，1982）。金融并没有创造资本主义发展的新规律，因为金融资本只是一般资本的一种存在形式。作为这种社会关系的一个固有组成部分，它的意义只能通过其在经济结构中的地位才能显现出来。毋庸置疑，金融具有再生产功能，所以金融活动不会改变资本逻辑。

现在，我将简要概述关于金融在积累过程中的作用及其带来的一系列问题，以便将其纳入危机理论中。

（1）金融发展符合资本主义的理想或抽象形式：即使是金融股权，也可以代表最理想或最先进的资本所有权形式，因为它具有将流动性和灵活

① 这可以解释马克思[1894;238(MECW37)]的著名理论，即“出于此种原因，没有什么比用工资率的上升来解释利润率的下降更荒谬的了，尽管这可能是一种例外”。也就是说，这种可能性虽小，但却真实存在。

性赋予其持有者（Sotiropoulos et al.，2013）的机动性。

（2）金融领域加深了——但没有产生——资本主义的两极分化趋势，这种趋势在危机中愈加凸显。在这一背景下，金融领域构成了资本主义不平等倾向在不同层面上扩大的机制：在反对劳动力的竞争中、在与其他资本的竞争中，以及在中心和外围经济体之间的不平衡发展中。

（3）但金融可以改变某种内容所采取的形式，即积累的动态发展。在任何特定时刻，它都可能成为资本扩张的障碍，或以未来的矛盾激化为代价加速增长，金融同时也可能成为触发危机的导火索。但是，它在全球化的增殖过程之外，几乎不能作为危机理论的理论基础而存在。

（4）金融资产的市场利率或价格最终取决于价值领域。这便意味着基本因果关系的分析始于价值生产领域，因为它确定了金融（相对）自主性的界限①。然而，这种关系不是直接的、简单的或单一的，而是矛盾的。因为可能出现的这些变化的范围是如此之广，以致与生产领域的联系可能暂时也会变得异常模糊。资产价格在一定程度上是一种物化关系，在这种关系下，似乎剩余价值的创造和占有权属于它的一部分。当货币被当作一种流通手段时，它可以而且应该允许市场价格偏离价值，将其作为动态变化过程中一种灵活的“润滑剂”（Harvey，1982）。

关于危机的金融维度，由于其在危机中的作用，有三个问题需要强调：利率、债务和投机泡沫的价格效应。

3.3.1 利率

利率（i）是一种十分特殊的价格，它指的是非金融公司可以被动获得的利益。那么，“它就是调节资本增长的利润率超过利率的超额部分（Shaikh，2016：443），即所谓的企业利润率（$r-i$）”。关键问题是利率并

① 除了社会必要劳动时间之外，相对价格的变化并不创造新的价值。一项金融资产价格的上涨意味着其拥有者可以通过出售该资产的方式来获得更多的资金。但这意味着买方支付了这一金额，这样他就放弃了当前相同金额的消费。这是一场零和博弈，一方赢了，另一方就输了。

非独立于生产领域。正是表现在利润率（r）中的盈余的生产能力影响了利率水平，而利率的基本结构的因果关系就从［r］到［i］，即［$r \rightarrow i$］。同样，利率的演变也受到货币—资本需求的影响，从而受到经济周期的影响，与通货膨胀一起对企业盈利能力产生反向震荡。因此，利率波动是表现资本主义固有矛盾的一个中心因素（Harvey，1982）。

在停滞阶段，由于用于交换的商品数量减少，货币作为流通手段的需求随之降低，同时，货币作为生息资本，给利率带来下行压力。这是一种货币资本过剩的情况。与此同时，在经济衰退之后，利率下降和劳动力过剩会通过降低生产资本的成本而为恢复积累创造一个有利的机制。之后，在最为繁荣的那一刻，对货币资本和商品的强劲需求推高了通货膨胀和利率。

作为剩余价值的一部分，利率并非危机产生的原因，而是诱因。利率在经济繁荣的最后阶段和经济危机的最初时刻都会上升，它在资本竞争的斗争中也发挥着重要作用。高利率具有“净化”的作用，因为它们损害了竞争力较弱的企业以及生产率较低的国家的利益。但是，作为剩余价值总额的一部分，它们的变化仅仅调节了利润分配。

3.3.2　债务

债务问题是劳动价值论分析的一个基本问题。信贷是一种预付款，这意味着人们认为借贷公司活动中所包含的劳动能够得到社会认同，从而具有社会价值。通过使具体私人劳动具有社会效用和价值，货币的需求功能也逐渐被挖掘出来，从而影响资本积累的态势。这其中存在着明显的风险，因此也可能具有一种不稳定性。更重要的是，在某种意义上，现有的购买力中存在着一种虚构成分。①

① 类似的事情还发生在家庭信贷上。有人认为他们的劳动将被社会视为必要劳动，由公司支出的可变资本来获得。但是如果工人被解雇，或者工资被削减，那么情况将类似于负债的公司。

危机的可能性就在于此：普遍违约。由于无法偿还广泛涉及各部门的债务，可能就会导致经济衰退的爆发。在这种情况下，可能导致两种结果：①商品因利率上升而贬值；②中央银行为应对问题而采取的扩张性政策导致了通货膨胀，进而威胁到作为价值衡量的货币质量。现在，监管信贷系统的成本落在货币当局身上，这就是调节政策在这种情况下所发挥的作用。在第一种情况下，通过提高利率，货币的质量作为社会劳动价值的真实反映而得以保持。但在第二种情况下，由于通货膨胀加剧，国内货币贬值，同时世界货币的汇率也出现贬值。这是资本贬值的一种形式。无论如何，在这种情况下，当货币或生产的商品发生贬值时，价值生产领域的依赖性就变得显而易见。因此，在通过创造信贷来维持积累的需要与保持货币质量之间存在着一种紧张关系，也就是说，要么需要商品过度积累，要么需要通货膨胀。

债务不是危机产生的原因，但正是生产的剩余将大量债务变成了过度债务。过度债务危机指的是危机采取的形式，但其出现的原因则是剩余生产能力的下降。债务并不能造成剩余生产能力下降，而剩余生产能力下降的原因则是债务。利润率的下降提高了融资成本，导致必须的信贷偿还变得不可能。相关问题应该是债务过度的原因，而不是将信用作为资本积累的基本分析变量。

3.3.3 价格效应与投机泡沫

在一个以利润最大化为驱动力的体系中，试图购买商品以便高价售出是商业惯例。有时，这些交易缺乏以买卖为基础的价值生成活动，纯属短视行为。甚至在某些情况下，由于商品、部门的某些特征以及它们形成的制度框架，还会导致投机泡沫。但是，这些价格和价值之间突然出现的差异并不构成积累过程的严重扭曲或异常现象，如果将其作为“资本积累的抽象过程”，并以此为参照，那么这些差异则可以被视为一种正常的、均衡的路径。即就后者而言，我们可以建立起一个理论框架，也可以在理论层面上为理想资本主义提供参考。然而，如果把它作为一个框架，在其中，这样一种动态的资产通胀被纳入资本积累的正常可能性中，那么它便具有一定的关联性。否则，它就会成为一个童话，对分析毫无用处。

正如西班牙发生的房地产繁荣是一种理性的可能性，完全符合资本逻辑。因此，必须从资本主义社会的结构本身去寻求解释。同样，它也可以被认为是一个扭曲的过程，尽管积累的动态并不一定意味着不同行业部门、资产和地域的有序扩张。在一定意义上，资产泡沫可以被理解为资本再生产过程中本质上动荡、不平衡和不稳定的一个极端例子。

投机泡沫的基础是大量的资本和低利率的存在。这是由于资本过剩或大量剩余价值在寻求有利可图的投资时产生的矛盾。所有这些表明相对于资本存量而言，增值是不足的。虽然投机驱动力始终存在，但普遍投机泡沫的形成是建立在一个潜在的盈利性问题上的。

诚然，它可能会出现在不同领域，在本节中，我将重点介绍房地产业。有些东西或商品，尽管不是劳动产品，但只要它们能够给其所有者带来收入，那么它们就可以被定价，土地或房产就属于这种情况。这种收入流可以被认为是虚拟资本产生的利息（Marx，1894）。因此，土地成了虚拟资本的一种形式，所以“交易的就是对未来收入的所有权”（Harvey，1982：347）。就住房而言，它具有消费品和投资品的双重形式。其价格会随着资金的流入而上涨，从而驱动盈利。而需求不但没有下降，反而还促进了价格的上涨。房地产泡沫的特殊性在于，由于住房本身的重要性，它能触及更为广泛的人群，能够通过建筑业将各个部门联动起来，以便使整个过程顺利完成。建筑为推迟与金融密切相关的危机的积累问题提供了一个空间上的解决方案（López and Rodríguez，2010），因此，它可能就是一项时空上的“修复措施”（Harvey，2004；Lois et al，2016）。

实现更大的盈利的动机与以更低的单价销售更多产品的生产能力的提高毫不相关。恰恰相反，盈利的根源在于价格上涨，由此导致了一种基于强化投资、盈利和住宅资产价格的价格效应。由于住房是一种生产周期较长的商品，在一段时间内，其价格可能由需求决定，这种动态变化往往会变得越来越强。也就是说，价格和价值之间存在一种脱节，如果达到一定量级，价格就会暂时由需求决定。

然而，问题在于，这种价格变化——即所谓的让渡利润（Shaikh，2016）——并不意味着剩余的产生。琼斯（Jones，2013）解释说，“虚拟资本破坏了收入和价值支出之间的平等，许多马克思主义分析是建立在这种平等的基础之上的”，因为“虚拟资本本身可以创造利润形式”（同上：10）。这一过程意味着收入在不同的流通和行业之间的重新分配，“从收入流通（家庭）到资本流通（企业）的财富转移可以不依赖于物质生产的任何变化而引发总利润的增加”（Shaikh，2016：221）。如果银行系统可以向房地产开发商和最终索赔人（家庭）提供信贷，就会立即创造新的需求，并产生一个明确的金融维度。

由于价格上涨并不创造新价值，这种价格效应会面临不可逾越的界限。住房领域普遍存在的泡沫首先取决于最终来自工资的有偿支付能力的需求，而工资又取决于生产领域。如果没有购房者，房地产泡沫就会爆发。但住房需求数量取决于就业和工资水平。第一个因素可能会增加，因为这种增长模式通常是相对劳动密集型的，因此工作人口的大量增加可以扩大住房的潜在需求。相反，第二种增长模式面临更大的限制的原因正是上述这种增长模式的特征，以及潜在的盈利能力问题。

在购买力增长不足的情况下，金融创新、放松管制和经济政策措施——例如，试图保持低利率——可以在一段时间内延长经济繁荣，但由于房价和工资水平之间存在的鸿沟，购房者将付出债务增加的代价。因此，这些因素只能是同时存在的。资产泡沫意味着资本的矛盾在空间和时间上被取而代之，所以不能将其视为原因，而是一种有待解释的现象。这样以矛盾的尖锐化为代价的它们就会表现为负债。这是资本积累的内在矛盾的产物，在这种情况下，危机不可避免地将被推迟。但一方面，由于银行信贷和债务问题，金融方面存在问题；另一方面，由于分配层面的影响，不平等和低工资现象会加剧。需要牢记的一点是，在资产泡沫中，过程和基本因果关系出现倒置，导致了投资→价格→盈利能力的变化。这种特殊性还体现在危机的表现形式上。危机的起源似乎包括以下几点：

（1）需求不足：因为当购房者人数太少时，经济繁荣就会停止。在这种情况下，危机便与低工资息息相关，因为低工资无法维持总需求。

（2）过度负债：由于资产通胀依赖于对企业和家庭的贷款，爆发了一场金融危机。在这里，关键因素将是债务，因此危机的原因就是信贷的过度增长以及与收入相关的债务存量水平。

（3）利率：虽然房地产泡沫是由低利率造成的，但危机同样可以用利率的上升来解释，因为其会阻止家庭和企业继续偿还债务。造成危机的原因要么是负责制定利率的经济政策，要么是金融，因为它们压缩了非金融公司的盈利能力和（或）家庭的可支配收入。

简言之，生产领域产生剩余的能力低下，似乎是收入分配领域利润过剩（工资低）所导致的。与此同时，问题似乎在于总的剩余在资本（金融）的不同部分之间的分配方式，或者说是经济政策失败的结果。不同的经济理论会根据它们关注的因素对危机做出不同的解释，除此之外并无其他可能性，西班牙的情况正是如此，而且每次危机都会持续出现这种情况。因此，金融危机的概念，就其涉及价值生产领域外部的原因而言，与马克思主义对资本不同部分的整合是矛盾的（Mateo，2018）。如果把金融视为崩溃积累的唯一根源，那么基于金融领域的危机理论就必须被摒弃。用马克思自己的话说，“生产过剩、信用体系等，都是资本主义生产寻求突破自身壁垒、超越自身极限的手段”[Marx，1861 -63，310（MECW 32）]。但重要的一点是需要超越先前的障碍。

3.4 危机在世界经济中心和外围地区的形成

资本主义的另一个维度是其再生产的地理化的形成以及由此产生的一系列矛盾。资本的再生产不能脱离空间和地缘政治对其的影响进行分析，因为它们是资本主义社会及其生产方式的组成部分。资本主义是国际性的。马克思［1857b－58：160（MECW29）］曾说："在世界这个大市场中，生产及其所有时刻被假定为一个整体，但同时其中的所有的矛盾都在运动之中。因此，世界市场同样既是整体的前提，也是其载体。"世界资本主义经济作为一个整体超越其构成部分，意味着"资本主义规律以更完整、更具体的方式发展"的层次（McNally，2009：43－44）。但这个整体是由不同国家构成的，此外，还有积累过程和危机——可能更严重的是频发的危机——都具有某些与生产力发展水平相关的特殊性。

资本主义的不平等发展包含了多个维度，"国际性"就是其中之一。或者如威克斯（Weeks，1981）所指出的，资本主义的发展具有系统的地理特征，因此，将国家层面纳入危机理论，可以在分析上推进这种不平等发展的具体化程度。从此种意义上讲，一个国家在国际资本主义结构中所处的地位影响着资本积累矛盾的表现方式。

为了简化以上论述，本书将对发达经济体和外围经济体进行严格区分。通过在这些经济体的主导趋势之间建立明确的二分法，就有可能对具体分析应包含的细微差别或特殊性有一个清晰的概念。危机理论的这一概念性进展与那些认为民族国家是多余的或解释帝国主义统治下的经济动态的思想是分开的部分观点各不相同。① 在第一种观点中，危机是经济学概念，或者它们从世界主义的观点出发，仿佛国家是主观的或文化的建构；

① 依据德赛（Desai，2012）的观点，我也必须主张国家的物质性和在世界资本主义框架内的融合。然而，根据她的方法中的一些要素，我认为存在一个潜在的经济逻辑。此外，本书的方法将侧重于国家增值空间的特殊性对危机理论的作用。

在第二种观点中，经济与政治的绝对分离被颠倒过来，以便优先考虑政治的主观维度。

3.4.1　生产力发展

中心和外围之间的根本区别在于其拥有不同的切入点、资本以及资本主义生产体系的驱动力（Mateo，2020）。生产力、生产资料和劳动力的发展构成一个国家的生产能力。我们可以假定，资本资产的生产部门在更大程度上反映了生产的不对称性。最落后的经济体缺乏在最先进的产出类型上具有竞争力的技术能力。因此，它们要么局限于工艺较不复杂的零部件生产，要么生产力差距高于其他行业，最重要的是，它们表现出了对进口的严重依赖。

一个发达的经济体拥有一个更高的生产力水平——每单位产品对劳动力数量的需求更低；所以在每单位劳动（$q' = p^{*}/L$）时间内将会持续产生更多剩余价值。在这种方法中，剩余价值必须以国际货币（美元）表示，因为资本和国家之间的竞争是在世界范围内进行的（$p_{\$}$）。同样，资本存量也应以同种货币进行比较，因此它是资本价格平减指数（P_k），该指数表明了不同经济体产生的剩余的相对购买力。

价值规律的作用在不同的地方有所不同，这为国际两极分化提供了客观依据。最发达的经济体具有激活盈利能力下降的强大的反作用力。但除了能够施加有效影响的政治问题之外，还存在一个经济基础。这一经济基础有时被认为是危机或经济困难而引发的出口，实际上它首先掩盖了在世界范围内不同地区的积累矛盾和发展不平等。

因此，外围经济体并没有不同的发展规律，只有存在于全球资本流动规律中的特殊性。然而，正是由于生产落后导致了某些矛盾的逆向表现，因此只能从全球的角度出发予以解释。鉴于西班牙经济尽管在欧元区这样的发达地区仍处于边缘地位，本节将采用落后经济的视角来揭示影响其积累过程的具体因素。

3.4.2 国内增殖和差异化盈利空间

如前所述，生产力的发展，特别是创造新价值的能力，并不是一种个人现象，而是由一家企业或一个行业部门带来的。它具有一种社会特征，在地理上与国家增值空间息息相关。因此，将具体劳动转化为社会抽象劳动，即价值的实体，只能在国家发展的背景下得以实现。

同样，无论是个人、社会团体还是经济管理部门，都无法支配资本的内部逻辑。在世界层面上，无论一个国家多么强大，它都不可能去随心所欲地支配这个体系的进程。一言以蔽之，“从长远来看，没有一个能够防止资本主义矛盾无限蔓延的‘空间修正措施’”（Harvey，1982：442）。但这并不意味着地缘政治的缺席。

首先，它的存在是隐性的，因为仅仅是生产发展水平不同的国家的存在就意味着在解释危机方面存在着决定性的不对称。反过来，政府的行为可以影响资本积累的完成，因此，经济实力的确能够导致使国家间经济差距不断加大的政治军事强国的产生。资本的盈利能力，无论是在利润率还是利润量方面，在中心和外围都存在着重要差异。一个落后的经济体首先必须面对较高的融资成本，因为利率大大降低了毛利率。其次，要进口生产资料和消费品，就需要考虑汇率平价，因此货币贬值就减少了国际货币盈余。再次，生产技术复杂程度较高的商品的能力较低，通常与资本存量的资产相关——以及随后的外部依赖性——意味着这类商品的价格指数（P_k）的演变会影响内部产生盈余的购买力。又次，工资成本和税收的绝对值通常都较低，但必须记住，许多行业相对来说是劳动密集型的，某些职业的劳动力尤为昂贵。最后，经济落后对资本流动也有着重大影响。一方面，较低的生产力意味着对外国资本的依赖，但另一方面，它构成了某些资本外流的结构性基础，这些资本外流的形式包括国际储备的积累、偿还债务的利息支付、外国投资的红利、资本外逃到更安全的地方等。

考虑到这些特殊性，首先要提出的问题是，预计外围地区的一般利润率或毛利率较高。这可能会给人造成一种印象，即外围地区的增值能力也是优越超群的，利润率下降趋势规律（LTRPF）在某种程度上是外生的。但由此产生的第二个问题是，在外围经济体中，与中心经济体相比，其剩余构成要素在质量上确实与货币金融领域和外部部门更相关。可以说，这就解释了不发达经济体对危机的扩散作用，这些危机概念要么侧重于金融方面，要么侧重于它们与发达国家的关系。下文将着重讨论这个问题。

3.4.3　货币领域和金融

货币和金融问题在资本主义发展过程中扮演着重要角色，但它们在中心和外围地区的重要性有所不同。汇率（ER）连接了不同国家的增值空间，也定义了国内劳动向国际价值的转换率。① 首先，经济重心的第一个决定因素就是一个经济体的竞争力（生产成本）。② 其次，一些宏观经济变量影响着经常账户余额、国际储备水平、外债、资本流动结构、通货膨胀和利率，以及金融投机（Astarita，2004），在任何情况下它们都不独立于生产力。

相对于竞争者而言，如果一个经济体技术发展较快，那么就会导致货币升值，从而使购买力得以提高，但同时也削弱了出口能力。卡切迪（Carchedi，1997）认为，它们分别构成了这一过程的趋势和反趋势。也就是说，在发达经济体中实际汇率存在着一种升值压力，或者说，存在着一种力量，迫使最落后经济体的货币实际汇率出现贬值，从而使其汇率高于购买力平价理论所对应的水平（Astarita，2010）。

最强经济体的货币在商业交易中的普遍使用以及在国际主要价格的计

① 应该指出的是，危机理论中的相关汇率不是国际组织和正统经济学所使用的购买力平价对应的水平（ERppp），而是市场汇率（ER），这是因为生产资料投资优先于消费投资（Freeman，2004，2009）。

② 马丁内斯·埃尔南德斯（Martínez－Hernúndez，2017）在其关于发达经济体和外围经济体的研究中表明，从长远来看，实际汇率在结构上与实际单位劳动力成本挂钩。因此，“可持续的实际汇率是与一个国家的相对竞争地位相对应的汇率”（Shaikh，2016：532）。

价中享有特殊需求，因此向汇率分化的压力加剧了生产的异质性。如果这种情况真实发生，那么贸易条件和以国际货币计价的债务成本都会恶化。反过来，它又会提高落后经济国家从先进国家获得一小时劳动力时所需的国内劳动小时数，而这是国际竞争中的一个决定性方面。这样，发达经济就可以使不变资本的成本，尤其是劳动力的再生产成本按比例降低。

另一个初始假设是外围国家平均通胀率上升的压力，这也与汇率变化有关。在这种高通胀的情况下，不同行业间价格指数的差距可能更大。分析危机的一个相关方面是三个价格平减指数的比较演变，即产出价格平减指数（P_y）、消费价格平减指数（P_c）和资本存量价格平减指数（P_k）的比较演变。考虑到对投入和资本资产进口的依赖，加上汇率可能出现的实际贬值，P_k平减指数可能会以比P_y更快的速度上升。与此同时，P_c的增长会减少，这与和消费者价格指数相关的购买力平价汇率以及受投资影响的市场汇率之间的交换差距相一致（Freeman，2004，2009）。

这些要素反映在利率的差异上。中心和外围经济体的融资成本不仅反映了生产差异，而且——我们可以说，其结果是——它们的水平扩大了它们之间的差异。前一种类型的国家会越来越需要增加货币，降低通货膨胀率，降低波动性和风险（提高稳定性），因此，如果利率差距超过生产率差距，那么就存在着一个结构性压力。[①] 发达经济体较低的相对利率使它们能够在更好的条件下获得融资，事实上，它们的负债水平可能更高，但这并不一定意味着危机。[②] 在周边地区，这些因素有利于短期投资，不利于长期投资。货币不稳定促使周边国家使用衍生品来保护自己，即使不是为了投机，也是为了抵御利率和汇率的波动。

对于这场危机的理论界定，需要澄清的是，实际上，正是外围地区的

---

① 虽然外围国家依赖外部储蓄，但同时又有抑制资本外流、金融市场发展不足以及控制通胀压力的需要。

② 这种负债增加，有时甚至是经常账户赤字，并不一定被视为经济疲软的例证。相反，它可能意味着获得更多资源的能力，或需求的增加。

生产欠发达的状况解释了金融领域的中心地位，而不是相反。在这种情况下，出现金融危机十分正常，其触发因素要么是金融以利息形式占有的那部分盈余的增加，要么是资本外流导致汇率贬值的循环，和（或）以违约（债务危机）的形式实现。如果在繁荣阶段，汇率实际贬值的压力能够被抵消，而在危机期间，这种压力就会非常明显地显现出来。在这种情况下，为避免更大损失而寻求安全避风港的资本外流加剧，伴随着仍在放大汇率波动的投机行为。

发展水平越低，对过度负债危机就越有利，尽管债务—产出比往往不像中心经济体那么高。在危机加剧货币波动性的情况下，通胀上升会助长资本外流，导致汇率螺旋式贬值，进而推高利率。从这种意义上讲，利率在外围经济体中发挥着决定性的作用。利率的上升会引发破产，并导致债务过剩，从而挤压可用于生产性投资的利润量。

这场危机的金融层面对于重组全球范围内的盈利状况大有益处。外围经济体的货币大幅贬值，会降低发达经济体的进口成本，加剧国内通胀，损害其竞争力，这样就给工资带来了更大压力，因此绝对剩余价值机制将构成恢复盈利能力的客观必要。同样，这种货币贬值有助于在全球视角下观察资本的集中过程，因为主要资本通常来自外国先进国家，将能够获得用于出售的折旧后的国内资产（Gowan，1999）。

因此，剩余的总指标和净指标之间的显著差异产生于相对落后的生产。它表现为以下几个方面，也是这些方面的基础：①金融更多地参与落后地区的增殖过程，即所谓的金融化；②资本流动的作用，即内部产生的和保留的之间的差异。在任何情况下，这种货币—金融领域的中心地位，都有可能解释在这些不发达经济体中出现的危机概念，因为这些概念强调与金融相关的帝国主义的统治或侵占。然而，恰恰是这种相对的落后，表现为本质与表象之间的较大差异。由于缺乏整体性的方法，对周边地区增殖问题的分析往往将后果和原因混淆起来。

3.4.4 资本构成的特殊演变

上一章解释了节省劳动力的技术变革是危机的核心因素，因为它相对限制了作为增殖源泉的劳动力的使用。在本节中，在更加具体的分析中，有必要揭示国民经济框架内资本构成的某些特性，以及中心—外围二分法。资本是世界差异的根源，资本比率揭示了生产发展的不平等。因此，要记住一种二元性。一方面，较发达经济体的资本比率预计会变得更高。但从时间维度来看，技术发展的表现为：在提高生产力的同时，能够防止资本构成的增加。在绝对水平的某一时刻进行比较，作为生产发展的反映并与其随时间的演变之间的二分法，显然使国际比较分析变得更加复杂。

从外围经济体的角度来看，汇率对资本资产成本具有一定影响。实际有效汇率（REER）的贬值会导致这些经济体的资本存量价格指数相对于其他商品和服务的价格指数有所上升，导致生产资料的总量与其货币表现形式之间的不对称。① 这里，我们要做一个假设：在最落后的经济体中，资本比率水平相对高于其劳动生产率的对应水平。也就是说，它们的资本构成指数与中心经济体之间的差距将小于生产率的差距，而生产率总是以国际货币计算。在这种情况下，对于落后经济体来说，资本构成及其以国际货币计算的生产率与发达经济体现有的资本构成和生产率之间存在着一种“特殊的”对应关系，这种对应关系是由汇率带来的影响和对某些资产进口的依赖所调节的。

考虑到上述趋势，我们可以看到外围经济体资本构成演变的一些特殊之处。原则上，资本—劳动力比率（θ）是与生产率关系最为密切的衡量标准，应该能够更清楚地反映发达经济体和落后经济体之间在生产方面存

---

① 意思是说，货币单位比率高，资产量就会减少。另一方面，资本存量的水平受到经济部门结构的影响，因为并非所有活动都需要同样数量的投入、机械或基础设施来进行生产。

在的巨大差异，其程度要大于涉及工资和产出的资本比率。① 因为随着生产力发展水平的降低，这一比率（θ）也必须大大降低。外围经济体中的资本—工资比率可能会受到资本货物价格相对于工人消费篮子价格增加（P_k/P_c比率的增加）的影响。因此，可能出现的情况是，获得此类资产所需的上述劳动力数量没有下降，甚至可能上升。与预期相反，K/W 的增长幅度可能超过 K^*/L 的增长。在 K/Y 比率方面，这一变量取决于资本—劳动力比率与劳动生产率之间的关系，以及与价格率之间的关系。对于外围经济体来说，K/Y 正在被推高，这主要是由于资本股票价格平减指数（P_{yk}）的相对增加，加上可能出现低效的机械化生产（q/θ），也可能出现过于高效的机械化生产。

因此，发展不足意味着存在一系列因素，这些因素大大推高了资本构成与劳动生产率水平的指数，特别是在 $K/W(\varphi)$ 比率和 K/Y（ρ）比率方面。② 危机理论在经济发展方面的特殊性表现在以下几个方面：

（1）更发达的经济体能够更多地降低资本存量成本，相对减少或增加资本构成。换言之，由于它们的技术优势，它们可以“激活”一些力量，努力对抗盈利能力下降的压力。

（2）在外围地区，它们的生产落后一方面表现为机械化程度较低，但另一方面汇率的贬值能够导致这些比率相对于生产差距的上升。

（3）然而，这种关系只是显而易见的。相反，它与增殖的关系在局部层面被汇率的演变所掩盖。

由于贬值经常发生在衰退阶段，而且来势凶猛，而在扩张时期甚至可能会出现货币升值，资本比率的增加可能是反周期的。因此，它可能给人一种印象，即这是危机的后果。但这种特殊性不仅会导致以外币表示的资

---

① 需要注意的是，其他比率包含分子和分母中的货币变量，而 K^*/L 比率不会出现这种情况，从而使我们能够充分识别这些中心—外围的不对称。

② 从这个意义上说，瓦尔和马丁内斯（Valle and Martinez，2013）提到了对生产资料进口的依赖与资本价值构成上升之间的关系，指出它高于生产率较高的同一行业的相应的价值构成。

本与劳动生产率的比率明显脱节，还会导致资本构成的反周期演变。

总之，如果经济落后确实意味着资本比率的相对增加，那么这将对收入分配领域和剩余产生的能力产生一定的影响，下文将就这一问题展开讨论。

3.4.5 收入分配的不对称性

在中心经济体和外围经济体中，收入分配的范围受制于生产能力，特别是受制于劳动力价值的界定。中心问题是劳动力价值并不是在全球范围内确定的，因为一小时的劳动不可能在不同的国家创造同样的价值，而只能在不同国家达到不同的水平。[①] 如上所述，世界经济体系是由确定劳动力价值的国家增殖空间所构成的。

根据这些假设，在外围经济体和发达经济体中，危机出现的形式明显不同。在不发达经济体中，对于利润份额（B/Y）的相对增加或类似的剩余价值率（e）存在着一个结构性压力。同样，由于低生产率导致的低工资，正是因为它的落后——在工资低于平均部门生产率的公司，情况也不差分毫。换言之，生产落后表现为机械化成本，这为收入分配模式奠定了客观基础。因此。如果要与发达经济体进行竞争，最落后地区的工资可能会低于与其已经很低的生产率相当的水平。然而，卡切迪（1997）所言极是，这并不一定意味着这些经济体的剥削率要高于中心经济体。需要指出的问题是，无论其水平高低，由于技术本身落后，剥削率往往都会增加。

事实上，如果与较发达地区的工资差距超过生产率差距，那么这并不意味着价值规律的扭曲、帝国主义压迫的存在或北半球通过价值转移对南半球的经济剥削，而是价值规律在全球范围内发挥作用的一致结果（Mateo，2020）。关键问题不在于工资在中心经济体中具有需求作用，而只是

---

① 这种说法基于对价值理论的非二元化解释，基于授权劳动的概念（Astarita，2010；Nieto，2015）。然而，在某些行业中，工人的流动性十分严重，这样便可以在国际上确立劳动力的价值。例如，一份要求极高的工作，一名训练有素的运动员。但通常可以肯定的是，对这一价值的确定普遍都是在国家层面上完成的。

在外围地区具有成本作用，这足以解释南北工资之间存在的巨大差异。工人们显然可以被更多地算作剩余价值生产者而不是消费者，导致这一结果的原因恰恰是落后的生产率，因为消费和投资根本不是孤立存在的。

这些特殊性解释了基于消费不足的外围地区以及在中心经济体中指向高工资的利润紧缩的账户的危机理论的激增，这两种理论都可以解释不同领域的不同原因。无论如何，它们为危机分配理论奠定了客观基础——危机似乎就是一个工资减少、利润猛增或生产过剩的问题，或者正好相反。这些因素可以从价值规律和国际竞争方面予以解释。一种危机理论必须解释危机在一些依靠自身经济发展的经济体中采取某些特定形式的原因。乍看是一个原因，但可能是一个后果，也可能是剩余生产能力降低的一个结果。

参考文献

[1] Astarita R(2004) Valor, mercado mundial y globalización. Kaicron, Buenos Aires.

[2] Astarita R(2010) Economía política de la dependencia y el subdesarrollo. Universidad Nacional de Quilmes Editorial, Buenos Aires.

[3] Carchedi G(1997) The EMU, monetary crises, and the single European currency. Capital & Class 21(3):85 – 114.

[4] Desai R(2012) Marx, List, and the materiality of nations. Rethinking Marxism 24(1):47 – 67.

[5] Freeman A(2004) The inequality of nations. In: Freeman A, Kagarlitsky B (eds) The politics of empire. Globalisation in crisis. Pluto Press, London, p 46 – 83.

[6] Freeman A(2009) The poverty of statistics and the statistics of poverty. Third World Quarterly 30(8):1427 – 1448.

[7] Gowan P (1999) The global gamble: Washington's faustian bid for world dominance. Verso, London.

[8] Harvey D (1982) Limits to capital. Verso, London.

[9] Harvey D (2004) The "new" imperialism: accumulation by dispossession. In: Panitch L, Leys C (eds) The New Imperial Challenge. Socialist Register 40. The Merlin Press, London, p 63 – 87.

[10] Jones P (2013) The falling rate of profit explains falling US growth. Paper presented at the 12th Australian Society of Heterodox Economists Conference, November 2013.

[11] Lois R, Piñeira M J, Vives – Miró S (2016). The urban bubble process in Spain: an interpretation from the point of view of geography and the theory of the circuits of capital. Journal of Urban and Regional Analysis 8(1):5 – 20.

[12] López I, Rodríguez E (2010) Fin de ciclo. Financiarización, territorio y Sociedad de propietarios en la onda larga del capitalismo hispano (1959 – 2010). Traficantes de Sueños, Madrid.

[13] Martínez – Hernández F A (2017) The political economy of real exchange rate behavior: theory and empirical evidence for developed and developing countries, 1960 – 2010. Review of Political Economy 29(4):566 – 596.

[14] Marx K (1857b – 58). Outlines of the critique of political economy (rough draft of 1857 – 58) [second instalment], vol. 29, p 5 – 256. Lawrence & Wishart, London.

[15] Marx K (1861 – 63) A contribution to the critique of political economy. Marx & Engels Collected Works, vol. 32. Lawrence & Wishart, London.

[16] Marx K (1867) Capital, vol. Ⅰ. Marx & Engels Collected Works, vol. 35. Lawrence & Wishart, London.

[17]Marx K(1894) Capital, vol. Ⅲ. Marx & Engels Collected Works, vol. 37. Lawrence & Wishart, London.

[18]Mateo J P(2018). Teorías económicas, crisis y la crítica del reformismo. In: Guerrero D, Nieto M (eds) Qué enseña la economía marxista. 200 años de Marx. El Viejo Topo, Barcelona, p 201 - 232.

[19]Mateo J P (2020). La acumulación de capital en la periferia. Una propuesta analítica desde la economía política. Cuadernos de Economía, 43 (122).

[20]McNally D (2009) From financial crisis to world slump: accumulation, financialization, and the global slowdown. Historical Materialism 17(2):35 - 83.

[21]Milios J, Dimoulis D, Economakis G (2002) Karl Marx and the classics. An essay on value, crises and the capitalist mode of production. Ashgate, Hampshire.

[22] Nieto M(2015) Cómo funciona la economía capitalista. Escolar y Mayo, Madrid.

[23]Shaikh A(2016) Capitalism: competition, conflict, crises. Oxford University Press, New York.

[24]Sotiropoulos D, Milios M, Lapatsioras S (2013) A political economy of contemporary capitalism and its crisis: demystifying Finance. Routledge, London.

[25]Valle A, Martínez BG (2013) The problem of absorbing all the available labor force and capital composition. World Review of Political Economy 4 (2):178 - 191.

[26]Weeks J(1981) The differences between materialist theory and dependency theory and why they matter. Latin American Perspectives 8 (3/4): 118 - 123.

[27] Weeks J (1982) A note on underconsumptionist theory and the labor theory of value. Science & Society 46(1):60-76.

[28] Westphal KR (2003) Hegel's epistemology. a philosophical introduction to phenomenology of spirit. Hackett, Indianapolis and Cambridge.

4

传统经济学以及危机可能性理论

本部分前两章所揭示的危机理论经过分析被置于一个更为广泛的方法论的思想框架中，这是一个基于劳动价值论的唯物主义概念。基于这种方法，我们可以清楚地认识到马克思主义有关危机的理论与其他经济思想在理论基础上的巨大鸿沟。因此，本章并不是根据某一变量来对争论进行定位，而是旨在揭示在分析基础上存在的危机必然性和可能性理论的绝对分歧和根本分歧。

这是理解社会进程的两种对立方式——因为唯有如此——在对危机的分析中，它们暴露无遗。因此，本章旨在说明西班牙经济危机的产生原因最终依据的理论框架，同时试图揭示背离马克思主义的非正统学说的真正范围。因此，我们所面对的是一种本质上与马克思主义截然不同的思想，其中影响最大的就是危机理论。这些理论的特征几乎从来都不是含混不清的，但它们确为本书第三部分将要分析的概念奠定了坚实的基础。

此外，我们还要重点提及两位正统经济学家。几十年来，他们关于危机的概念已经惨遭遗忘并备受同行的谴责，以致被排斥在学术以外，这一点在塔皮亚（2018）那里可以得到有力的证明。我们在此重提这一概念，是因为其重要性不仅来源于一项能够摆脱正统理论基础之束缚的实证研究得出的结论，更重要的是这种思想确实具有其独特性。首先，W. 米切尔（W. Mitchel）认为商业周期是内生的，其中投资是关键变量，更有意义的是，投资取决于利润。其次，J. 丁伯根（J. Tinbergen）利用他在接受数学和物理方面的专门训练时所获取的专业知识，对商业周期进行了计量经济学研究，并得出了类似结论。这两位经济学家都遭到了新古典主义和凯恩斯主义经济学家的严厉批评。

这些事例相互关联，因为它们表明，正统经济学至多可以接受投资是经济波动的一个中心变量这一观点，但似乎在任何情况下投资都不可能取决于盈利能力。从唯物主义的方法论角度出发，这种思想接近于传统的经济思想。同样，这也表明，即使没有这里提出的分析基础，摆脱了意识形态偏见的完全定量的研究也可以得出类似于马克思的结论。但问题是，在学术领域接受的训练为挑战传统观点的基础设置了无数无影无形但却难以逾越的障碍。一系列问题则由此而生：如果简单接受盈利能力限制了投资进而决定了产出这一观点，并且基于这种因果关系来认识危机的反复性特点，那么它会对这些研究人员提出什么样的问题？对于商业周期和危机所扮演的角色又能得出什么样的结论？它有可能会激励经济学家去探究经济学理论的方法论基础吗？

4.1　传统危机应对方法的方法论基础

本节将阐述绝对支持危机可能性理论的观点所拥有的一些共同基础或特征。

4.1.1　主体性、人类行动与决策

这些理论的特征之一就是主体性的中心地位，即赋予人类行动一种作用以解释危机等社会现象。正如沃尔夫和雷斯尼克（2012）所指出的，这些理论本质上都是一些人本主义方法。相反，历史唯物主义认为制约人类

行动的首要条件是基本结构和客观过程。在这些正统观点中，主角通常是个人，首要因素通常是微观经济基础，有时也可能是一些个人的总和，或者一些社会群体的行动或决定所产生的关系。

这种观点主要的拥护者是新古典理论，其所谓的切入点是个人或经济代理人，即使家庭或企业另当别论。因此，“新古典经济学将这种人本主义概念应用于财富的生产和分配”（Wolff and Resnick，2012：15）之中。其所涵盖的分析要素包括：①偏好或实际效用；②生产要素（土地和劳动力）的禀赋；③影响生产能力的技术。事实上，“其人类需求和生产能力的切入点不仅仅是一个起点，它们也是决定所有其他目标的最终原因或最终本质”（同上：38）。

考虑到稀缺性的存在，主要问题在于，个人为了最大限度地发挥效用，在一种或另一种商品选择之间做出的决策，以及为使利润产生的效用最大化随后所选择的技术。这些理论可以基于方法论的个人主义，并强调社会和谐，即社会矛盾的消失——因为在经济体系中不会再有剥削的存在——但也有可能强调社会冲突以及由此产生的作为潜在动机的不平等和社会矛盾。简言之，它们构成了这一观点的正统思想和非正统思想的各种变体，正如深入研究市场或竞争缺陷的目的并不意味着能够实质性地改变方法论的起点一样。

在第一种情况下，与历史唯物主义的整体性方法直接对立的是，个人作为分析单位，具有其作为整体的一部分存在的全部特征。因此，社会没有不同的特征，而仅是个人的总和：

> 因此，人们认为经济的本源和动能是个人。财富的增长取决于个人理性和劳动中付出的努力、主动性、独创性和对自身利益的追求。影响任何经济体的问题和危机都应被视作个人在其所面临的特定社会条件下相互作用的利己行为的后果。（Wolff and Resnick，2012：14）

这种人本主义概念最终基于关于人性的某种观念，因此，心理因素的作用就是解释经济问题，如偏好、风险规避、消费或投资的边际倾向以及所取得的效用等。在这些条件下，经济体系通常与发挥或实现自己的人性有关。因此，在通常情况下，它更倾向于使资本主义经济变得人性化。因此，经济体系具有人的特征，因而它受制于个人以及个人所做出的决定。人性成为这一理论的决定性基础。那么，危机可以从个人行为和决策方面予以解读，并且可以基于激励、行为、风险或选择等概念进行论述。事实上，这一假设可以基于一个整体的参考，无论是社会团体、政府还是经济管理部门，但这些绝不会改变危机理论的基础。

4.1.2 需求的中心地位

对需求的关注是这些人本主义方法的经济基础的特征之一，其对于危机理论意义重大。在这一分析中，需求并不独立于个人：消费者及其相应主权的相关性反过来又决定了基于满足人类需求的经济体系。其反对资本增殖的首要地位，转而突出消费的地位，在这一垂直的框架中，消费者需求位于顶端。

特苏菲迪斯（2010：166）所言极是："从宏观经济角度看，新古典经济学指的是决定需求，而不是通常认为的决定供应。"问题是要找出总需求在多大程度上足以充分利用最初给定的货物库存，这一供应曲线来自对需求的初始决定。即使存在某些思想，如新古典主义的方法，这一点有时也重点强调供应条件，以证明将危机归因于工资的合理性。[①]在这种情况下，企业家的微观经济方法对以消费者需求至上的思想体系具有一定的作用，也能给予一定的补充。而正是这种消费者需求驱动了对于生产性服务的提供。这正是其根本的因果关系。

---

① 正确的是，新古典主义经济学在一定程度上强调供应方，因为这一理论认为在短期内产量由使用的资本存量和劳动所决定。但由于这一理论依靠消费需求、偏好和主观效用，它在分析维度上侧重于需求。

一方面，边际效用以及消费代理人的作用从未缺失。另一方面，它与稀缺（和努力）相辅相成，从而使需求和供应保持完全对等。只要需求在对资本主义发展动态的解释中占据中心地位，分析就会因此而聚焦有效用或无效用、节流、经济主体的选择和决定等领域，那么就不可能从逻辑上得出危机必然性理论。

4.1.3　交换与流通优先性

这种人本主义方法的一个结果就是流通的优先性，因为生产一体化往往会带来种种问题。与马克思主义强调生产——马克思作为一个生产经济学家——不同的是，其他经济思想都强调增殖周期的所有其他阶段。在任何情况下，这对于其方法的应用都十分重要：在流通中存在着平等，个人及个人所做的决定也至关重要，由此产生了均衡和完全竞争的概念，以及局部的与之对应的不平衡和不完全竞争。当然，在生产中，剩余可能存在——相较于消费者剩余，具有客观性质——总是像一个幽灵一样存在着、威胁着人们。

事实上，新古典主义方法意味着注意力从生产的动态条件转向交换关系的静态特征（Guerrero，1997）。或者，我们可以认为它是在对生产进行的分析过程中存在的一种激进的转换，从而转变为一种交换。依据这一解释，特苏菲迪斯（2010：176）认为，“在新古典理论中引入生产则表明（对货物的）需求与最初给定的生产要素之间存在某种脱节”，即“生产概念的形成必须能够使生产成为普遍交换模型下的一部分”。在这种情况下，截留、风险和类似因素在这一生产分析过程中扮演着一种交换作用：

> 生产实际上是最初给定的资源禀赋的间接交换……在新古典分析中，如果生产是纯粹交换模式的延伸和进一步发展，那么对生产的分析就必须从有效用性和无效用性以及理性行为代理人采用决定的方式来进行。就像在单纯交换的情况下一样，所采取的决定达到如下这种

情况，即“出租”某一生产要素所产生的边际效用等于与这一生产要素分离的边际成本。（Tsoulfidis，2010：176）

在某种程度上，无论是排除生产还是清空其相关内容，重要的问题在于，可能导致经济危机发生的矛盾将总是存在于生产以外增殖周期的不同阶段之中，或基于影响先前重新转变的生产概念的超经济要素。困难的根源可以在贷款人对雇主的融资行为中找到，可以在物品和工人的成本与可用性中找到，可以在销售商品和服务的能力中找到，也可以在偿还债务的能力中找到。

与聚焦流通领域有关的一个方面是未能对外部表现和现象本质之间作严格区分。最终的现实即表面上呈现给人类感官的现实。人们不可能认为在分析过程中，应该试图理解一种对经济变量的表面演变产生影响的内在逻辑或本质。换言之，可以说，他的分析方法与马克思的分析方法是因果倒置的。对于马克思主义方法而言，经济危机爆发的原因被归于并发的或间接的因素，这些因素在资本主义中处于边缘位置，即这些因素并不足以决定资本主义本身。

4.2 危机可能性的经济理论

这些特征存在于认为危机只是一种可能性的经济理论中。古典主义经济学提出了一种盈利能力呈现出下降趋势的观点，但没有依据资本主义制度的基本结构——竞争（亚当·斯密）或农业边际收益（大卫·李嘉图）——来对其进行解释。在新古典主义经济学中，危机理论处于次要地位。这种思想始于一个基于完全竞争、萨伊定律和一系列绝对不现实的假设的理想世界。之后，一些带有缺陷的不纯因素可能被包括在内，直到实体经济得到理解。

其他一些不太正统的方法从不完全竞争、大公司或社会冲突方面揭示了危机发生的可能性。但是危机被视为资本主义制度的一个缺陷的关于经济危机的思想，成为众多因素聚集在一起共同造成的一个可能结果。正如谢赫（2016：4）所声称的："在任何一种情况下，这些方法实际上都有助于保护和维护其基本理论基础，这仍然是必要的出发点，也是对不断发生的现实世界偏差的主要参考。"有关危机理论的正统和非正统的解释都存在于相同的分析方法框架中，其代表一种可能性，这种可能性导致经济危机的理论地位和其在经济理论中的地位都被大大降低了。

4.2.1 新古典主义经济学中有关危机的颇具争议的观点

对于正统方法来说，危机是资本主义自由市场中不可能出现的情况。但是，由于经济制度的现实情况并不符合这一理论预设，而且事实上这种情况也不可能发生，总会存在某种可能导致不均衡出现的外生因素，即应该归咎于某事或某人。这种思想可被称为"危机的替罪羊理论"。

谢赫（1990）指出，正统经济学思想有两种方式可能将危机纳入其理论框架。第一，危机绝不只是一场危机，而是一个经济周期。这一路径没有带来挑战性，因为它只意味着经济增长不是线性而是周期性的这一假设。我们必须承认，与涉及再生产形式有关的各种微妙的细微差异需要被涵盖在内。因此就会出现经济衰退或增长放缓，因为毕竟可能存在着各种缺陷。[①]第二，如果称之为危机，就必须依托一种外生因素。在19世纪，由于农业占主导地位，这种外生因素通常是气候因素（太阳黑子）或自然灾害（庄稼歉收）。更普遍地说，它最后通常指向某种人为因素：错误的经济政策及决策，或者国家对市场的干预，或者工会的干预，甚至是过度乐观、过度担心等心理或者政治动荡（革命、战争冲突）。[②]它经常提到冲

---

① 可以验证的一点是：在新古典主义经济学家的著作中没有专门研究危机的章节。对危机为数不多的评论只是在谈及经济周期或经济波动时简要提及。即便如此，不满于"危机"在概念上的退化性，曼昆和斯卡斯（Mankiw and Scarth，2001：252）指出"经济波动为经济学家和政策制定者带来一个反复性的问题"，因为经济衰退已是常态。

② 因此，博里奥（Borio，2012）将金融周期定义为价值和风险观念、对风险的态度和融资约束之间的自我强化互动，意思就是繁荣之后即萧条。

击，以及与之相对应的或基于需求或生产的各种争议。

在这一思想框架内，两种思想扮演了重要角色：理性预期假说（REH）和有效市场假说（EMH）。尽管这两种思想各有不同，但具有同一种分析方法，即两者都是以一种与个人及个人决策有关的特定概念为分析起点：个人是理性的，个人决策是正确的，因此不平衡只可能来自外部冲击（发现、创新、经济政策）。理性预期假说理论用货币主义的观点指责政府飘忽不定的决策。有效市场假说认为，即使在购买和出售资产的决策中存在非理性行为，它们也不会影响价格，因为还会有其他机构进行干预从而扭转价格偏差。最近，实际经济周期理论（RBC）——一场以在经济周期理论中重新建立经典原则为目标的运动的最佳体现——认为市场是完全竞争的，个人拥有完全信息（Knoop，2004）。该理论毫不令人惊奇，也不是那么原创，认为“政府政策，由于减少了对于工作、投资或创新的刺激”（同上：86），实际上是经济周期的起点。在其对经济周期理论的研究中，诺普（Knoop）准确地描述了它们的理论基础。

> 实际经济周期模型的特点是追求效用最大化的个人和追求利润最大化的企业都受到财政预算的约束。形成这些宏观经济模型而不仅仅是微观经济模型的是代理机构的假设，或者假设所有个人都有相同的偏好，并以完全相同的方式行事。同样，所有公司都具有相同的生产函数、成本曲线和预算约束。因此，宏观经济行为成为微观经济行为的简单总和。（Knoop，2004：87）

作为补充，那些涵盖不对称信息、不完全竞争、逆向选择、反常激励、价格失灵或“羊群行为”的各种观点，实际上只是正统观念的变体。在任何情况下，它们都不可能产生另外一种危机概念。换言之，不存在认识上的破裂，而是通过一种更具现实性的假设向着更具体的理论发展。这些努力，无论在揭示现实方面多么值得称赞，它们都具有相同的分析结构。因此，它们均缺少解释的限度，关于危机可能性的理论依旧行之有效。

4.2.2 凯恩斯的一点（主观）现实主义

在凯恩斯主义方法中，这种主观主义框架以不同的形式存在，并对危机理论产生决定性的影响，如基于心理角度的边际消费倾向或流动性偏好理论。然而，在分析过程中，宏观经济总量具有优先地位。凯恩斯主义经济学脱离了新古典主义正统中效用或偏好的角色，也脱离了微观经济视角下个体具有优先地位的观念，而是用诸如大众行为等总体来取而代之。大众心理、社会习惯和制度或权力关系成为凯恩斯理论的重要基础。

虽然确实存在着结构上和宏观经济上的要素，但事实证明，投资作为需求方的一个基本变量——与新古典主义经济学解释储蓄不同——最终是用心理方面的动物精神来解释的。在这一点上，凯恩斯（1936）与其方法中的整体性和结构性特征产生了矛盾，并且进入了一个人本主义的分析框架。另外，这一框架表明凯恩斯认同稀缺的作用、边际生产力的观点和生产要素的初始禀赋。这一问题尤为重要，因为凯恩斯主义者认为积累过程的基本经济范畴，即投资——反过来会导致资本边际效率出现下降的可能，从而扭转了马克思有关因果关系的方向——由投资者个人的主观因素来解释：预期、自信或风险规避。负面预期会损害投资，危机便会出现，因为从 C′到 M′相当困难，也就是说，由于需求不足，销售变得异常复杂化。应该澄清的是，在凯恩斯理论中，资本的边际效率并不等同于马克思理论中的利润率，因为它具有一个主观的维度。显然，凯恩斯（1936：88）将其定义为“等同于贴现率，这将使资本资产在其期限内预期的收益所提供的一系列年金的现值与其供应价格相等”。正如他所指出的，这“不仅取决于资本品的现有丰裕或稀缺状况以及资本品的当前生产成本，而且取决于当前对资本品未来产出的预期”（同上：197）。换言之，“资本的边际效率实际上正是由经济世界中不可控制和不服从的心理因素所决定的"（同上：198）。显然，这既不是一个用于维持资本边际效率概念的客观参考，也不是一种根本上的唯物主义概念。[①]

因此，凯恩斯主义的方法并未脱离新古典主义的危机可能性因素，因而后期新凯恩斯主义思想的发展很容易被正统观念所吸收。强调投资者心理也是一种分析思路，它试图成为新古典主义均衡理论的替代，但这种方法强调动物精神所发挥的作用——参见 J. 托宾（J. Tobin）、R. 希勒（R. Shiller）、G. 阿克洛夫（G. Akerlof）、H. 明斯基、J. 斯蒂格利茨（J. Stiglitz）和行为主义方法的支持者——并未对危机的反复性出现给予解释。反过来，新凯恩斯主义的宏观经济学侧重于信息问题、代理人的认知或看法等因素以突出市场失灵的存在。但它只构成一种更现实的正统观念，包含的要素也绝不会改变其基础。[②]

另外，后凯恩斯主义思想遵从凯恩斯的传统，如卡莱茨基和明斯基（King，2013）在寻求另外一种危机理论时也陷入了诸多分析上的局限。这些思想基于有效需求原则和基本不确定性概念，优先考虑分配问题和分配冲突，但在市场权力方面，它们从个体企业家的视角来解释价格（Nicholas，2014）。但由于商品缺乏内在价值，这些思想也常常缺乏一种客观的价值理论。因此，经济发展动态取决于各种力量和人类心理的关系，也强调投资和利润这一因果关系。虽然它们强调与新古典主义正统观念公开对立的各个方面——冲突与社会和谐对立、非理性与理性对立、不完全信息与完全信息对立、人为错误与全球效率对立、不完全竞争与完全竞争对立——但这些因素最终都是基于同样的主观主义来解释资本积累。价格和

① 问题在于，如果凯恩斯在过去或现在获得利润，那么当前他将不得不依靠储蓄来解释投资。进而资本边际效率下降的思想要用正统分析中的相同要素进行论述。在这个问题上我们可以看到，未能和新古典主义经济学的理论基础彻底分离导致了他不可能从资本主义经济体系的结构和资本逻辑中解释危机。只有当预期受到不确定性的影响时才有可能将不稳定的根源引入理论体系。

② 在包括凯恩斯、货币主义者和实际经济周期模型的折中主义中，这一观点在这里暴露的术语中显然是正统的。因此，诺普（2004：98）解释说，"新凯恩斯主义研究人员试图建立新的、广泛多样的模型，其中市场失灵是由参与优化行为的个人（而不仅仅是通过假设的或临时的行为假设）产生的"。请注意，凯恩斯主义者的解释在于市场僵化和价格失灵。

积累理论不是始于经济体系的全球动态，而是始于资本家的个人视角和强行提高价格的相对力量（Nicholas，2011；Mateo，2018b）。

明斯基是后凯恩斯主义非正统学派的倡导者之一，他的危机思想因经济大衰退而声名鹊起。他采用了凯恩斯对金融市场运作失败的批判观点——这导致了动物精神的理论化——反对基于 IS－LM 曲线的正统解释。因此，尽管他对新古典主义经济学的批评是正确的，却存在重大缺陷，[①]因为正如明斯基（1992：1）本人所指出的，“金融不稳定假说是对凯恩斯‘通论’的实例解释”。明斯基认同凯恩斯和卡莱茨基所提出的因果关系——“总需求的结构决定利润”（Minsky，1992：5），特别是“取决于长期利润预期的投资需求决定了实际实现的利润”（Minsky，1982：101）——因此“投资和政府支出操纵我们的经济，因为它们不由当前的经济运作方式决定。它们要么由外部政策（政府支出）决定，要么由当前对未来的看法（私人投资）决定”（Minsky，1986：184）。

在这个框架中，关键变量最终在于预期或人性等心理领域。因此，危机被归因于一个主观因素，如投资者的动物精神、投机行为、心理特征和风险激励、贷款/债务的过剩，以及由于新自由主义重组带来的放松金融管制的经济政策等（Mateo，2018a）。尽管明斯基的理论将金融融入了资本主义概念中，这是一个优点，但上述提及的因果关系仍然存在。投资取决于短期内对实体经济价格（当前产量）的主观预期以及长期内对资本资产的主观预期。

简言之，尽管明斯基（1992）指出他的“金融不稳定假说是资本主义经济的一个模型，不依赖外部冲击来产生经济周期”，但这并不是一个危机必然性理论。这是由于他的理论的主观性质和片面的以金融领域为中心

---

① 例如，明斯基（1986：155）指出，“在新古典主义理论中，波动、不平衡和金融创伤只有在受到来自资本主义经济体系以外的变化和冲击时才会产生。因此，历史上发生的许多危机都是由在独特的历史环境中的制度失败而造成的”。

的分析方法，也是由于他所坚持的理论最终源自经济代理人的主观性的因果关系。

4.2.3 新马克思主义非正统思想的局限性

上述缺陷也可见于被称为新马克思主义的非正统思想中。最典型的例子可能是科恩、J. 埃尔斯特（J. Elster）或 J. 罗默（J. Roemer）的分析性马克思主义。这种方法试图在马克思主义和新古典主义正统思想之间找到第三种方式，但它同时仍被正统的概念框架所束缚：个人在理性选择理论或博弈论中占据首要地位。

这种主观主义也存在于其他方法中，以缺陷和权力关系的形式来解释资本主义是如何运行的。大公司在不完全竞争或垄断竞争的情况下作用极大，因为它们能够决定宏观经济变量，如利润、价格或产出水平，以及工资（Sawyer，1988）。垄断资本主义理论即这样一种方法——鲁道夫·希法亭（R. Hilferding）、列宁（V. I. Lenin）、约瑟夫·施泰因德尔（J. Steindl）、保罗·巴兰（P. Baren）及保罗·斯威齐（P. Sweezy）——卡莱茨基的方法，他们认为垄断程度决定利润份额——工资由此分配——后来强调金融力量的金融化理论也是这样一种方法（Mateo，2011，2018a）。

对于围绕《每月评论》期刊的新马克思主义思想来说，积累的发展动态趋势——不断增加的剩余——来自大型跨国公司的定价能力（Sweezy，1942）。然而，有必要指出这种方法优先考虑生产领域，尽管之前的因素导致了一种趋于停滞的理论，即生产资源的利用率低于其能力。因此，这种关于资本主义社会的整体理论缺失了，反映在其需要借助外生的因素来解释增长的不同阶段，也显示了军备政策、金融或帝国主义的功能。因此，增殖的概念被使用价值的产生所取代，这是一种客观的价值理论，以基于公司间相对力量的主观方法来解释价格，而不是通过降价来实现竞争。他们认为，其特点就是公司之间通过协议和提高价格对经济进行操纵。

这些方法认为，生产过剩是资本主义固有的客观特征，但实际上仍属于现阶段的垄断资本主义。危机理论的地位在于一种不同于资本主义的可能性和控制跨国公司的能力。在这个意义上，谢赫（1990）指出，危机的发生根本上是一个政治事件，因为国家拒绝面对垄断，这将揭示出危机仅仅是一种可能性。

在金融化理论中存在着这种偏见，这些理论从个体企业家的微观经济视角，突出工业与金融食利者之间的冲突、金融资本的垄断，甚至帝国主义统治、放松金融管制的新自由主义政策的作用以及企业行为的出现，这在资本主义历史的这一阶段有利于股东价值的短期最大化［关于批判性调查见 Mateo（2011）］。与客观趋势相反，这些理论提到了金融家行为的主观性，与用剩余的整体性观点来解释其组成部分不同的是，股息和利息——表现为成本——都是用来解释能够用于生产性投资的利润量。

4.3　关于危机的起源

对危机的传统解释具有以下特征：理论基础和在多种因素中表现出来的一种方法论的视角——从马克思主义的角度看来——这些因素是非基本和非结构性的。危机的原因通常是一些边缘因素，即与构成劳资关系间接的、并发的及关系不大的因素。

本节对经济政策、收入分配和金融资本的三角关系进行了分析，因为它在经济理论和危机中，特别是对西班牙经济大衰退的分析中占据重要地位。应当指出，虽然这三个领域中每一个领域的作用都得以明确的强调，但在探究经济衰退的原因时，通常要提到三者的共同影响。

4.3.1　经济政策

危机发生的第一个原因是人为因素，即采取了何种类型的经济政策。无论是由于市场自由化还是由于国家的过度管制，重点是长久以来的这些争论揭示了相同的方法论。这些争论的背后是由一个经济代理人、社会团体、政党或经济机构进行的人为干预。

这些改革者提出，政治和国家在资本主义制度中具有很大的自主权，没有任何社会关系及整体社会的中央统一现象（Cockshott and Nieto, 2017），也就不存在根本上的客观趋同。这是一个不完整且片面的观点，因为经济领域和政治领域之间缺乏联系。这种观点在新古典主义方法和“经济人”中得以极尽体现，尽管在某些非正统思想中也有体现。在第一种情况下，经济有一种趋向均衡的态势，一种源自市场因素的性质——自然法则和纯法则；而政治是一个外生因素，因此极易对经济活动进行干扰。在非正统思想中，政治领域可能是解决市场机制缺陷的办法，也可能成为危机的根源。这两种判断，如本书第三部分所示，都归结于政府的决策，要么是危机理论，因为危机不可能来自经济领域，要么是对这场危机的片面解释。我们清楚的是：危机只是一种可能。

4.3.2　收入分配

许多具有深厚理论背景的方法观点认为收入分配领域出现的问题是导致危机爆发的根源，关于底层因果关系的说法大不相同：既有基于过高工资反过来又归咎于工人、工会或政府的观点，也有在其正统和非正统的变体中归咎于社会冲突的观点，以及强调认为危机发生的原因是过低工资及强调生产过剩的消费不足主义的观点。需要注意的是，除差异以外，① 这些观点均突出了供求之间的不平衡。

根据工资过高的观点，人们经常指出，工资增长率高于生产率的增长。这一点十分重要，因为重点在于工资的增长，而不是其绝对水平。鉴于工资导致的竞争力恶化，分析的重点常聚集单位劳动力成本的发展动

---

① 关于一个更为广泛的调查，我指的是谢赫（1990）关于大衰退的调查，见马泰奥（2013）和罗伯茨（2016）的研究。本节中只会提及一些主要论点，因为在后面谈论西班牙经济时会涉及这些内容。

态，而不是其绝对水平。其中的原因通常在于劳动力市场具有刚性，即劳动力市场始终处于劳动关系和工资谈判的监管框架中。这将导致经济政策的制定和市场运行的失败。不言而喻的是，人们认为工资会高于边际生产力，尽管这最终取决于单位劳动力成本与外国经济，不仅仅是与国内生产力的相对发展。在基于利润压缩的危机非正统理论的情况下，决定因素通常是盈利能力。

另外，将低工资作为危机的一个原因是为了强调供求之间的不平衡，但有时，根本原因可能来自新自由主义政策或剩余价值的过剩。因此，分配领域的责任就会落在工资或企业利润上。在这些解释中，工资的决定或分配模式便与生产发展相关的物质或客观参考发生脱节，这将会使收入水平受到限制。事实上，真的没有什么工资理论，因为以下问题从未得到回答：如果没有一个参考作为参数，那么引起消费不足的最低收入是多少？收入水平和发展是不确定的。最终，根据政府制定的法令，这取决于资本和劳动力或劳动力市场的制度框架之间的力量强弱关系。也就是说，正是资本家和工人之间在谈判中的斗争，或者关于建立规范劳动关系的法律才在实际上决定了工资水平。

在这些分配理论中，工资问题是以部分或单方面的方式来解决的。正统经济学家强调工资是一种成本，而与凯恩斯相关的经济学家则指出了工资在需求中的作用。反过来，企业家的个人观点是隐约存在的，对于他们来说，经济问题来自生产成本过高，或者产品没有买家。事实上，由于这种思想基于工资过高或工资不足，实际上其隐约地意识到了存在某种均衡工资，在这种均衡工资下，危机是不会爆发的，尽管对于这种可能解决问题的经济体的类型存在争议。因此，危机的原因是扭曲、错误或失衡——这正是这些想法的核心所在——这种扭曲、错误或失衡可以得到纠正。以下是其主要含义的来源：如果代理人（工会、政府、跨国公司）没有逾越他们的需求范围或强加要求，那么危机就不会爆发。

危机的分配解释对于每一种理论方法想要实现的政治目的相当有效：证明工会的不负责任或政府的非法干预，表明工人能够“击败”资本，或谴责因为商人的过度自私，其被适得其反的短视所蒙蔽而导致工人收入太少。然而，劳资之间的利益和谐是隐约存在的。在正统观点中，工人的不自量力最终会导致自我毁灭，因为这会导致更高的失业率。非正统观点认为，对于所有代理人来说，摆脱危机需要更高的工资水平。应当指出的是，虽然消费不足的观点确实证明提高工资的要求完全合乎情理，但这样做的目的是确保资本主义制度的正常运行。任何革命性的自命不凡都不能建立在物质基础上，而应该建立在政治上的唯意志论基础上（Mateo，2018a）。

4.3.3 金融资本

金融危机的概念通常源于后凯恩斯主义，主要是明斯基的金融不稳定假说的传统。然而，早在 19 世纪，C. 朱格拉（C. Juglar）就曾指出，危机是由金融体系的运行引起的，然后波及商业和工业领域（Tapia，2018）。金融因素涵盖了多种解释，在一些情况下，其因果关系可以追溯到放松金融管制的经济政策，因此在某种程度上它们可以在一套所谓的比例失调理论中制定出来。①

可以参考金融资本与生产资本之间的中心矛盾。首先，短期和投机逻辑以及股东价值的最大化将占据主导地位。因此，金融资本的霸权将导致更大的经济波动性和经济增长阶段的投机泡沫，但这也会导致危机的爆发。这一主导地位有时被视为一种霸权统治，可以通过资本输出来证明——即 20 世纪初帝国主义的经典理论——或者相反，它是一种资本积累方式，即吸收越来越多的收入作为股息或利息，从而损害可用于生产性投

---

① 可以认为这与强调非生产性活动增加的危机概念有关，这些非生产性活动如金融、商业和某些非市场服务（F. Moseley）；流通时间延长（M. Lebowitz）或 20 世纪 70 年代国家的税负（J. O'Connor 和 E. O. Wright）。关于这些争议，我参考的是马泰奥（2007）的研究。

资的利润数额。

这种判断是基于对资本主义制度运行进行分析的综合方法，特别是基于资本本身的功能。再生产发展动态取决于资本各种力量的相对强弱。该分析没有将生产导向剩余生产的最大化，而是重点分析首先聚焦有利于融资的剩余榨取和部门间的收入转移。因此，盈利能力不再是经济体系的关键变量，而被信贷或利率所取代。剩余的产生与积累之间的关联被打破，因为价值规律在此不再发挥作用。该分析有时会支持这样的观点：金融发挥作用后所带来的低积累率与高利润率可以相提并论。在这些情况下，它与劳动价值论的任何说法都相互矛盾。

因此，根本不存在一个关于危机是积累过程中必然现象的普遍性理论，而只有一种对危机在一个特定时刻的具体表现的描述，在这一时刻，金融似乎有能力产生新的——以及同时存在的——资本主义的运行规律。显然，依据以上观点，国家的有效控制有可能遏制金融市场的不稳定趋势。简言之，问题不在于资本主义本身，而在于本可能处于有效监管下的某种行业的过度无边扩张。

4.3.4　因果关系与经济危机

危机可能性理论的一个重要特征是无法或明确地反对辨认危机反复发生的一个根本原因。可以说这是一种多重因果关系，可以理解成缺乏一个可以区分不同变量之间因果关系层次的底层逻辑来解释危机。不存在一个解释性或根本性的因素，而是同等重要的一系列因素，尽管它们的作用可能会根据危机而发生变化。因此，不可能在资本主义经济和危机的反复性之间找到联系，对其进行总结也并非易事。

这种多重因果关系呈现出不同的形式。第一，具有不同理论背景的经济学家一致认为每一场危机都是独一无二的。因而在这种情况下，必须寻找每一场危机爆发的原因，但很显然，这对于想要得出一个关于危机的普遍性理论是毫无意义的。塔皮亚（2018：118）所言极是：“重要的是，在经济学中人们倾向于认为每一场危机各有不同，这种想法与一种认为经济周期始终存在的非历史的方法并存，因此，任何形式的经济干扰，即使是几个世纪前发生的，都应包括在内（如果其目的是研究经济危机）。”这种方法在正统经济学中屡见不鲜，因为其主要因素是干扰供求自由调节和价格灵活变动的因素。这种关于危机的概念作为一只“黑天鹅”随机出现在迄今原始的“天鹅群”中（Shaikh，2016：725）。

第二，已经在非正统思想内确立的一点是，存在着各种尝试，以便在这个框架中将危机倾向理论化，其中确实出现了：①解释性因素；②资本主义的历史阶段；③资本积累方式。第一种因素的最佳例子就是曼德尔（Mandel，1976）的研究，他提出危机爆发有三个根本原因，这三个原因同时发生作用：利润率不可避免的周期性的下降，资本主义生产的无政府状态和资本主义无法根据生产力的增长发展大规模消费。

对于新马克思主义者巴兰和斯威齐（1966）来说，由于资本主义发展垄断阶段经济体系的经济结构呈现出新特点，剩余不断增长的趋势取代利润率下降规律成为资本主义发展到垄断阶段的一个规律。然而，多布（Dobb，1937）认为，资本主义垄断阶段的危机可以用工资压力来解释，工资压力反过来又有助于资本构成的增加。此外，弗雷（Foley，2010：2）认为，“从19世纪的后几十年到21世纪的头几十年，世界资本主义似乎呈现出两种主要类型的危机，即盈利能力下降的危机和剥削率上升的危机”。

近年来，经济学家已经对由资本积累的不同方式所引发的危机进行了解释，以便确认激进派和后凯恩斯主义的观点。

一方面，美国激进派的政治经济学谈到了积累的社会结构（SSA）（Wolfson and Kotz，2010）。危机将取决于发生这种资本积累方式的资本主义社会，但是我们也必须指出，这些学者认为危机确实在两种资本积累方式中都会发生。考虑到更大的劳动力议价能力，对公共部门——如二战后的社会民主欧洲——实行更严格的监管的积累的社会结构会因工资压力而引发危机。在20世纪80年代后期典型的新自由主义积累的社会结构中，由于总需求不足，收入分配模式倒退引发了产能过剩，危机由此爆发，金融危机的爆发通常是由于金融市场的管制放松。

另一方面，新凯恩斯主义学者对不同积累方式是基于不同的驱动变量的观点愈加关注。因此，其必须参考以工资、利润甚至债务为主导的经济体。除了在激进派所强调的经济政策的体制框架之外，这一观点中突出的是资本积累过程中的经济结构及其在不同地域国家的实现方式。在一些经济体中，产生底层逻辑的是工资，因此消费需求将成为关键变量。以利润为主导的经济体可能是最接近马克思主义方法的经济体，以债务为主导的经济体将被金融化。对于每一种属于这些类型的经济体来说，这种后果不能只是一套危机理论。

在这些方法中，对危机的解释并非毫无争议，因为一方面这些方法强调了非基本因素，因此很容易得到纠正——就像收入分配一样——另一方面这些方法强调了危机与资本主义各阶段的关系。只要它们缺乏对资本主义制度的抽象认识概念，就无法正确理解在不同情况下以不同的方式表现出来的资本主义制度的内在逻辑。这种分析最终得出资本主义各有不同的观点。从逻辑上讲，总结区分每一场危机而不是其共同点是自然的结果。

第三，这种多重因果关系在多元决定论的思想中呈现出一种特定的形式，即分散的或制度化的马克思主义思想灵感的总和。其最主要的支持者是沃尔夫和雷斯尼克，另外，这种思想在美国马萨诸塞州阿默斯特大学（University of Massachusetts - Amherst）也获得了广泛支持。这种方法试图摆脱新古典主义正统的人本主义框架以及具有机械性和确定性性质的正统马克思主义的结构主义观点（Wolff and Resnick，2012）。这种多元决定论反对传统的自变量与因变量式的因果关系。“多元决定论意味着社会的每一个方面既是原因也是结果”（同上：143），因此没有可以确定的底层的因果关系来解释危机。它更像是一个与因果关系有关的概念，即构成关系。在没有根本因果关系的情况下，结果是不确定的，也没有任何方向性。那么，我们该如何解释危机呢？

> 这并不意味着仅局限于投资下降、消费支出减少、股票价格下跌或这类决定因素中的任何有限的一部分。相反，在马克思看来，危机不仅是由这些因素“造成的”，而且也是由世界上存在的所有其他因素造成的。这些因素包括：阶级结构的经济变化、气候和土壤化学的自然变化、银行条例、投票和法律模式的政治变化，以及消费状况、承担债务和商业信心的文化变化。所有这些因素——发生在人们的周围——在引发危机方面发挥着独特的作用。对于马克思的理论来说，这些因素都是经济危机的原因——每一种都具有特殊性。事实上，“overdetermination”（多元决定论）一词的前缀“over”是向读者发出的一种信号，这一事件，即危机，是由所有这些因素共同影响的结果。（Wolff and Resnick，2012：45 – 46）

因此，我们发现，由于其原因或本质的概念遭到了拒绝，具有不确定性的多重因果关系缺乏一个层级顺序。如此一来，资本主义本身缺乏可以创造一个固有的或根本的危机理论的特征。未来将会出现各种不同的资本主义，其演变将是受特定时刻出现的一些因素或一些事件影响的结果。正如他们所声称的，“经济、政治和文化都是相互决定的，因此是相互依存的。这些社会组成部分中没有一个比另一个更具有影响力”（同上：42）。如果连危机理论都不存在，更不用说什么危机必然性理论了。

参考文献

[1] Baran P, Sweezy P(1966) Monopoly capital: an essay on the American economic and social order. Monthly Review Press, New York.

[2] Borio C(2012) The financial cycle and macroeconomics: what have we learnt? BIS Working Papers 395, Bank for International Settlements.

[3] Cockshott P, Nieto M (2017) Ciber – comunismo. Planificación económica, computadorasy democracia. Trotta, Madrid.

[4] Dobb M (1937) Political economy and capitalism: some essays in economic tradition. Routledge, London.

[5] Foley D(2010) The political economy of post – crisis global capitalism. Paper prepared for the Economy and Society Conference at the University of Chicago, 3 – 5 December 2010.

[6] Guerrero D (1997) Historia del pensamiento económico heterodoxo. Trotta, Madrid.

[7] Keynes J M (1936) The general theory of employment, interest, and money. Online edition: https://cas2. umkc. edu/economics/people/facultypages/kre? gel/courses/econ645/winter2011/generaltheory. pdf.

[8] King J E(2013) A brief introduction to Post Keynesian macroeconomics. Wirtschaft und Gesellschaft 39(4):485 – 508.

[9] Knoop T (2004) Recessions and depressions: understanding business cycles. Praeger, Westport CT.

[10] Mandel E (1976) El Capital: cien años de controversia en torno a la obra de Karl Marx. Siglo XXI, Madrid.

[11] Mankiw G, Scarth W (2001) Macroeconomics. Worth Publishers, New York.

[12] Mateo J P (2007) La Tasa de ganancia en México, 1970 – 2003. Análisis de la crisis de rentabilidad a partir de la composición del capital y la distribución del ingreso. Dissertation, Complutense University de Madrid.

[13] Mateo J P(2011). The financialization as a theory of crisis in a historical perspective: nothing new under the sun. Working Paper Series 262, July, Political Economy Research Institute, University of Massachusetts – Amherst.

[14]Mateo J P(2013) La crisis económica mundial y la acumulación de capital, las finanzas y la distribución del ingreso. Revista de Economía Crítica 15：31 -60.

[15]Mateo J P(2018a). Teorías económicas, crisis y la crítica del reformismo. In：Guerrero D, Nieto M (eds) Qué enseña la economía marxista. 200 años de Marx. El Viejo Topo, Barcelona, p 201 -232.

[16]Mateo J P(2018b) Ortodoxia disfrazada：una crítica del pensamiento post? keynesiano. Paper presented at the XVI Jornadas de Economía Crítica. 10 de años de ajuste...¿hacia dónde? University of León, 20 -21 September 2018.

[17]Minsky H(1982) Can"it" happen again? essays on instability and finance. Taylor and Francis, Armonk, NY.

[18] Minsky H (1986) Stabilizing an unstable economy. Yale University Press, New Haven.

[19]Minsky H(1992) The financial instability hypothesis. Working Paper 74, The Jerome Levy Economics Institute of Bard College, May.

[20]Nicholas H(2011) Marx's theory of price and its modern rivals. Palgrave Macmillan, London.

[21] Nicholas H (2014) Problems with post Keynesian price theory. A Marxist perspective. World Review of Political Economy 5(1):78 -95.

[22]Roberts M(2016) The long depression. Haymarket, London.

[23]Sawyer M(1988) Theories of monopoly capitalism. Journal of Economic Surveys 2(1):47 -76.

[24]Shaikh A(1990) Valor, acumulación y crisis：ensayos de economía política. Tercer Mundo Editores, Bogotá.

[25]Shaikh A(2016) Capitalism：competition, conflict, crises. Oxford University Press, New York.

[26]Sweezy P(1942) The Theory of Capitalist Development. Principles of Marxian Political Economy. Monthly Review Press, New York.

[27]Tapia J A(2018)Investment, profit and crises: theories and evidence. In: Carchedi G, Roberts M (eds) The world in crisis. A global analysis of Marx's law of profitability. Haymarket, Chicago, p 78-126.

[28]Tsoulfidis L(2010)Competing schools of economic thought. Springer, Berlin.

[29]Wolff R, Resnick S (2012) Contending economic theories: Neoclassical, Keynesian, and Marxian. MIT Press, Cambridge MA.

[30]Wolfson M, Kotz D(2010)A reconceptualization of social structure of accumulation theory. In: McDonough T, Reich M, Kotz D (eds) Contemporary capitalism and its crises. Social structure of accumulation theory for the 21st century. Cambridge University Press, Cambridge, p 72-90.

第二部分

资本增殖的危机：盈利能力、资产膨胀与资本构成

5

盈利能力下降：大衰退的根源

本章旨在对西班牙资本的盈利能力进行分析，因为它是解释宏观经济表现的关键因素。然而，想要对利润率和剩余量进行量化分析必将面临巨大困难，因为存在一系列与数据相关的问题：①由于缺乏西班牙企业的季度剩余数据，将剩余量与其他宏观经济变量进行对比研究就变得比较困难。尽管存在一些总投资量的季度数据，但将剩余量与股本进行对比研究也面临同样的困难。②缺乏固定资本消费（CFC）和混合收入（MxI）的分类数据，由此便妨碍了对雇佣劳动力创造的剩余价值的替代指数进行衡量——或者至少使其变得异常困难。③虽然可以对以新古典主义为基础的股本数据按照行业和分支进行明显区分——尽管这一问题并非西班牙经济所独有——但这可能会导致一些偏差（Shaikh，2016）。此外，更重要的是，它们只以净额形式出现，根本没有股本的相关信息，因为股本属于简单商品生产循环即小生产者活动中的一环。④对特定时期的分析存在一个具体困难：以房地产泡沫为特征的资产通胀带来了因相对价格变化产生的资本收益。然而，这些数据并没有计入国民账户中。

同样，还必须澄清一些理论方面的问题。在此需要参考这样一个事实，即对盈利能力及其决定因素的衡量必须以生产概念为基础。因此，它确实引发了一个急需解决的问题：什么是生产部门？在正统经济学中，这个问题毫无意义，但在马克思主义的方法中却并非如此。这种实证研究通常沿用谢赫和托纳克（Tonak，1994）提出的生产劳动概念。然而，我的方法与之有所不同。除了一些理论上的差异（Mateo，2007）之外，根据马泰奥（2017，2018）和马泰奥与蒙塔尼亚（Montanya，2018）提出的方法，我倾向于从广义上对生产劳动概念做出界定，以便将几乎全部资本主义的行业活动纳入其中，尽管已经出现了一些变化，相关情况业已更新。

让我们澄清一下，这样做的目的是旨在分析西班牙经济的再生产过程，为此，弄清资本的盈利能力至关重要。具体而言，如何计量利润总额和利润率成为理解那个时期引发危机的经济增长类型的关键，从而能够大致掌握 2008—2013 年经济萧条时期以及随后经济复苏的基础。至于是否排除与某些部门有关的理论问题则是次要的，因为这些理论问题受制于上述对宏观经济动态的总体认识。

与其糊里糊涂地讨论马克思主义理论，详细列出各部门可能存在的无效率，我们不如只考虑三种非生产性行业，在计量盈利能力及其决定因素时，这三种行业将被排除在外：①金融和保险业（K）。②房地产业（L）。③政府、公共管理和国防；基本社会保障（O）。简单来说，分别是 FIRE 和 GOV。这是由 FIRE 行业中存在的流通活动、它们对于住房繁荣的重要性以及存在于房地产中的虚拟成分所决定的，如业主自用住房的估算租金。就 GOV 而言，因为这一部门的大部分行业不具有资本主义性质，而是国家的一种非市场活动。

5.1 扭曲的相对价格

价格的表现形式是一个经济体的核心所在，特别是在衡量产生的剩余时。无论是计算剩余量还是将其与任何国际指数相比较，都有两个基本要素影响着经济体生产的剩余量：资本存量价格平减指数（P_k）和汇率

（ER）。这两种价格指数同时表明剩余在资本资产方面的购买力及其转换为国际剩余的比率，这一比率与进口产品有关，足以证明出口能力。这一比率为国际盈余的比率，与进口产品有关，但也能够证明出口能力。

图 5.1 显示了各种物价的平减指数，不包括后来排除非生产部门后出现的变化。必须注意的是，尽管已经采用了欧元这一强势货币，但从内部相对价格的结构开始还是暴露了其在发达国家的边缘地位。在 1995—2008 年的扩张阶段，股本价格指数（P_k）与产出价格指数（P_y）相比有所上升，同时产出价格指数（P_y）也随着消费价格指数（CPI 或者 P_c）有所上升。第一个涨幅为64%（P_k），比一般产出价格指数（P_y）增加了 10 个百分点，比消费价格指数（P_c）增加了 14 个百分点。

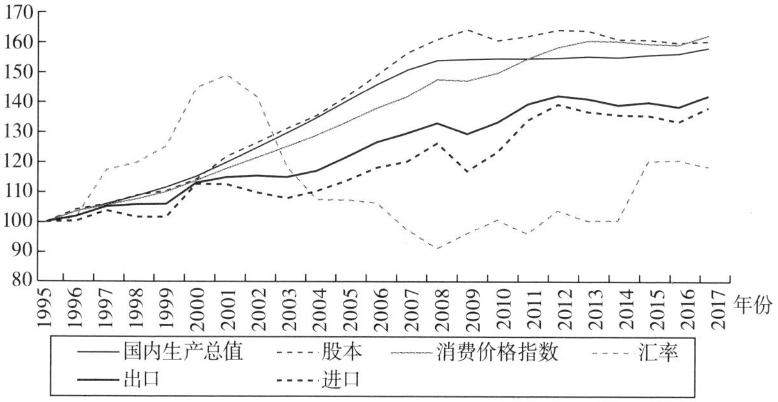

图 5.1　价格指数的比较演变（1995 年 =100）

注：所有部门的价格。

资料来源：西班牙国家统计局，（2018）；经济合作与发展组织，（2019）。

在经济合作与发展组织国家内部，西班牙资本（住宅和非住宅）总存量的价格指数增长高于其他发达经济体。德国股本价格的平减指数在 11 年（1996—2007 年）里仅增长了 3%，奥地利股本价格的平减指数增长了 19%，而在其他国家，如英国、美国、法国或斯堪的纳维亚经济体，其增长不到 55%，而在西班牙，股本价格增长率高达 64%。其中在 2000—2007 年，西班牙的这一指数增长了 47%，但在其他发达经济体，这一指数却低于40%（经济合作与发展组织，2019）。

然而，西班牙的相对价格比率没有过度增加。与产出平减指数相比，尽管资本存量变得更加昂贵，但它一直保持着与其他发达经济体相当的正常利润率水平。因此，1996—2007年，西班牙的股本价格平减指数与产出价格平减指数相比上升了26%，但低于斯堪的纳维亚经济体、法国、英国和美国的股本价格平减指数，略高于意大利和希腊，德国的情况却恰好相反。在德国，资本存量变得相对便宜，因为与产出价格平减指数相比，它增长了36%。因此，西班牙经济的独特之处与其说是资本和产出的相对价格的增幅（尽管这也与它们的相对落后有关），不如说是总体价格的绝对上涨水平。换句话说，欧元区一体化限制了西班牙资本存量平减指数的相对上升，从而使P_{ky}的增幅与其他发达国家保持一致。

但即使西班牙属于欧元区，它自己也没能避免通胀缺口。其价格涨幅一直高于其他经济体，因此，相对于其他竞争国家，西班牙的资本存量变得更加昂贵。1995—2007年，19个欧元区国家（EA－19）的平均通胀率为2.1%，而西班牙的通胀率则高达3%，这就意味着西班牙国内生产总值平减指数的累积变化约为欧元区其他经济体的1.5倍。在欧元区内，只有希腊的产出价格指数在这一时期出现了高达58%的增幅，而西班牙的产出价格指数却为42%。因此，西班牙的股本价格（总计）平减指数（64%）也高于希腊（47%）。

从另一个角度来看——就流量而非累积的存量及该经济体所有的部门而言——如果比较固定资本形成总额（GFCF）的价格指数，那么就会看到资本积累过程的相对通货膨胀。图5.2显示了欧盟委员会经济和金融事务总署年度宏观经济数据库（AMECO）提供的系列数据。值得注意的是，在1999年后的一段时期，价格指数的差距非常之大。1995—2007年，西班牙的固定资本形成总额价格上涨了58%，是欧盟（27%）和欧洲其他地区（22%）平均价格的2倍多。与德国和美国相比，差距甚至更大。在美国，其固定资本形成总额指数增长不到20%，但在德国，这些资产价格在这13年中保持不变。自1999年以来，西班牙的固定资本形成总额平减指数几乎是欧元区的3倍。

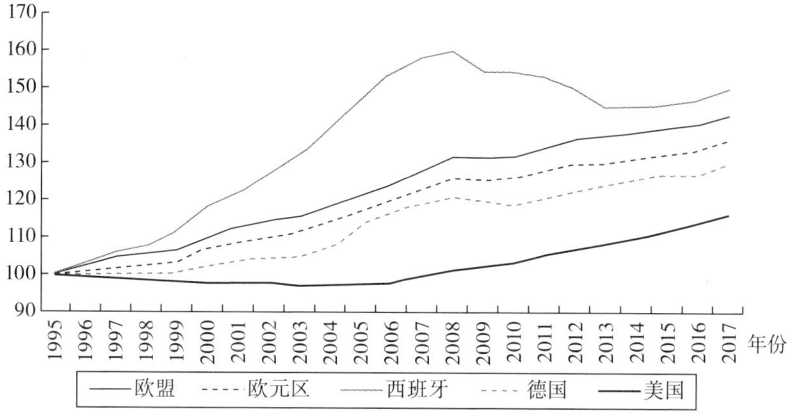

图5.2　总经济总固定资本形成价格平减指数（1995年=100）

资料来源：欧盟委员会经济和金融事务总署年度宏观经济数据库（2019）。

这些数据表明，西班牙的根本问题在于欧元区内的相对通胀，因为相对通胀意味着实际汇率的升值，正如在下文中读者将看到的那样，这种升值没有充分的生产发展作为支撑。随着危机的爆发，2008—2013年，西班牙的固定资本形成总额价格出现了9%的通缩，而在欧盟和欧元区，这一指数增长了4%，在德国增长了7%。2013—2015年，由于资本积累的恢复，西班牙的这一指数再次出现增长。

根据西班牙银行（2019a）提供的数据，1999年第一季度至2008年上半年，与欧洲货币联盟19国（EMU－19）相比，西班牙消费价格指数的竞争力下降了10%。就工业价格指数而言——由于工业在资本存量生产性发展方面的核心作用——尽管恶化程度明显较低（截至2008年上半年，累计达到8%），但没有随着萧条上升，而是继续保持原有水平。即使在2012年和2013年上半年，工业价格指数下降了2个百分点，2012年7月至2013年8月，西班牙工业价格指数的竞争力累计下降了10%。

因此，从国内角度来看，西班牙的增殖过程面临着一个障碍，即剩余生产的增幅必须高于比欧元区其他国家更高的名义增长率，否则其获取资产的能力就会减弱。

另外，就外部因素而言，美元汇率在繁荣期间经历了两个不同阶段。直到 2001 年，按名义价值计算，比塞塔对欧元的名义汇率贬值了 49%，但随后这一名义汇率升值，因此在 2007 年，比塞塔对欧元的名义汇率与 1995 年的名义汇率几乎持平，仅升值了 3%。随着欧元区危机的爆发，直到 2013—2014 年，即西班牙危机时期（经济合作与发展组织，2019），欧元贬值 10%。对于欧元区来说，比塞塔的汇率自 1997 年以来保持不变，1999 年已经确定了固定汇率。随后，西班牙相对较高的通胀意味着欧洲货币联盟成员国的实际汇率升值。西班牙在欧元区的成员国地位以及由此产生的与美元平价意味着外汇价格的通胀程度相对较低。但进出口产品价格也存在差异。在 2007 年之前，进口价格指数比出口价格指数低了 9 个百分点，其中相对便宜的绝大部分——9 个百分点中的 8 个点——出现在 2000 年（西班牙银行，2019a）后。

因此，量化剩余生产过程必须考虑以下因素：西班牙的相对通胀率高于欧元区，而且更糟的是，尽管美元和欧元的汇率不断变化，但资本存量相对而言变得更加昂贵。尽管这种相对增长并不大，但这一通胀起点确实会成为影响剩余购买力的一个因素。

5.2 剩余量

剩余量的变化包括增长和下降两个阶段，其变化最终决定了一个经济体的宏观经济动态。然而，不同类型的衡量标准导致剩余量达到峰值的时间将有所不同。按 2010 年不变价格计算，受资本价格指数影响而出现下降的剩余总额——剩余包括商业利润、混合收入和净税收，因此它不包含工资的产出——自 1995 年以来一直在持续增长，到 2007 年，也就是危机爆发的前一年，达到了5730亿欧元的峰值。在接下来的两年里，剩余量骤降至5180亿欧元，尽管它在第二年就恢复至5390亿欧元，但它又经历了一次大幅下降，直到2012—2013年，它仍然保持在5290亿欧元。截至2013年年底，经济开始复苏，2016年的剩余量超过了2007年的最高剩余量，到有数据记载的最后一年（即2017年）剩余量达到6200亿欧元。

如果由此得出非生产性行业而不是总经济的剩余量（FIRE和GOV），那么我们就会发现二者的演变过程十分相似，但二者之间的差异却至关重要：①生产性行业的剩余量在2006年仍达到最高水平的4300亿欧元；②随后于2009年出现第一次下降，直到2012—2013年。然而，2009年、2012年和2013年的剩余量都降至最低的3720亿~3730亿欧元；③复苏时期的剩余量则更低，因为只有2017年超过了2006年的峰值。但在这种情况下，剩余量与以前相比差距缩小，因为剩余量最高达到4490亿欧元，正好比2006年多出190亿欧元。

如果从剩余中扣除净税收，就像现在使用的就是经营盈余净额，结果就会略有不同。现在，经济的总剩余增长到2008年，尽管与2007年相比几乎没有增长，但生产性经济的毛利在2006—2007年达到峰值。然而，如果不考虑货币贬值，那么净经营盈余的计量则出现了一个非常重要的变化，如图5.3所示。尽管总经济剩余在2007年达到了最大值，接近2940亿欧元，但生产领域的剩余量则在2002年达到了最大值，为2140亿欧元。1995年，生产领域的剩余量达到1930亿欧元，因此直到2002年，剩余量的增幅不大，总计增长了11%。此外，2002—2014年，剩余量在2014年跌至最低的1580亿欧元，远低于1995年的水平。简单地说，这一剩余量后续的复苏仅仅意味着直到2017年剩余量才回到1995年的水平。

总之，在房地产繁荣和资产膨胀的背后，利润总额在2006—2007年才出现毛利润增长，直到2002年净利润才出现增长。这些数字揭示了在提升剩余价值生产的能力方面以及近期经济复苏阶段存在的问题。

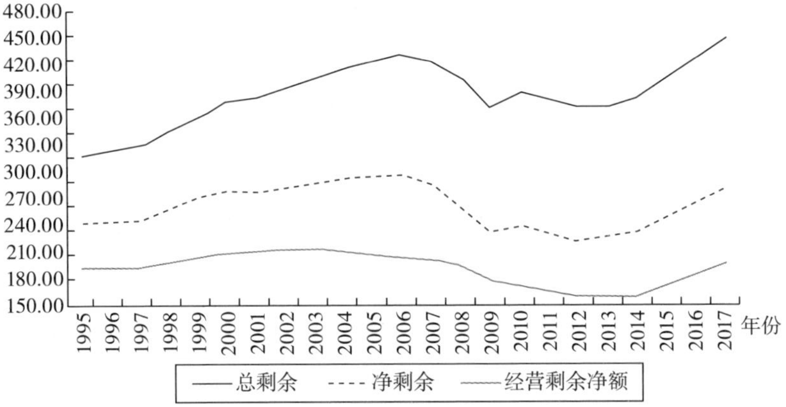

图 5.3　剩余量的衡量标准（1995—2017 年）

注：按 2010 年不变价格计算，10 亿欧元资本存量价格指数缩水。剩余是国内生产总值减去工资（经营剩余和净税收）；生产性部门。平减指数对应的是净非住宅资本存量。

资料来源：西班牙国家统计局（2018）。

5.3　导致危机爆发的季度宏观经济演变

对危机酝酿阶段的分析需要从时间维度对不同变量进行一定程度的分解，然后再进行分析，以厘清导致危机爆发的事件顺序。[①] 上一节表明，2002—2006 年，剩余生产停滞不前，因此，增殖这一严重问题必然对其他变量产生可怕的后果。现在，表 5.1 从需求、供应和收入的角度介绍了各种宏观经济分类的季度演变情况，包括住房的平均价格和带薪劳动者的数量，因其毋庸置疑的相关性，从中可以看到危机爆发前的几个季度的宏观经济现状。

首先要指出的是，2007 年总投资开始出现问题，第二年需求和供应方面以及住房价格方面出现问题，直到 2008 年第三季度国内生产总值开始下

① 正如本章开头所解释的那样，季度分析面临着统计可得性的问题：没有各部门剩余的相关数据，也没有固定资本形成总额的数据，因此不能排除非生产性部门，也不可能按活动类型进行区分。投资方面，只有按资产分类的数据。

降。然而，在收入方面，没有相关因素可以解释危机。正如人们可能预期的那样，正是投资首先遇到了困难。2006 年年底，固定资本形成总额在住房建设方面达到了最高水平，虽然它在 2007 年第一季度有所下降，但在下一个季度恢复，并且在 2007 年第三季度投资已经开始下降。其他建设的投资在 2006 年年底遇到了困难，但正是在 2007 年第三季度到 2008 年第一季度这一趋势才发生了变化。

这些与泡沫相关的投资流决定了总体速度，因为机械和设备资产在 2008 年中改变了流向，从 2008 年第三季度起更为明显。由于首先在建筑资产方面出现问题，固定资本形成总额在 2007 年最后一个季度达到最高水平。同往年相比，在 2007 年第四季度，当住宅投资开始下跌时，情况发生了好转。2008 年年中，其他建筑资产的轨迹发生了变化，导致总投资呈下降趋势。机器和设备投资在 2008 年第三季度才开始下降。因此，建筑方面的变化趋势可以从 2007 年下半年的两个季度看得出来，但如果从年度间的角度来看，这种趋势将在 2008 年上半年出现。

另外，必须强调固定资本形成总额带来的影响。需要注意的是，2007 年下半年，住宅投资扩张结束，房价才停止上涨。当然，正如下一章将表明的那样，自 2004 年以来，房价增长率一直在放缓，即便如此，其平均增长幅度也是巨大的。尽管如此，整个 2006 年的增幅还是从第一季度的 12% 降至 9%，从 2007 年的 7% 降至 5%。在 2008 年下半年，房价均价出现停滞，然后出现绝对值下跌，因此，房价于 2008 年第二季度开始按季度下跌。然而，应当考虑到的是，从年度间的角度来看，房价 2008 年第四季度开始下跌，而且下跌幅度巨大。在此，考虑到投资先于房价出现变化，那么这就是一个相当严重的后果。

表 5.1　危机前夕西班牙经济的宏观经济动态

	2006 年				2007 年				2008 年			
	第一季度	第二季度	第三季度	第四季度	第一季度	第二季度	第三季度	第四季度	第一季度	第二季度	第三季度	第四季度
住房价格	3.47	2.90	0.74	1.73	1.69	1.50	0.33	1.18	0.76	-0.27	-1.29	-2.43
需求												
消费（私人）	0.88	0.98	0.57	1.18	0.59	0.90	0.41	1.22	0.28	-1.46	-2.04	-0.70
固定资本形成总额	2.31	2.34	1.07	1.67	0.61	1.78	-0.45	0.89	-1.29	-0.62	-4.01	-4.49
住宅	2.85	1.48	0.83	1.59	-1.25	1.13	-0.31	-0.23	-2.17	-3.96	-5.53	-6.74
其他	1.60	3.02	0.90	-0.14	1.31	3.10	-2.72	1.55	-0.88	0.20	-1.60	-0.33
机器设备	2.24	3.05	1.54	3.75	2.05	1.12	1.51	1.58	-1.25	2.60	-5.89	-8.31
出口	2.63	1.59	-0.96	3.96	4.14	0.37	1.58	0.03	0.02	1.06	-0.47	-9.16
进口	3.98	2.06	-0.66	5.15	2.66	1.37	0.68	1.25	-1.33	-1.64	-5.10	-9.11
供应 增加值总额（基本价格）												
农业（A）	6.27	2.79	-0.08	0.21	5.39	0.32	1.04	0.41	-1.61	-1.06	-1.72	-1.50
工业（B-E）	0.49	0.52	1.30	0.59	-0.57	0.64	1.07	0.41	-0.91	0.37	-0.47	-3.72
建筑业（F）	0.04	1.03	0.40	0.29	-0.96	0.75	0.30	0.31	0.66	0.65	-2.43	-1.12
贸易、旅游和酒店业（G-I）	0.14	0.92	1.38	0.16	1.15	0.76	0.91	0.95	-0.07	-0.90	-0.76	-1.23
信息和通信（J）	0.04	1.29	1.67	1.07	1.98	0.59	0.85	0.85	1.55	0.10	-0.52	-0.37
金融业（K）	3.91	3.01	2.64	2.54	2.22	2.20	2.92	2.19	-0.51	1.37	-1.12	-1.27
房地产业（L）	1.81	1.19	0.30	1.66	6.21	0.92	-0.65	0.95	1.35	0.44	-0.13	0.47

续表

	2006年				2007年				2008年			
	第一季度	第二季度	第三季度	第四季度	第一季度	第二季度	第三季度	第四季度	第一季度	第二季度	第三季度	第四季度
专业技术和行政(MN)	4.18	2.12	1.61	1.78	2.54	1.66	1.20	1.07	-0.14	1.20	-0.78	-1.59
政府—教育—卫生(OPQ)	0.45	1.23	0.59	2.30	0.39	1.39	0.90	1.83	0.93	1.45	0.46	2.11
其他(RSTU)	2.20	-0.02	1.04	-1.12	3.81	-1.19	1.50	-0.61	3.14	-0.07	-0.48	0.72
收入												
工资	0.56	1.23	1.21	1.20	1.56	0.90	1.47	0.90	3.42	0.04	-0.05	-0.89
农业(A)	-6.21	4.75	-0.56	-1.48	3.53	-0.69	0.06	-1.03	-4.75	3.32	1.33	-0.28
制造业(C)	1.87	0.27	-0.99	0.09	2.43	-0.73	0.32	0.07	5.53	2.04	-1.76	-4.63
建筑业(F)	1.72	1.88	2.39	1.92	1.27	0.11	0.34	1.05	5.50	-5.48	-5.50	-6.51
服务业(G-T)	0.16	1.35	1.57	1.36	1.29	1.55	1.97	1.10	2.81	1.43	1.25	0.74
金融业(K)	1.87	2.43	0.41	1.22	2.99	-0.36	1.85	0.59	1.74	-0.67	-0.72	0.13
房地产业(L)	-2.24	7.04	5.45	-1.45	4.87	-3.38	7.98	-0.86	7.39	4.18	-1.68	1.98
政府—教育—卫生(OPQ)	1.95	0.18	1.61	0.04	3.49	0.14	2.44	0.21	3.41	0.53	1.83	2.08
经营剩余总额	2.49	0.55	2.54	-3.36	4.95	0.57	1.95	-0.81	0.69	2.98	-0.88	-3.18
工薪阶层	0.27	1.44	1.52	0.58	0.34	1.68	0.67	0.00	-0.50	0.16	-0.69	-2.62
国内生产总值(市场价格)	1.08	1.04	0.99	0.95	1.02	0.81	0.81	0.86	0.46	0.06	-0.76	-1.01

注：固定资本形成总额，其他：其他建筑物和结构；M & E：机械和设备（和武器装备）。部门名单见附件。GOS：经营盈余总额（包括混合收入）。

资料来源：公共事业和交通部统计信息（2019）；西班牙国家统计局（2019b,e）。

另一个是投资如何影响对外关系，并从根本上影响进口。这些投资在2007年年底达到最大值，并在2008年第一季度开始下降，而出口虽然增长非常缓慢，但只在2008年第二季度下半期改变其趋势。这表明了建筑资产通胀的核心作用及其对进口投资的拖累作用。然而，这一出口周期更多地与机械和资本货物的总投资有关，机械和资本货物的总投资也从2008年第二季度开始下降。

此外，在需求方面，家庭消费在2008年第二季度也开始下降。很明显，正是投资变化引发并解释了需求变化，总需求与工资数额和就业水平息息相关。需要注意的是，这些变量不是原因，而是后果。工资总额不能作为解释这一切的因素——人均工资更重要，这些将在第9章进行分析，因为其在2008年两个中心季度的停滞和下跌与一般经济活动的表现相吻合。至于有偿就业，其变化相对于总投资的演变而言具有一定短暂的滞后性。2007年下半年工薪阶层人数达到最高水平，刚刚超过1700万，总投资也是在2007年下半年达到最高水平，到了2008年，这一数额有所下降，尽管第二季度略有例外。

在供应方面，虽然在2008年之前，有些时候一些部门的总增加值（GVA）出现了一些下降，但直到2008年第一季度，周期变化才真正开始。此时此刻，农业、工业、贸易、交通和酒店、金融等专业服务业的总增加值都在下降。然而，建筑业只在2008年第三季度出现下降，尽管比上一个季度急剧下降了2.4%——金融部门也是在相同时间出现下降——而房地产业则在起伏不定的情况下继续保持增长。必须考虑的是，货物和服务出口趋势的变化从2008年第三季度开始出现，与在出口总额中占比很大的工业相比略有延迟。

最后，应当指出的是，经营盈余总额和混合收入的季度数据几乎不能用作这个问题的分析要素。在总投资价格指数下降的情况下，它于2008年第二季度达到最高水平，按2010年的价格计算，达到了1140亿欧元，但随后出现下降，在2009年第二季度和第三季度，恢复到了1160亿欧元。此外，最低水平并不像先前计算的剩余数字那样低，2008年第四季度为1090亿欧元，截至2012年第一季度，经营盈余总额和混合收入的季度数据在1110亿~1130亿欧元徘徊。从2012年第一季度起，这一剩余指数恢复增长，到2012年年底，已经超过2009年的峰值。在2017年第四季度，总剩余达到创纪录的1300亿欧元，随后略有下降。

鉴于以上这些结果，分析总剩余毫无意义，为此我们有必要做出一些调整，以便能够呈现出这些事件完全不同的进展情况。如果将公共管理、国防和社会基本保障行业（从根本上说）、货币贬值包括在内，那么我们就不能捕捉到剩余产生的潜在发展情况，因为它正面临很多重要问题。因此，马克思主义方法对于分析生产过剩能力的重要性便一目了然。必须明确指出的是，虽然精确衡量剩余价值是不可能的——这也的确不是本研究的目的，但不应忘记，可以将非生产性工人工资和非生产性活动投入看作剩余的两种表现形式——至少是对商业利润的分析，有时还会加上税收，当然这为我们排除西班牙经济主要是受到FIRE的影响提供了一个准确的思路，西班牙经济主要是受房地产泡沫的影响。简言之，它表明剩余量的下降先于投资周期的变化，因此，这组变量便可以如此解释了。

5.4　利润率的下降

剖析完剩余量之后——它代表积累潜力——本节将讨论利润率的不同表现形式。为了确定历史上从1995年到最近一个时期利润率的衡量标准，我们制作了图5.4，图5.4解释了自1965年以来盈利能力的演变，因为1965年是具有资本存量数据以及按不变价格计算的国内生产总值增长率数据的第一年。这一计算基于瓦伦西亚经济研究所（2019）以及欧盟委员会经济和金融事务总署年度宏观经济数据库（2019）提供的非住宅净资本存量的总经济净资本存量。

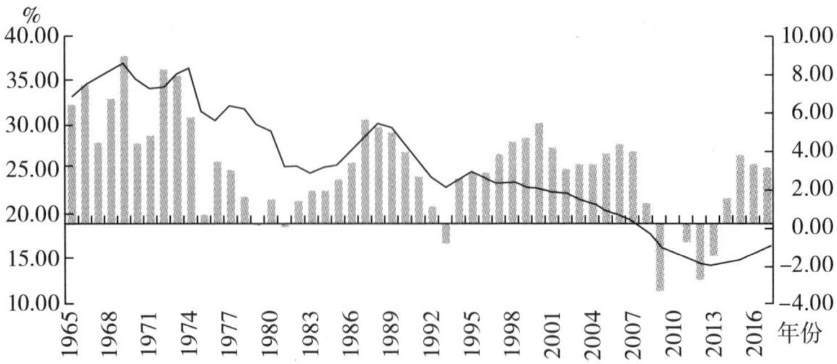

图 5.4　利润率和国内生产总值（1965—2017 年）

注：整个经济的利润率（左轴）与 2010 年不变价格的国内生产总值（右轴）年变化率。

资料来源：欧盟委员会经济和金融事务总署年度宏观经济数据库（2019）；瓦伦西亚经济研究所（2019）。

这一比率的演变揭示出两个主要问题。第一，从历史角度来看，20 世纪 90 年代中期这一比率的绝对水平相当低。在“西班牙奇迹”出现的那个阶段，也就是在弗朗哥独裁统治的第二阶段工业化开始的那个阶段——尽管这里显示只有 1965—1974 年属于升值阶段，但扩张已经从 1960 年开始——盈利能力大大提高。1965—1974 年的平均利润率为 34.8%，而 1995 年则下降了 10 个百分点，几乎少了 1/3。即使在 20 世纪 80 年代后半期的“繁荣时期”，平均增长率也只比 1995 年高出了 3 个百分点。

第二，不同于前两个增长期，利润率在 1995—2008 年这一较长时期的扩张阶段没有上升，但在繁荣时期和大萧条时期都有所下降。只有到了 2013 年，盈利能力才得到恢复，而过去 4 年的增长则创下几乎连续 30 年下跌的利润率的一个历史奇迹。但无论利润率是增长还是下跌，2017 年的盈利水平与 2009 年几乎相同，因此盈利能力还远远没有实现全面恢复。

如果 1995 年的利润率比上述 1965—1974 年的平均水平低 29%，那么 2008 年的利润率更低了 49%，2013 年危机结束时利润率达到了最低水平，即比 1965—1974 年的利润率低了 60%，那么按照这种衡量盈利能力的标准，1995 年的盈利能力为 24.6%，2013 年的盈利能力跌至最低的 14%，这意味着盈利能力在 18 年里累计下降了 43%。尽管随后得以复苏，但 2017 年的利润率和 1995 年相比仍低 35%。无论是否具有任何因果关系——取决于理论方法，都存在多种多样的可能性——这些数据都表明，利润率连续下跌 13 年后爆发了经济危机。从历史角度来看，这 13 年里，利润率从 20 世纪 90 年代中期开始就已经相对很低了。

根据相关理论体系，以前的衡量标准可以而且应该发生一些变化，这是可能的，因为这一时期用于统计的各种数据齐全。现在使用国民账户体系的信息（西班牙国家统计局，2018），如果非生产性部门被排除在计算之外（FIRE 和 GOV 行业），那么，我们可以发现总经济利润率指数——最后一个部门比率——与生产领域的指数之间存在差距，生产领域自住房繁荣以来也在增长。

可以用两种可能的衡量标准计算利润率。一种是将净经营盈余（NOS）与净税和混合收入都算作盈利能力，另一种是仅将净经营盈余算作盈利能力。按照第一种衡量标准，1995—2008 年的利润率在经济总量中下降了 25%，但在生产领域下降了 40%，直到 2013 年，所有部门和生产领域的利润率分别下降了 38% 和 52%。但是，如果只考虑净经营盈余，1995—2008 年，经济总额的盈利能力下降了 28.5%，在生产领域，竟达到了 42.2%，也就是说，减少了近 14 个百分点，如图 5.5 所示。

在利润率增长和出现危机的所有时期（1995—2013 年），利润率的下降不是现在的 43%，而会下降得更多，当 FIRE 和 Gov 行业被排除在外时，下降率将达到 57.6%，2013 年的利润率甚至不及 1995 年利润率水平的一半，但仍在 2014 年达到最低水平，总下降幅度达到 58.1%。在这种情况下，经济在 2015 年开始复苏，这样 2017 年的利润率水平略微超过 2009 年的水平。

根据上述解释可以证实：①在危机爆发前的繁荣期间，盈利能力已经大幅下降；②但在受到公共管理、国防和基本社会保障行业影响的经济生产领域，情况更为严重，因为这些行业在住房繁荣中发挥着核心作用；

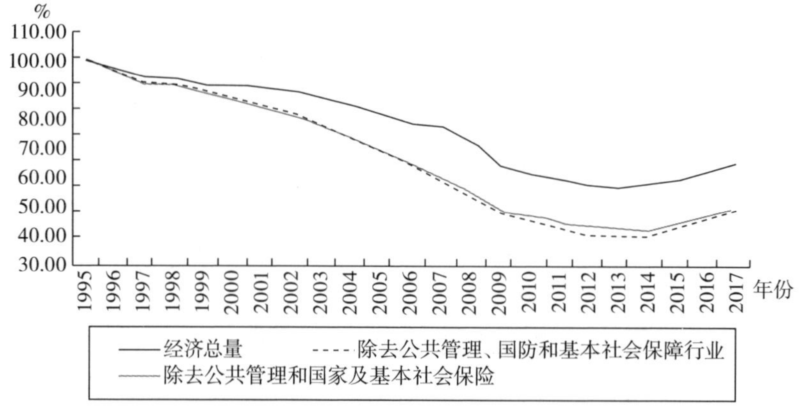

图 5.5　利润率：所有部门，不包括非生产性行业（1995 年 =100）

资料来源：西班牙国家统计局（2018）；瓦伦西亚经济研究所（2019）。

③有趣的是，在萧条期间，利润率继续下降，结果是国内生产总值开始复苏的时期——取决于衡量标准，甚至是预期——与盈利能力增长的时期相吻合。因此，维持当前增长阶段的总利润率没有恢复，只能通过重新组合几个相关要素，或（通过）重组与业务剩余（利率、汇率平价、进口价格）或工资成本相关的要素来对其进行解释。因此，可以说，西班牙经济的大萧条尚未结束，仍处于过渡时期。

5.5　非金融企业盈利能力的常规衡量标准

一些传统的盈利指数应该用来辅助衡量利润率，重点是非金融企业（NFC）的盈利指数。西班牙银行（2019b）在中央资产负债表数据办公室关于净资产普通回报率（ORNA）、普通股本回报率（ORE）和股本回报率（RE）的数据以及贴现利息支付的其他措施将在第 10 章予以讨论，如图 5.6所示。这些比率基于较小的企业集团，即非金融企业，提供的信息聚焦与此，因此这些比率是有价值的。

与马克思使用的利率不同，这些指数在经济扩张的那些时期具有更为持久的动力。在所有三种情况下，在 2002 年，存在一个局部最高值，尽管

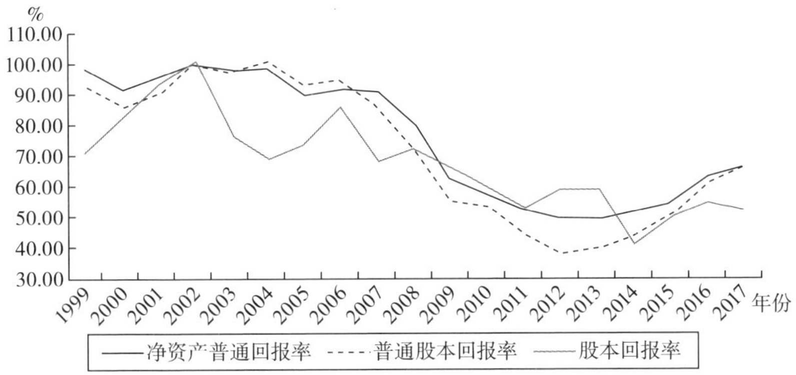

图 5.6　盈利能力的常规衡量标准（2002 年 =100）

注：净资产普通回报率（ORNA，西班牙银行数据库中的 R.1）；普通股本回报率（ORE，R.3）；股本回报率（ORE，15.29）。

资料来源：西班牙银行（2019b）。

1998 年的净资产普通回报率提高了 10%，但在经济危机爆发前的几年里，净资产普通回报率自 2002 年以来下降了 20%，普通股本回报率下降了 28%，而股本回报率虽然在 2004—2006 年有所增加，但在 2008 年也比 2002 年下降了 28%。与西班牙国民账户体系计算的利润率相比，其下降幅度要小一些，因为图 5.5 所示的比率在此期间下降了 32%。

不同的是扩张阶段的整个轮廓，因为传统的比率没有连续出现过这样的下降，仅仅是震荡而已，并且在 2002 年之前普遍没有下降。据西班牙银行统计，从非金融企业的净资产普通回报率和普通股本回报率来看，其盈利能力在 2008 年和 2009 年出现了大幅下降，而股本回报率的下降则主要发生在 2009 年。从这些指数来看，盈利能力下降与经济崩溃的时期相吻合，也可能是经济崩溃的一个后果。2008—2009 年，净资产普通回报率下降了 10% ~22%，普通股本回报率下降了 15% ~23%，股本回报率下降了 19%。

通过这一趋势可以看出，西班牙各家企业的情况千差万别。幸运的是，西班牙银行提供了按照规模划分的企业的盈利能力信息，这样就可以将大、中、小企业进行比较，如表5.2所示，目前是以2003年的指数为基础。可以看出，大企业和中小企业的利润率变化各有不同。在大企业里，直到2007年，净资产普通回报率和普通股本回报率的总盈利能力一直在增长，股本回报率的盈利能力也一直增长到2009年，在2010年才大幅下降。

表5.2　根据企业规模划分的常规盈利指数（2003年=100）

年份	大型企业			中型企业			小型企业		
	ORNA	ORE	RE	ORNA	ORE	RE	ORNA	ORE	RE
1999	108.75	92.11	95.35	110.10	107.87	104.22	122.58	118.95	101.50
2000	92.50	84.21	98.45	110.10	114.96	104.22	122.58	129.47	100.75
2001	87.50	78.95	107.75	96.97	98.43	104.22	116.13	118.95	106.02
2002	93.75	85.96	99.22	103.03	101.57	106.02	111.83	110.53	107.52
2003	100.00	100.00	100.00	100.00	100.00	100.00	100.00	100.00	100.00
2004	98.75	98.25	108.53	97.98	101.57	100.60	89.25	92.63	96.24
2005	102.50	105.26	119.38	95.96	101.57	90.96	81.72	88.42	81.20
2006	106.25	111.40	114.73	81.82	81.89	85.54	51.61	57.89	69.17
2007	107.50	114.91	116.28	79.80	77.17	81.33	52.69	57.89	60.90
2008	106.25	107.02	122.48	78.79	71.65	77.11	50.54	50.53	57.14
2009	95.00	88.60	129.46	54.55	40.16	77.11	40.86	28.42	57.14
2010	80.00	77.19	126.36	39.39	27.56	79.52	22.58	7.37	58.65
2011	73.75	73.68	113.95	36.36	27.56	56.02	17.20	6.32	42.86
2012	68.75	63.16	93.02	36.36	25.20	39.76	13.98	1.05	24.81
2013	63.75	54.39	89.15	36.36	24.41	40.36	10.75	-3.16	20.30
2014	61.25	52.63	85.27	44.44	36.22	40.36	15.05	5.26	16.54
2015	62.50	55.26	76.74	52.53	47.24	40.96	21.51	14.74	12.78
2016	62.50	57.89	74.42	64.65	62.99	45.18	29.03	27.37	15.79
2017	71.25	69.30	72.87	71.72	71.65	51.20	34.41	35.79	21.05

注：净资产普通回报率（ORNA，R.1）；普通股本回报率（ORE，R.3）；股本回报率（RE，15.29）。

资料来源：西班牙银行（2019b）。

尽管如此，中小企业盈利能力的下降早在几年前就已初见端倪，尽管它们能够免于一些震荡。2007年，即危机爆发前一年，中型企业的盈利能力比1999—2001年三年期的平均水平下降了22%～28%。但在小型企业里，盈利能力的下降幅度要大得多：股本回报率下降了41%，而净资产普通回报率和普通股本回报率下降了53%～56%。值得强调的是，在危机期间，小型企业的普通股本回报率在2010年调整政策实施的背景下完全崩溃，其盈利能力比2002年低90%以上，而2002年又低于往年。虽然对于中小企业来说，盈利能力的崩溃主要从2009年开始，但很显然，危机是因此而爆发的，或者至少是在盈利能力下降几年以后才爆发的。

简言之，在资产通胀不断积累以及随后大量资本收益产生的特殊背景下，我们有必要将马克思所说的提高盈利能力的措施与传统比率进行比较。事实上，后者为危机的分析提供了一个不同的、十分有价值的视角。正如人们所声称的，它们显示了潜在的盈利问题，以及将中小型企业和大型企业进行区分的重要性。鉴于西班牙业务规模的多样化和二元化，对西班牙企业盈利能力的危机进行分析是一项必要工作，也有助于证明这一分析的重要性，以解释大衰退的爆发和进展。

5.6　欧元区内的西班牙盈利危机

在本节，我们将对西班牙经济的盈利能力与欧元区的一组其他经济体进行比较。为了找到一个可比系列，我们使用了经济合作与发展组织数据库中的数据。此外，需要澄清一点的是，这一利润率的衡量标准并不是原则上将受到某种均衡趋势的净表述，因为它包括所得税以及利润的各个部分，如利息。如第4章所示，预计一般利润率将有所不同，利润越高，每个国家的经济发展水平就越低。

事实上，西班牙利润率的水平和演变在很大程度上符合其外围经济体的特点。在这一方面，有两个因素需要考虑。首先，正如人们所注意到的，欧元区外围经济体的这一比率的绝对水平确实较高。1996—1999年，西班牙利润率的平均水平为25.4%，非常接近于意大利（27%）的水平，但与爱尔兰（40.9%）差距很大，最重要的是与希腊（50.7%）差距更大，但高于最先进的欧元区中心经济体，这些经济体的平均利润率为8%～11%。在接下来的几年里，这一差距保持不变，但某种趋同的态势已经依稀可见。在2008—2014年欧元区外围经济体的动荡阶段——除希腊和爱尔兰（平均为24%～27%）外——其他经济体的盈利水平已经非常接近，西班牙、葡萄牙和意大利为12%～15%，奥地利、比利时、法国和德国为8%～12%。

因此，欧元区的中心经济体和外围经济体的利润率的演变极不均衡，这一点从表5.3中可以看得一清二楚。1996—2007年，中心经济体的盈利能力大幅增长（20%～40%），法国和爱尔兰略有下降，不到5%；其余外围经济体和意大利则大幅下降了20%～40%不等。2001—2007年，这种差距仍然存在，当时葡萄牙已经有了可供参考的数据——其盈利能力所体现的正是其外围经济体地位的演变。随着欧元的出现，中心—外围经济体的二元特征并未消失：更发达经济体的利润率增长了14%～30%，而外围经济体则下降了20%以上。应该指出的是，当前爱尔兰的盈利能力正在急剧下降，因此爱尔兰的“例外主义”就变得含混不清。法国尽管下降幅度不大，但还是跌入了盈利能力不强的国家阵营。希腊的利润率只下降了8%，呈现出不同于他国的态势。2007年，利润率出现了变化。欧元区各个地区出现了普遍下跌，降幅为20%～30%。希腊在2007年后遭受了危机的重创，并在随后的6年中，盈利能力严重受损，整整下降了一半。

表 5.3　欧元区危机前后的利润率：中心经济体和外围经济体　　（%）

Rates of change（%）					
1996—2001 年			2001—2017 年		
1996—2007 年				2001—2007 年	2007—2013 年
德国	10.80	40.58	17.44	31.16	-21.18
奥地利	-16.31	21.31	-19.15	14.60	-31.01
比利时	-5.11	20.35	23.43	27.11	-21.15
法国	-35.09	-2.72	-32.03	-11.79	-33.27
意大利	-53.13	-31.10	-39.18	-23.45	-31.97
爱尔兰	-15.98	-5.35	-59.31	-27.45	-11.23
西班牙	-56.32	-37.61	-41.23	-27.76	-30.00
波兰	—	—	-33.22	-21.25	-20.80
希腊	-63.54	-23.68	-43.83	-8.41	-52.23

注：不包括政府、公共管理以及国防和基本社会保险，如经济合作与发展组织数据库所示。经营剩余净额，相对于非住宅存量资本净额。西班牙使用的是国内数据库。

资料来源：西班牙国家统计局（2018）；瓦伦西亚经济研究所（2019）；经济合作与发展组织（2019）。

总体来说，在 2007 年之前，最发达经济体为采用欧元所做的准备以及将之有效地贯彻执行意味着其盈利能力的提高。同时，对于半外围经济体和外围经济体来说，这一时期意味着盈利能力的急剧下降。诚然，直到 2013 年，大衰退的动荡岁月给整个欧元区的利润率带来了巨大压力，但欧元存在的平衡（2001—2017 年）显示出明显的不对称性。虽然奥地利的盈利能力下降了，但德国和比利时的盈利能力却上升了，但对于其他经济体来说，盈利能力却处于 30% ~40%，而现在，爱尔兰的情况更为糟糕，其盈利能力暴跌了近 60%。

我们现在把注意力集中在西班牙经济上，它在增长和危机阶段（1996—2001 年）的利润率经历了巨大的下降，只被希腊超过了 7 个百分点，略高于意大利，下降幅度远远超过表 5.3 中的其他国家。自 1996 年以来，西班牙经济的恶化程度远比其他经济体严重，特别是在 2007—2013 年，西班牙的盈利能力又下降了 30%，但其他经济体，如法国、意大利或奥地利，仅被希腊超越。这足以证明这项关于西班牙利润率的研究意义非凡，因为在欧元区这个背景下，特别是在地中海周边地区，西班牙利润率的变化相对较大。

关于剩余量的演变，图 5.7 显示了经济合作与发展组织数据库中净资本存量价格指数紧缩的生产领域净经营盈余的演变情况，但西班牙所依据的仍是先前使用的资料。以 2001 年的数据为参考，必须指出一些特点。在过去的五年（1996—2001 年）中，德国、奥地利和法国的利润增长了 15% ~22%，但在意大利、西班牙和希腊只有 2% ~9%——在这种情况下，在不发达经济体中，希腊的剩余量增长达到了最高水平。随后，奥地利和德国的利润增长在 2007 年达到最大值，但除希腊外，包括葡萄牙在内的其他国家的利润下降始于 2001 年（西班牙始于 2002 年）。

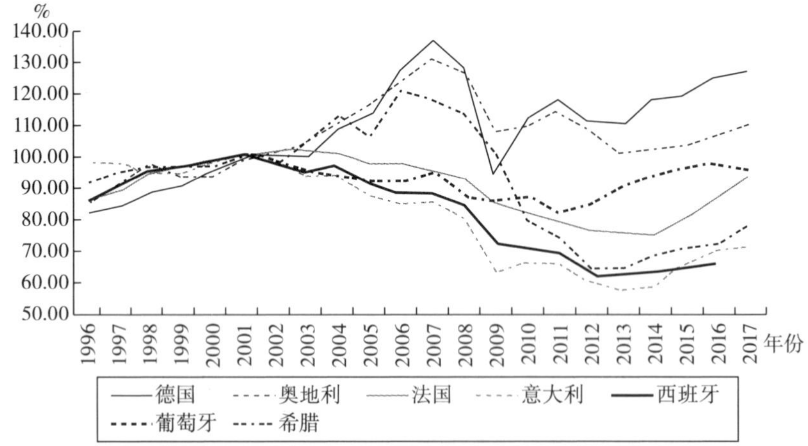

图 5.7　欧元区的剩余量（1996—2017 年）（2001 年 =100）

注：净经营盈余不包括政府、公共管理以及国防和强制社会保险，由于净资本股票价格指数和总体经济而紧缩。西班牙使用的是国内数据库。

资料来源：瓦伦西亚经济研究所（2019）；经济合作与发展组织（2019）。

2001—2007 年，由于各经济体的生产发展水平较高，这种下降幅度令人吃惊：法国几乎下降了 15%，意大利下降了 12%，西班牙和葡萄牙的降幅略高于 5%。希腊的利润率变化非同寻常，其利润量在 2001—2007 年增长了 20%。因此，欧元的引入对德国经济（也对奥地利）产生了巨大影响，对其他国家则并非如此。这一点可以从危机的影响中看出。在两个中心经济体中，2007—2013 年的利润额下降了 20% 左右，这是一个相当大的降幅，但它只是假设利润率退回到 2001 年的水平，而德国的优势在于利润率只下降了 10%。然而，在其他情况下则明显相反，葡萄牙、希腊、法国和意大利以及西班牙的剩余量一直呈下降趋势，直到葡萄牙于 2011 年达到最低水平；希腊于 2012 年达到最低水平，法国和意大利于 2003 年达到最低水平，西班牙于 2004 年达到最低水平。

鉴于上述这些情况，应当指出，由于西班牙的剩余量下降巨大，而且还持续了十多年的增长和危机，所以其剩余量仍然低于法国、意大利和希腊这些经济体。在希腊，2012 年的剩余量占 2007 年的 52%，占 2001 年的 63%。事实上，考虑到希腊危机的严重程度，这一结果是可以预见的，但需要更多注意的是，在法国，2013 年的利润总额仅为 2001 年水平的 57%，而在意大利则仅为略高一点的 63%。相比之下，西班牙的 75% 成为一个相对可以接受的水平。

5.7 附件

5.7.1 剩余和混合收入

在计算西班牙的剩余规模时，一个主要的困难是所谓的混合收入，它是企业家在没有雇员、独立工人和合作社成员的情况下获得的收入。这笔收入属于简单的商业生产过程中的一环，虽然它具有商业性质——是一种市场驱动的活动，而且因为它生产的目的是销售以便赚取更多的钱——但它不是资本主义，因为它不以雇佣劳动为基础，因此没有创造剩余价值。因此，它应该被排除在“经营盈余总额”之外，以便将资本主义企业获得的利润据为己有。

对这类收入的衡量难上加难，问题便由此产生。西班牙国家统计局（2019a）的“国家部门账户”发布了家庭混合收入的数据，这些数据也可在经济合作与发展组织数据库中看到，但其数额之大引发了一系列质疑。在涵盖1999—2017年的最后一系列数据中，在第一个七年里，混合收入超过了非金融企业的利润。在2003年，混合收入甚至高出非金融企业利润的18%。从那时起，混合收入相对来说一直在下降，特别是在2006—2008年，非金融企业的利润率从97%骤减至危机爆发当年的47%。随后，混合收入以相对较低的速率下降，直到2010年，降至40%左右。有了这些数据，就可以解释为什么在繁荣的最后阶段许多小生产者消失和（或）被资本主义企业所吞并，这将迫使这些企业提高其盈利能力。然而，这些年来有薪雇员的数量没有骤增，事实上在2005年增长率放缓，在2008年，全职有薪就业的绝对值有所下降。

在2010年价格不变的情况下，除去混合收入的总剩余随着股本价格指数而紧缩，无论是否包括税收以及净经营盈余，在2008年达到最高水平。之后总剩余开始下降，不仅下降幅度不大，而且恢复速度极快，自2014年以来超过了以前的最高水平。然而，国民经济和生产领域的净经营盈余和净税收在1999年达到了最高水平，随后几年则显著下降，直到2011—2012年才停止下降。经济总降幅为20%，生产领域总降幅为44%。

可以看出，考虑到宏观经济动态发展，这些结果令人疑惑不解。另一个困难是缺乏关于这些小生产者资本存量的信息。唯一的可能性是通过推断家庭固定资本的消费，并用它所占的百分比倒推总资本存量。但显然这只是一个粗略的估计，仍有待进一步明确，但这在任何情况下都可能是一个需要进一步研究的问题。

5.7.2 西班牙的部门

A. 农业、林业和渔业

B. 采矿业和采石业

C. 制造业

D. 电力、天然气、蒸汽及空调供应

E. 供水、排污处理、垃圾管理和检修

F. 建筑业

G. 批发和零售贸易；机动车和摩托车修理业

H. 运输和储存

I. 住宿和餐饮服务

J. 信息和通信业

K. 金融和保险业

L. 房地产业

MN. 专业、科学和技术行业；行政和提供相关服务的保障机构

O. 公共管理和国防；基本社会保障

P. 教育

Q. 人类健康活动和社会工作活动

RSTU. 艺术、娱乐休闲、家居用品修理及其他服务

参考文献

[1] AMECO (2019). Annual macro – economic database. European Commission's Directorate General for Economic and Financial Affairs.

[2] BoS (2019a). Statistical bulletin. Bank of Spain, Madrid.

[3] BoS (2019b). Central balance sheet data office. Bank of Spain, Madrid.

[4] FBBVA (2019) El Stock y los servicios del capital en España y su distribución territorial y sectorial (1964 – 2016). BBVA Foundation/Valencian Institute of Economic Research.

[5] Mateo J P (2007) La Tasa de ganancia en México, 1970 – 2003.

Anáilisis de la crisis de rentabilidad a partir de la composición del capital y la distribución del ingreso. Dissertation, Complutense University de Madrid.

[6]Mateo J P (2017) the profit rate and asset – price inflation in the Spanish econ – omy. Working Paper 1721, Department of Economics, the New School for Social Research, June.

[7]Mateo J P (2018) the long depression in the Spanish economy: bubble, profits and debt. In: Carchedi G, Roberts M (eds) The world in crisis. A global analy – sis of Marx's law of profitability. Haymarket, Chicago, p 201 – 227.

[8]Mateo J P, Montanyà M (2018) the accumulation model of the Spanish econ – omy: profitability, the real estate bubble and sectoral imbalances. In: Buendía L, Molero – Simarro R (coords) the political economy of modern Spain: from miracle to mirage. Routledge, London, p 20 – 48.

[9]MPWT (2019). Statistical information. Ministry of Public Works and Transport, Madrid.

[10]NSI (2018). Annual Spanish National Accounts. Base 2010. Accounting series 1995 – 2017. National Statistics Institute, Madrid.

[11]NSI (2019a). Annual Spanish national accounts. Accounts of the institutional sectors. National Statistics Institute, Madrid.

[12]NSI (2019b). Economically active population survey. National Statistics Institute, Madrid.

[13]NSI (2019c). Quarterly Spanish national accounts. Base 2010. National Statistics Institute, Madrid.

[14]OECD (2019). OECD. Stat. Organisation for Economic Co – operation and Development, Paris.

[15]Shaikh A (2016) Capitalism: competition, conflict, crises. Oxford University Press, New York.

[16] Shaikh A, Tonak A (1994) Measuring the wealth of nations: the political econ – omy of national accounts. Cambridge, Cambridge University Press.

6

建筑与住房市场繁荣：从价值规律分析价格效应

在经济危机爆发之前，尤其是在 1999 年以及 2007—2008 年，经济扩张——我们通常所称的“泡沫”——出现在建筑部门，主要是出现在房地产行业。但事实上，房地产业的繁荣能够在某种程度上促进基础设施的建设与发展。尽管存在这一说法，但我们并不打算将西班牙资本积累的态势仅限于房地产投机方面。我确信，经济发展进程的驱动力，或形成经济发展进程基本轮廓的特征，就存在于住房繁荣中。也就是说，如果离开建筑业与增殖过程包含的投机内容，我们将无法充分掌握 2008 年前经济扩张阶段的主要特征，但我们却可以从以住房资产膨胀为龙头的资本积累的过程中窥见一二。

因此，这种扩张构成了一个以“价格效应”为特征的过程。换言之，这种扩张构成了一种投机动态，而在这种投机动态中，价格上涨成为经济活动的驱动力，同时它也偏离了社会必要劳动时间量（SNLT）这一客观基础。住房价值的同步增长并不是房价上涨的原因，这种现象仿佛表明社会必要劳动时间已经呈几何级增长，但事实并非如此；或在供求关系方面，由于没有任何与宏观经济变量相关的因素，我们也无法在人口统计学中找到用来解释住房需求异常激增的因素。

事实上，尽管如何将房价泡沫引入更为宽泛的分析框架中，以及由此产生的房价泡沫因果分析都引起了巨大争议，但各派学者都普遍接受房价泡沫的存在。值得注意的是，国际货币基金组织在其2008年的报告中，根据房价的历史走势以及各种宏观指标，估算出了房价的失调程度。报告显示，2001年，房价增幅低于预期增幅10%；2002年后，风云突变；至2007年年底，房价增幅高于预期增幅27%。然而，我们必须牢记于心的是，鉴于西班牙房价以往的上涨经验，这种估算至多只能用来说明这次房价上涨的特殊强度。

在研究这一资产泡沫前，我们不能忘记一个基本问题，那就是在资本主义经济框架下，住房永远是一种商品，是构成资本增殖的一部分。我们需要牢记于心的是，住房首先是居民的刚性消费。不仅如此，拥有一套住房是一个人拥有体面生活的前提。只有拥有了住房，我们的其他需求才可以陆续得到满足。这样我们才可以融入一个社会，并感到社会的存在。1978年通过的《西班牙宪法》第47条规定，“所有西班牙人都有权享有体面和舒适的住房。当局也应创造必要条件，并制定适当标准来保障这项权利。为使这项权利落在实处，当局应调整土地利用政策以满足民众的利益，并防止投机行为”。那么迄今为止，政府的干预行为是否践行了宪法和本条规定的基本精神？资本主义是否让广大民众住上了体面的住房？当我们从经济角度分析房地产业的泡沫时，住房就不仅仅是一个产业，更不仅仅是关于另一个商品的买卖，而是（必须是）一项基本人权。

6.1 住房及房地产活动的特殊性

我们必须从资本主义经济所特有的增殖框架理论开始进行分析。住房首先是一种商品，一种创造出来用于销售的使用价值。它具有市场活动独有的特征，但由于其在经济过程中的双重作用，以及生产的某些技术特征，它又具有一定的特殊性。一方面，它是一种人人需要的耐用消费品，因此对它的需求肯定是刚性的。从这个意义上讲，它构成了劳动力再生产成本的一个重要部分。另一方面，它又涉及住房方面，它可以成为一种投资资产，其买卖的主要目的是赚钱。在供应方面，住房建造需要一个相对较长的周期。在西班牙，住房建造分这样几个阶段：①“城市化土地生产”，可持续4~10年，涉及土地规划和管理（3~7年），以及随后的城市化（1~3年）；②一旦有了适合城市化的用地，就进行房地产开发，包括获得建筑许可证（3~9个月）和建造过程（18~24个月）（García and Zarapuz，2005）。然而，这种困难也就是缓慢的建造过程，由于这种商品本身较长的使用寿命而得到完美补偿，因为相对于其他类型的商品来说，它对价格的影响较小，因此可以在多种情况下将其出售，从而产生相应的金融交易。实际上，住房市场不仅包括新住房，还包括二手房，二手房的价格取决于新住房的价格而不是其当初的建造成本，甚至价格也可能随着时间的推移而上涨（Clarke and Ginsburg，1976）。

另外，考虑到上述二重性，住房需求不仅包括消费需求，还包括投资需求。与其他商品不同，住房需求不仅包括购买需求，还包括租赁需求，从而为这个市场提供了更大的灵活性。因此，短期内住房的价格可以由需求决定，因为相对而言，供应是刚性的，需要几年时间才能完成。因此，这个行业可以成为一个避难行业，因为在这个行业中，定价、盈利能力和生产可以遵循与其他行业完全不同的模式：房价的上涨能够提高盈利能力，从而吸引更多的资本进入。与其他商品的生产情况形成对比的是，价格飙升并没有形成一个合理的需求，反而导致需求增加。顺便一提的是，对价格上涨的期待使得住房不再是一种消费品，而变成了一种增殖的手段。由于住房有着较好的利润预期，人们更多地把它当成一种投资资产。结果就是，在价值创造这一首要领域里，住房业自主投资创造了另一个（第二）循环（Gotham，2006）。

从价值规律的角度来看，最紧要的就是价格能够脱离其客观基础，也就是决定生产价格的各种条件。从这种意义上说，需求造成的房价上涨终究会达到其价格的上限，这将需要一场危机，使价格与生产技术和社会条件步调一致。具体来说，房地产泡沫的局限性是基于一种利润的存在，这种利润不是来自剩余劳动力，而是来自影响买方购买力的价格效应。然而，价格的变化并不会增加生产的剩余量。由于房价上涨与工人工资之间的不对称，这种矛盾最终会在市场上显现出来。最终，要将这种投机性繁荣扩展到能够推动和形成经济积累模式的程度，就需要将其扩展到广泛的社会层面，即工薪阶层。

耐用消费品对于整个人口表现出来的特点，以及它在经济活动框架内所占的地位，使住房建设能够促进和引领一个积累过程，从而形成一个特定的部门结构。这一部门和建筑材料、机械等其他部门有着多种直接或间接联系（Cuadrado - Roura，2010），需要一整套服务，如污水、光、水等，以及卫生、教育、文化服务，增加贸易和运输基础设施，制造门窗、玻璃器皿、油漆等。此外，还有一个部门与部门之间的联系。要想获得住房就需要进行金融交易，因为买方通常需要一笔支付利率的贷款。这笔贷款可以由发行人进行分类，并使其证券化，这意味着会产生各种金融产品，如保险。此外，住房还可以作为抵押品来获得贷款。因此，住房与金融领域交织在一起，对利率的变化尤为敏感。

此外，住房不仅再现了市场上的资本—劳动对立，而且建立了连接不同群体的关系网络。“保障性住房很重要，因为它不是简单地将工人在一次交易中与商品供应商联系起来。相反，他（或她）会和房东、金融家或国家本身之间发生契约关系”（Clarke and Ginsburg，1976：2）。因此，这是一个由金融、建筑商或业主以及公共行政部门构成的三角关系。发起人是土地所有者（或对其拥有权利的人）。这些人提供项目、推广计划和财务等，并委托一家公司建造房屋，尽管这三方的职能会有所重叠。此外，金融机构通常会十分关注另外两者的情况。同样，建筑部门的业务结构决定了其会拥有众多的分包业务，包括大量的微型企业和自由工人，由此产生了某种二重性：少数企业集团大权在握，这是20世纪90年代部门停滞和随后的资本集中过程的结果；还有大量的小型企业，在多种情况下，它们通过项目或工程分包的方法为大型企业提供各种服务。

6.2　房地产泡沫的形成过程（1999—2007年）

房地产投机的过程导致了住房积累，其中包括若干原因，最主要的原因则是潜在的增殖问题。前一章提到了利率下滑和创造剩余能力的停滞问题。在此基础上，融入一个生产力发展水平普遍较高的货币体系就变得十分必要。

6.2.1　融入欧元区

西班牙与欧洲资本主义的关系加剧了其房地产泡沫的形成。1986年，西班牙加入前欧洲经济共同体（EEC），使其获得了前所未有的廉价融资。从20世纪80年代后期开始，外部财团的加入，使得西班牙的凝聚力得到了加强，同时也获得了充裕的结构基金，这些基金可用于基础设施现代化、工业区恢复和非住宅建筑建设等方面（Lois et al.，2016）。在整个20世纪90年代，尤其是20世纪初经济衰退之后（以美国经济为中心的网络泡沫结束后），在促进资本的大量积累方面，欧洲经济体面临重重困难，而西班牙的建筑业为寻求增殖资产提供了一条颇具吸引力的出路。具体来讲，找到有利可图的投资资本面临巨大困难，从而揭示出了资本过度积累的现状。这不是利润过剩的问题，而是为了累积的存量资本定价之需而创造的盈余数量不足。因此，展现在世人面前的是一种明显的资本过剩。

通常，低利率被认为是住房繁荣的原因，这种说法颇有道理，但是若仅仅将其作为判断依据并不全面。因为资本积累的速度缓慢，对货币资本的有限需求导致了现行的低利率。同时，我们可以参照欧元区的情况，如西班牙的外围经济体的利率是从国外“引入的”，但就其内部条件而言，利率仍然相对较低，货币汇率升值过快。与此同时，欧元区具有由重要工业基础和出口能力的中央经济体组成的二元结构，使得它们能够在活期账户赤字中积累盈余，但与之对应的，是地中海经济体的活期账户赤字。

在这一背景之下，西班牙提供了一个商业良机：单一货币、自由流动的资本以及在一个相当安全的市场中获得盈利的融资需求。[①] 然而，此类物质基础还不足以形成房地产泡沫。其他欧洲国家未曾出现过这种投机动态。因此，这一基础必然伴随着其他一些互补因素，也是一些决定性因素。伴随着资本增殖和住房的特点，我们有必要指出政治层面的种种因素。通过制定城市建设规则、建筑标准、公共住房供给补贴政策以及财政货币政策等影响要素，国家统筹设计了住房市场制度框架。下文将讨论建设部门的历史构架以及公共管理机制的形成。

6.2.2 制度框架

建筑业在西班牙长期处于核心地位，自20世纪中叶以来，西班牙经济所有扩张阶段的主要特征都是该领域的投机动态，并且基本上都围绕着房地产进行。在佛朗哥统治下漫长的工业化时期（1960—1974年）、20世纪80年代后半期的增长时期（1984—1991年），以及大衰退前的繁荣时期（1999—2007年），房价均有上涨，由此其也成为经济增长的一个决定性因素。这个共同之处表明该现象绝非偶然。无论是投资房地产的决策、房价持续数年的上涨，还是西班牙的房屋所有制所占据的主导地位，所有这些都与客观背景密切相关，绝非某个单独决策的结果。

6.2.3 大型房地产业的历史格局

人们常说，西班牙是一个拥有住房文化的国家，这也解释了为什么这

---

① 因此，房地产投资在外商直接投资中所占比例不断上升，2005年达到了总投资额的30%（西班牙银行，2006）。但即便是这些数据也低估了外国人进行房地产交易的实际规模，因为这些数据只记录了通过现金账户进行的交易。国际收支低估了进入该领域的外国资本的实际流转，据J. M. 纳雷多（J. M. Naredo）、C. 马科斯（C. Marcos）和O. 卡朋特罗（O. Carpintero）等专家估测，这个数字或可能达到官方数据的2倍之多（Murillo，2015）。

里靠租金生活的人口比例很低。不同于其他欧盟国家，西班牙人通常直接购房，而租房等于“扔掉钱”的想法也在很大程度上占主导地位。不过这一文化理念能够合理存在的确是受到多种因素的影响，并不是人们与生俱来的，因此我们需要回顾历史，把这种社会政治因素也纳入分析之中。

首先，西班牙的住房政策将住房看作一种商品，具有潜在的利润，政府将其作为一种市场主导产业进行广泛宣传，从而影响了住房的使用价值。这一住房政策成为经济政策的另一组成部分，而没有配置优先考虑其使用价值的替代性的去商品化的住房（Idoate et al.，2008）。事实上，历史上曾有过多次支持社会福利住房的举措，且都发生在经济膨胀时期，而在经济萧条时期，这些政策又可以用来补偿那些经营困难的建筑公司。

目前的房地产模式建立于佛朗哥独裁统治时期。这一时期为西班牙房地产发展和城市规划奠定了基础。在这一时期，免费和私有住房被强加于免费或租赁住房之上。对于佛朗哥政府来说，当时西班牙正深陷内战泥潭（1936—1939 年），经济复苏毫无迹象，所以住房便成为一个社会合法的杠杆。战后的几年时间内，住房严重短缺，约 30 万家庭租住合租房。正如纳雷多（2010）所解释的那样，到 20 世纪 50 年代，全国仍有多半租赁住房，其中在大城市（马德里、巴塞罗那、塞维利亚、毕尔巴鄂等）占到九成以上，因此租赁住房仍占主导地位。

然而，政府决定无限期地冻结租金（Fernández and Mayals，2008）。这一措施使租赁业务受到沉重打击，导致其对业主的吸引力消失殆尽。1960 年颁布的《水平财产法》标志着住房政策完全融入市场。在 20 世纪 60 年代，住房建设成为另一项企业活动，甚至成为资本积累的一个杠杆，因为它能够带来非常可观的收益。尽管 1961—1974 年建造的大多数房屋都属于社会福利住房，但却给开发商带来了大量的资金收益。在这一阶段，经济腾飞，投机欲望被强加于基于公民利益的城市规划之上，在 20 世纪 70 年代中期之前，投机热潮风靡西班牙。

但在意识形态领域，还必须考虑一个重要因素：住房所有权有助于工人建立“所有权”这一概念，会对其主体性和政治活动产生不同程度的影响，也可以使人们从出售住房中获得资本收益，把消费品所有权和资本所有权混为一谈（Etxezarreta and Ribera，2008）。因此，佛朗哥政权提倡建立一个人人有住房的社会，[①] 当局希望工人变得更加保守，从而使房屋所有权成为维持现有社会秩序合法化的一个因素。[②] 然而，鉴于国家无法实现公民广泛拥有住房所有权这一目标，当局决定对私营部门进行补贴以及减免税收，从而增强建筑行业的盈利能力，帮助私营企业在工人的工作场所周围为其建造住房（Naredo，2010）。久而久之，这些措施的政治效力慢慢减弱，尽管住房建设仅仅成为一个更为广阔的市场主导逻辑的补充，但其在社会建筑领域的影响一直延续至今。在住房价格上涨及冻结租金条例业已制定的背景下，由于越来越多的人都抱有这种想法，购房热潮的出现也就不足为奇了。

在独裁统治的第二个时期，也就是自20世纪60年代起，西班牙建立了现在房地产模型的三大支柱（Naredo，2010）：重整旗鼓——即通过求助于商人和政治家，调整银行体系，来为这些行动提供资金帮助。在西班牙政治权力更迭以及加入欧共体之后，这些特点依旧存在，而且未曾改变，由此引发了20世纪80年代后半期的新一轮投机热潮。1975年，法西斯独裁者弗朗西斯科·佛朗哥去世，此后，西班牙开始走向民主，政府制定了多种优惠购房的税收政策。[③]

---

① 在这个意义上，艾都艾特等（Idoate et al.，2008：68－69）指出，这个独裁政府“力求赢得支持者，奖励政治上忠诚者，并形成防止政权颠覆的一个机制，鼓励结婚生子，组建大家庭”。同时还规定以后的社会福利住房必须带有三间卧室，每间卧室必须配备两张床。

② 纳雷多（2010）解释说，对于佛朗哥政权来说，住房问题关乎公共秩序，因此这一策略完全符合其防止政治颠覆的目的。“通过使人们易于获得房产以及将房产与沉重的支付责任捆绑起来的途径，使人民‘遵纪守法’，并确保他们‘因循守旧’，谨防‘节外生枝’”（同上：8）。

③ 西班牙于1979年引入收入所得税，这一政策鼓励通过以购买价值的15%和利息来获得住房。然而，直到1992年，没有对住房租赁实施减税措施，尽管它最终消失了。1994年的城市租赁法开始放宽租金管制（Idolate et al.，2018）。

1985 年，西班牙颁布了《波伊尔法令》（*The Boyer Decree*），该法令提供了多项鼓励购房的政策，包括降低利率、方便信贷、放宽对租赁市场的管制以及减免购房税收（Lois et al. ，2016），由此成为西班牙城市发展的转折点。这项法令鼓励房产持有者腾出出租房，所以租客不再受保护，而业主则成为受益者。在这种思想下，业主更愿意出租住房，最终导致租金上涨，从而刺激了购房需求。因此，如果 1960 年租赁住房占住房总数的 40%，那么 2001 年仅比原来增加 10%，2007 年则不到 10%（Fernández and Mayals，2008；Naredo，2010）。此外，与 20 世纪 80 年代后半期和 1993 年经济衰退时期建造的住房总数相比，社会福利住房数量也有所减少。

6.3 繁荣时期导致大衰退的放松管制和权力下放

本节将着重介绍推动城市化进程的立法，同时提及在国家行政组织机构中实行的权力下放措施。二者并非孤立存在，尤其是国家的权力下放，或者更准确地说，正是那些赋予市政部门的责任，才极大地推动了房地产行业的繁荣。

西班牙是一个权力高度下沉的国家，其大部分涉及城市建设与规划的权限都掌握在各自治区的手中。于是，市政府便与这些地区合作，批准了一系列城市、土地许可以及住房建设的计划，房地产公司提案的通过与否自然也由它们决定，那么这些代理掌权者与随之而来的经济波动和腐败滋生之间的密切联系便不言而喻了。事实上，这一问题并不新鲜，早在佛朗哥独裁统治时期，西班牙便制定了相关政策以准许市政府从土地的再次合法化中获利。然而，自 20 世纪 70 年代后半期发生的政治过渡以来，西班牙在国家权力下放方面取得了突破性进展，如今当地行政部门的财政来源基本依靠财产税的征收。

在 1975—1990 年城市法的改革中，被割让给市议会的待城市化土地占总用地面积的比例增至15%，然而到了20世纪90年代中期的1994年，位于地中海盆地的巴伦西亚自治区做出了重大改变。面对严重的房地产泡沫，当地政府开始拥有了更大的权力去制订城市计划。这是西班牙城市建设决策中一次前所未有的权力下放，这条路径一直沿用至今。中央政府曾对这一行为提出违宪上诉，但1997年西班牙立宪法院驳回了这一诉讼。结果是，只要市政改造计划获得市议会的批准，房地产商便可以启动其房地产开发项目，即便这块土地不归其所有或者没有进入市场。

1994年的法令至关重要，它直接促成了著名的"1998年土地法"的制定，其实际目的是通过解放土地供应来使先前的法律宪法化（Garicano，2014）。这是西班牙历史上最重要的法律变化之一，因为它给予了土地再次合法化的机会，也就是说，把大量的土地资源转变为城市用地。造成此结果的根本原因在于一个存在已久的自由主义观点，该观点认为增加土地供应会使其价格下降，因此有助于解决居民住房紧张问题。显然，土地价格是住房成本最重要的组成部分，也是住房成本增加的最根本原因。

在这一法律下，实际上所有土地都或多或少地受到了城市化的影响，但鉴于后知后觉带来的好处，这一自由主义论调的荒谬之处日渐凸显。其实，增加城市土地面积既不能彻底解决住房问题，也无法降低购房价格。当然，由西班牙前右翼首相何塞·玛丽亚·阿斯纳尔（J. M. Aznar）所领导的西班牙人民党是此次立法的忠实拥护者，而这一改革结果与其期望大相径庭。事实上，影响房价的根本因素并非土地价格，而在于从中获得的利润。因此，降低土地成本并不一定就能降低房价，或许只会为房地产开发商带来更大的收益罢了（García and Zarapuz，2005）。①

① 事实上，以上由加西亚和扎拉普斯（García and Zarapuz，2005）进行的研究显示，尽管土地实现了自由化，但其成本在繁荣时期占据房屋成本的绝大部分，而且占比越来越大。

6.4 补充因素

与资本增殖和体制框架的问题一样，下文将讨论对房地产繁荣有促进或至少有所作用的诸多因素。

首先，西班牙的旅游条件十分诱人。这个国家面积相对较小，气候宜人，地形复杂多样。伊比利亚半岛北部降雨充沛，拥有大量的绿色景观，特别是拥有能够促成其乡村旅游项目和山地运动项目的山脉，这与北欧的地貌特征十分相似。然而，从东北部到中部再到南部，气候又十分温和，长长的地中海海岸线为人们在海滩娱乐提供了独特的条件。而且，西班牙拥有无价的建筑宝藏。几个世纪前，人们在这里建立了历史上最伟大的帝国之一。因此，西班牙成为世界旅游大国也就不足为奇了。这种惊人的竞争优势具有决定性的意义，因为它极大地推动了基础设施建设，以便接待八方游客。人们在地中海沿岸大兴土木，利用每一处闲置的空间建造酒店、公寓大楼、休闲场所等。而这一切都需要一个广阔的交通基础设施网络。

其次，人口流动一直是有利于建筑业繁荣的另一个原因，但绝非根本原因。除了游客的到来，在1960—1974年经济扩张时期，由于工业化浪潮的吸引，西班牙涌现出大量来自农村的国内移民。结果是，受到这种移民潮影响的城市，住房严重短缺。20世纪90年代后半期出现了另一种移民潮，但具有国际性。如果说西班牙在传统意义上是一个劳动力输出国，那么到20世纪末，它就像欧洲的发达国家一样，成为一个不发达地区移民的输入国。①

无论如何，在这里所分析的阶段中，没有出现20世纪60年代工业化

① 但这一直是一个增长模式，得到了劳动力密集型部门的支持，也对非熟练劳动力有所需求（见下一章），这一部分也包括涌入的外国移民。

时期那样的国内移民现象，而且移民数量太少，密集建筑就变得没有存在的必要。人口统计数据显示（西班牙国家统计局，2019），人口适度地增长了。1999 年中期至 2008 年，人口年均增长率为 1.46%，而自 2002 年加速增长后，年均增长率达到了 1.76%。这一增长大部分与外国移民有关，在 2002 年的同一时期，移民数量的年增长率达到 16.9%，而国内移民数量的年增长率仅为 0.56%。因此，70% 的人口增长是由外国移民贡献的。但请记住，在许多情况下，这些移民都是合租合住房屋，只有在来了数年后才开始买房。此外，住房存量没有出现明显或突然恶化，这也不是住房价格飙升的原因。

最后，放松金融管制是另一个补充因素——允许储蓄银行以类似于银行的商业视角在全国范围内开展业务，允许住房申请人根据自己的需要进行价格评估，以便获得覆盖总价的信贷，这通常包括必要的改革、贷款期限的延长以及类似于其他经济体中使用的一系列措施等。

然而，这些要素不是解释性因素，而是补充性因素，即使它们能够起到推波助澜的作用，也绝不能真正解释房地产泡沫的成因。

6.5　房地产资产泡沫的发展

6.5.1　住房价格和建设

在这种积累模式中，最为突出的第一个问题显然就是住房价格的上涨。房价越高，住房建设率也越高。在 1992—1993 年经济衰退后经济复苏的最初阶段，房价没有明显上涨，甚至到了 1997 年，年度房价上涨幅度也不到 3%。只是到了 20 世纪 90 年代末，也就是土地法刚获批准之后，住房资产才开始膨胀。1999 年，住房均价相比前一年增长了 7.6%，随后几年，价格增长速度加快（见图 6.1）。1999—2007 年，这些价格以每年 12.4% 的速度增长。2002—2006 年，价格出现了最大幅度的增长，平均每年上涨14.8%，尤其是在2003年第一季度至2004年第一季度期间，价格同比增长最高达18%。

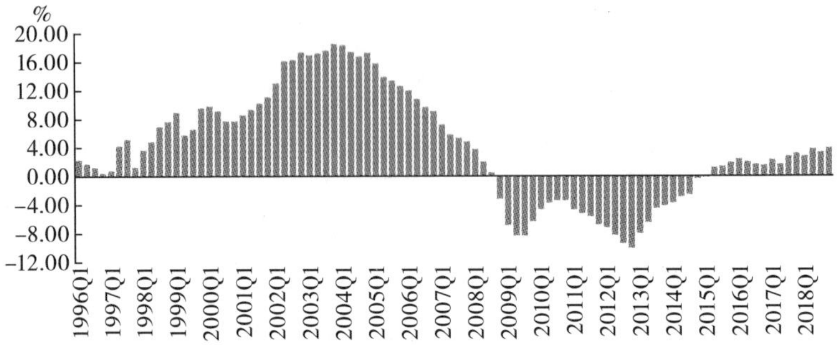

图6.1 平均住房价格的演变——免费住房评估价值的年变化率

资料来源：西班牙公共事业与运输部（2019）。

与2004年相比，自2005年以来，资产通胀开始减速，但仍有较大幅度的增长。在2008年，这一趋势发生了根本性变化：2008年第一季度平均房价率和2007年第一季度相比上涨了3.8%，紧接着这一年第三季度的数据停滞不前，直到年底此数据下降了3.21%。在2015年，住房平均价格趋势出现了新变化，即2014年经济开始恢复增长时，2015年经济也随之增长。归根结底，如前所述，价格的变化是其他因素的结果，当然，它具有决定性作用。

房价的这种动态变化是其他任何价格都无法比拟的，同时它也是投资流向发生再次转变的原因和结果。由于利润预期远高于其他任何行业，考虑到法律的支持、借贷的低利率和充足的供应，借贷是一种合理选择，目的在于投资住房建设，或者只是简单地低买高卖。截至2003年年底，也就是西班牙银行提供数据的那一年，非金融公司（NFCs）的融资成本为3%～4%，如果信贷量大，融资成本甚至可以更低；对于家庭来说，抵押信贷成本不到4%。融资成本与房价上涨之间的差额十分诱人，对比其他低回报的投资选择，如货币市场资产基金（money funds or FIAMM），或固定收益投资基金（FIM），这种差额投资原则上是一种相对安全的投资渠道（Mateo and Montanyà，2018）。

而且，问题在于，这种价格的上涨不仅限于住房和其他建筑资产，实际上还会转移到其他行业。考虑到土地成本的上升也会影响公司所需的办公费用、工业建筑等的成本（Bellod，2007），因此，物价指数存在一种普遍压力。正如前一章所述，它超过欧元区的平均通货膨胀率，从而成为破坏外部竞争力的一个因素。同样，它也为建筑和房地产业的利益提供了收入再分配机制。

鉴于这种价格效应，1993 年经济衰退之后住房建设再次受到了刺激。1995—1998 年，新住房建设从每百万居民 5900 套增长至 8700 套，但从 1999 年开始，这种速度加快，超过了 1 万套。2004—2006 年，每百万居民中有 14000 多套住房开始建设，这一速度在 2007 年有所放缓，但仍高于 11000 套。请注意，欧盟的平均水平是每百万居民 5000 套（Lois et al.，2016）。从绝对值来看，在 20 世纪 90 年代前半期，每年约有 16 万～18 万套住房开工建设，但在 1995—1997 年高达 22 万～25 万套。在此期间，自 1999 年起，这一数字显著增加，直到 2002 年从每年 45 万增加到 50 万套，甚至在 2004—2006 年，每年也有 60 多万套房屋开始建造，2006 年最高达 66.4 万套（西班牙公共事业和运输部，2019）。

西班牙银行的数据显示（Estrada et al.，2009），在经济繁荣顶峰期，每年开工建造的房屋量超过 80 万套，超过了德国、法国和意大利的总和。[①] 20 世纪 90 年代初，住房数量仅有 1700 万套（Lois et al.，2016），但在 2007 年已超过 2400 万套（西班牙公共事业和运输部，2019）。这意味着 1991—2006 年，西班牙住房总量的 1/4 已建成，2000—2006 年，这一比例为 14%（见图 6.2）。也就是说，住房建设占每年建房总量的 2.4%。然而，在这些年里，空置房屋的数量却在增加。据统计，2000—

① 请记住，由于数据库的不同，数据会有所变化。这些数据库包括西班牙公共事业与运输部、建筑学院，或者和这一行业部门相关的私人机构。

2010 年，约有 300 万套住房空置，在马德里和巴塞罗那等大城市，约有 1/10 的空置房产（Fernández and Mayals，2008）。

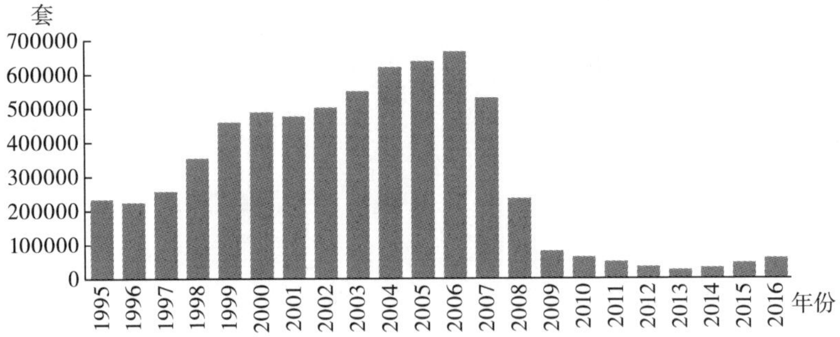

图 6.2　每年启动的自由市场房屋数量

资料来源：西班牙公共事业和运输部（2019）。

如前所述，社会住房的建设（西班牙文为 VPO，由国家补贴，因此比市场价便宜）在通过土地法并形成住房泡沫时就减少了。根据西班牙公共事业和运输部（2019）提供的数据，1992 年获得社会福利住房资格的人数高达 3.5 万人，并且这个数量在不断增长。5 年后，该数字几乎增长了 2.5 倍，涉及 8.5 万人。在随后几年里，特别是在 2003 年，该数字降至 3.7 万人，尽管在经济繁荣的最后几年内有所回升，但仍未达到 1997 年水平。

泡沫不仅包含住房建设，与之相关联交易更多，这些数据更具有说服力。从 2004 年到危机爆发时，只有 4% ~9% 的住房交易属于社会福利住房，这表明围绕免费住房的投机交易占主导地位。与上一次住房热潮相比，罗德里格斯（2009）表示社会福利住房的比例相对于总量有所下降。1960—1974 年，这一比例为 43%，在接下来的上升期，略超过一半，接近 23%，甚至在 1998—2005 年期间，得到官方正式住房补贴的总数还不到 9%。

6.5.2　房地产建设中的投资和生产

住房价格和投资相互关联：住房资产的通货膨胀使房地产业十分有利

可图，从而刺激了投资，而更多的投资又推动了房价的上涨。从表6.1中可以看出，投资建筑资产，特别是投资房地产建筑行业（或简称房地产）的固定资本形成总额（GFCF）在这一时期逐渐形成。

表6.1　西班牙经济中的建筑业与房地产业在总投资、总产值和总附加值中所占份额

（%）

行业		1995年	1999年	2003年	2007年	2013年	2016年
总投资	建筑业	9.21	10.13	10.36	14.96	3.69	8.52
	房地产	24.13	25.60	31.70	33.42	22.63	18.79
	建筑—房地产	33.34	35.72	42.06	48.39	26.33	27.31
	住宅区	27.47	28.87	37.41	37.83	22.11	23.94
	其他建筑	37.53	32.08	29.63	30.08	29.64	25.52
	建筑业	65.00	60.95	67.04	67.91	51.76	49.45
总产值	建筑业	10.88	11.37	15.45	16.75	6.88	7.11
	房地产	0.81	0.93	1.16	1.45	2.01	2.01
	建筑—房地产	11.69	12.30	16.60	18.20	8.89	9.12
总附加值	建筑业	9.70	10.10	11.60	12.00	6.30	6.40
	房地产	1.10	1.20	1.70	2.60	3.60	3.40
	建筑—房地产	10.78	11.38	13.30	14.61	9.94	9.76

资料来源：西班牙国家统计局（2018）；巴伦西亚经济研究所（2019）。

自资产在固定资本形成总额中的占比从65%降至60%后，2004年，总投资额的68%多用于投资建筑。住宅资产占总资产的比例增加了10%，即从1998年的28%（必须考虑上述1998年土地法）到2004—2007年的38%，因此住宅资产的增加是2004年建筑投资增加的原因。自2006年起，有关“其他建筑资产”的投资略有下降，约占总投资的30%。尽管2014年经济逐渐复苏，但这种下降趋势并未停止。近年来，其他建筑投资占总资产的一半，主要是住宅资产投资出现的急剧下降所导致。

从经济部门的角度来看，建筑和房地产业在总投资中所占的比例不断上升，从20世纪90年代后半期的33%～35%上升到2007年的最高占比48%。由于房地产发展得相对突出，对住宅投资的偏好变得异常明显，但建筑业的相对增长是十分突出的：从90年代末的9%，到繁荣期结束时达到总投资额的15%。正如预期的那样，这场危机引发了这些行业的投资崩溃。2012—2013年，建筑业获得的资金低于固定资本形成总额的4%，随后几年虽有所恢复，但房地产建设的资产始终不到总资产的20%。

与这些趋势相对应的是，机械和设备投资也相对减少，1998—2007年，机械和设备投资从总投资的23%下降到15%。这两项的投资和生产率息息相关。但是，如果对投资进行实质性分析，就会发现“价格效应”带来的结果大不相同。在危机爆发之前，对机械和设备的投资一直以很高的速度增长，在1995—2007年每年增长6.7%，自1999年以来，这一数字增长了4.7%，而运输材料的投资在这两个时间段分别增长了8.5%和5.8%。在这些年，住宅和建筑资产的总投资分别平均每年增长7.6%～7.7%和4.1%～4.6%。之所以出现类似情况，是因为机械和设备资产以及运输的价格指数在1995—2007年每年增长不到5%，而在1999—2007年则为7%左右。一方面，这些相对较高价格指数的增长与不断上涨的住房成本相互关联，因而价格的涨幅远高于每年不超过4%的平均通胀率。另一方面，根据西班牙公共事业和运输部（2019）提供的平均房价，这些价格低于平均值（在1995—2007年和1999—2007年分别为9.6%和12.3%）。由巴伦西亚经济研究所（2019）提供的数据得知，在此期间，住宅资产的价格指数高达10.4%，几乎上涨了16%。

资产通胀导致了建筑和房地产行业总产值份额的增加。[①] 1995—2007年，其从总增加值的10.7%增至14.6%。但是，与资本资产一样，价格效

① 有必要对这些数据的细微变化进行一番研究。在以2000年为基础的国民账户体系中（西班牙国家统计局，2011），建筑业从1995年占总产值的7.5%上升到2006年的12%，2005—2008年平均超过11%。根据2008年的数据（西班牙国家统计局，2014），这些数字发生了变化：1995年为9.5%，2006年最高为14.1%，这4年的平均值上升到13.8%。但是，在最后一次更新（西班牙国家统计局，2018）中，总产值份额的增加似乎非常有限，从9.3%（1997年的8.9%）到2006年的11.7%，仅增加了约2个百分点。百分比能更直观地表现出不同时期建筑总产值的差异，第一个系列的相对增长率为61%，第二个系列为43%，最近的相对增长率为26%。因此，国民经济核算体系不断更新的数据表明，在繁荣时期，建筑业增加值的比重逐渐降低。

应也影响着西班牙经济各个部门的态势。尽管从1999年开始，房地产业的增速已高达12.2%，但由于在2007年之前，建筑业的固定价格增速被控制在每年不超过2.7%，其增长率会低于国内生产总值的增长率。事实上，房地产业是西班牙经济中膨胀最严重的产业。在经济繁荣时期（1999—2007年），建筑价格指数每年增长6.7%，房地产每年增长5%，而在其他部门中，只有采掘业超过了5%，达到每年5.8%。

另外，从表6.1中可以看出，这一行业在生产总值（GP）方面也表现得更为突出：从11.7%增加到了18%以上。下文将探讨造成以上情况的具体原因：建筑行业的连锁效应，或部门间的联系，因为它们揭示了建筑业泡沫在西班牙经济中占据的中心地位。

6.5.3　连锁效应

房地产业虽然前向关联十分有限，但后向关联相对来说更为密切，同时，它的劳动密集型性质以及对调动财政资源的依赖性和能力也十分重要（Mateo and Montanyà，2018）。换句话说，它受一般经济起伏的影响很小，但建筑业的兴旺或衰败的确对其他产业产生了重要影响。实际上，从它在生产总值中所占的份额，我们可以更加准确地计算出建筑业所占的比例。在1995年，它所占比例为10.8%，比在总附加值（GVA）中多了1.1个百分点，但随着2006年经济繁荣时期的到来，其投入需求导致所占比例达到了17.7%，比其在总增加值中的占比高了5个百分点。

显而易见，这就是它发挥最大作用的地方：在繁荣时期的第一年，建筑业的消耗量占总投入的12.6%，但11年后，它需要消耗22.5%的总投入，平均超过2005—2007年的21%。在这些年的增长中，每单位产品的投入量大幅增加，从房地产业繁荣之前的120%～135%增长到了2006—2007年的240%。从逻辑上讲，只有制造业曾超过这种增速，但建筑业的增长幅度相对更大。

当经济危机爆发时，由于受到巨大影响，这一行业完全崩溃。建筑业占总附加值的比例一直稳步下降，直到2014年累计下降45%，这意味着每年平均下降9.4%。[①] 在危机期间，建筑业的发展停滞使其在总附加值中的所占份额于2013年后增长阶段一直稳定在6%左右，相当于危机前的一半。由于近年来它在投入需求中只占8%的份额，仅略高于最大值的1/3，受到比其所占比例更严重的影响，导致其在生产总值中下降达60%。

如果从投入—产出表中[②]研究这种拉动力，我们就可以估测房地产业在经济方面的离散系数，即其所占总产量的份额加上①在总产量中的比重，②再加上房地产业为达到其余经济部门总产量的一个单位所需的最终需求量的百分比与其余经济部门在总产出中所占的比例之积。从这一数值可以看出房地产业需求的细微变化给经济总产量带来的影响。从该系数（房地产的离散系数）与该房地产在总产量中所占份额之间的差异上也可以看出上述连锁反应。根据西班牙国民账户体系的预测，峰值将会在2006年出现，达到37%。随着经济危机的爆发，这一系数会在2011年恢复至住房繁荣期以前的数值，这也揭示了在大衰退期间产业链的衰退现象。

此外，其对就业的拉动能力也不可小觑。截至2008年年底，这一增长期的特点是垂直综合就业系数与直接就业系数之间的差距越来越大，这意味着该部门带来的间接就业或创造的就业数量大大增加。也就是说，房地产业的这种连锁效应确实有所增强。在2007年，每一个直接岗位，创造了0.67个间接岗位。同样，这一差距随着经济危机的出现而缩小。2007—2011年，房地产员工减少了140万名，然而这一拉动力的效应间接造成了其他经济部门70万人员失业。[③]

因此，这场经济危机降低了该行业的相对比重及其对其他经济部门的

---

① 到目前为止，它是所有部门中跌幅最大的，只有采掘业的降幅与其接近（每年降幅达7.6%）。建筑业的降幅甚至达到了降幅排名第二的金融业的2倍（每年降幅为4.7%）。

② 我这里依据的是马泰奥和蒙托亚（Montanyà，2018）的观点。

③ 乌索、费布雷罗和贝尔米约（Uxó，Febrero，Bermejo，2015）估计，2007—2014年，与住房有直接或间接关系的就业机会减少了约230万个，约占就业总损失的70%。特别是在危机的第一阶段（2007—2009年），建筑业造成的就业损失占总数的82%。

影响力。从这个意义上讲，似乎没有一个行业可以提高自身生产力以拉动其他行业发展，从而取代房地产业在资本积累中的龙头地位，特别是在很有可能进行的生产模式重组方面和技术矩阵方面。无论是在经济危机期间得到国家大力支持的汽车行业，还是那些具有更大出口活力的行业，都根本无法胜任。

6.6　房地产业繁荣的影响

房地产业的繁荣在诸多方面，如主观方面及客观方面，都产生了深远的影响。毫无疑问，对其进行分析需要一个更加详细而深刻的解释。尽管如此，在此我仅从本书目的这一角度简要进行一些浅显的思考。

第一，必须考虑房地产繁荣对生产力发展的影响。由资产通胀引起的积累模型在促进生产力繁荣方面效率极低，这一点将在下一章予以讨论。这一点十分重要，因为它为劳动关系建立了一个框架，即确定了工资，从更广泛的意义上讲，它确定了收入分配的模式。事实只能如此，因此这一特点引起了诸多争议。更准确地说，由于媒体的鼎力支持与造势，新自由主义作家借势指责国家政府的干预和工会的要求造成了房地产泡沫，因此房地产行业缺乏竞争力并且逐步衰退——本书的最后一部分将对此予以批评。1995—2007 年，建筑业的劳动生产率下降了 35% 以上，并且生产投资一半以上的需求都要依赖进口（Febrero and Bermejo，2013）。尽管建筑行业有助于增加进口支出，但却没有用出口弥补，而这便是其中的一个薄弱环节（Buendía，2018）。

第二，就金融界而言，房地产企业的投资越发见长，这一增长反映在了信贷方面。投资部门结构重组需要信贷机构的重组，但是由于资产膨胀导致借贷需求增长，企业需要借贷投资房地产事业，业主需要借贷买房，银行作为借贷的中心，其利润自然翻了一番。而银行对企业（供应）和家庭（需求）加强了借贷相关事宜管理，这样做的话，银行自然就能够弥补利率下降带来的损失。

从这个意义上讲，资金流向商业市场，人们的信贷量也随之上升了。截至1995年年底，家庭购房信贷占总信贷额的35%～37%。10年后，也就是2005年年中到2006年年中，购房信贷份额达到最高值47%。2006—2008年，购房信贷额出现了下降。而2009—2014年，购房信贷额又出现回升，达到信贷总额的一半以上。此外，建筑行业信贷和房地产企业信贷额也明显上升，从20世纪90年代中期的37%上涨到2006年以后的60%以上（见图6.3）。只是从2010年开始，建筑行业和房地产企业信贷额出现下降，但下降幅度并不是太大，直到2017年，下降到总值的53%。

有趣的是，家庭业主是此次增长的主力军。他们买房、装修房都需要资金，截至2004年年底，买房、装修房所导致的借贷份额从25%增长到35%。即使到2013年经济衰退结束后，买房、装修房的借贷份额所占的比例还是超过总借贷额的40%。同样，房地产企业的服务融资也增长了13个点，即从1995年的4%上涨到2007年中期的17%。2012年年底以后，房地产企业的服务融资出现了骤降，一直到8%才停止下跌。

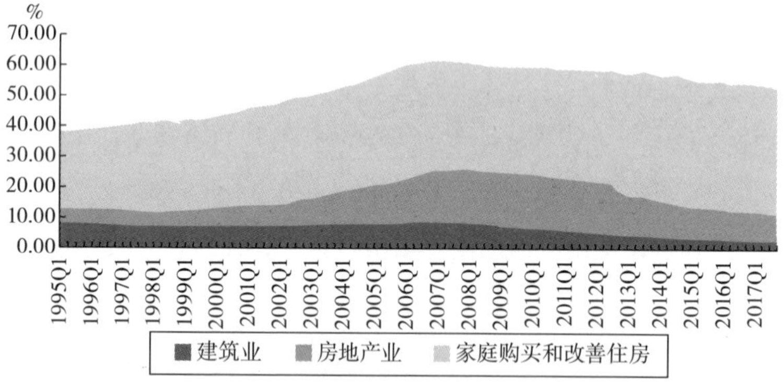

图6.3 信贷机构和信贷金融中介机构按最终用途提供的贷款

注：住房市场繁荣的作用。建筑和房地产行业以及家庭购买和改善住房的信贷总额所占份额。

资料来源：西班牙银行（2019）。

因此，家庭方面的融资需求一直呈上涨趋势。房价一直在上涨，工资却一直在下降，这就意味着人们的压力也越来越大。同样，这也反映了之前提到的第三个问题，即分配问题。工资水平上升因为生产力停滞而受到限制，资本和劳动力分配不均，工薪阶层、小型企业主同样受到影响。某些群体在没有任何财产价值、遗产或重估的情况下，通过对土地进行重新鉴定而获得了巨大的资本收益。

有一个奇怪且反常的因素值得一提：建筑业的兴起带动了平均工资的相对增长，人们的工资涨幅由先前的30%增至40%（Garicano，2014）。伴随一些要求不高的行业平均工资的增加，人们经常所说的教育支出的工资溢价开始减少。也就是说，1990年年底，具有大学文凭的工人工资比平均工资水平高25%，而在2009年，他们和普通工人的收入相差无几（Jorge Juan，2011）。因此，这一因素导致许多地区的青少年选择辍学，因为建筑市场繁荣让他们误以为自己找到了发家致富的捷径。正如洛佩斯和罗德里格斯（2010：111）在谈及股市泡沫时正确地断言，“房地产泡沫已经深深渗透到社会生活的方方面面，究其原因，是人们的住房刚需受到了金融机制的影响”。

第三，房地产的过度开发已经对环境造成了严重破坏。从投入需求角度来看，建筑业的兴起促进了可再生能源逐渐替代不可再生能源，因为现有的生产模式依赖于80%的不可再生资源，所用自然资源的一半来自采石（Carpintero and Bellver，2013）。2000年，西班牙人均生活消费水平已经超过了欧盟28国的平均水平，但在危机爆发前夕，这一差距被放大了。危机爆发后，当这一消费水平降至欧盟28国平均水平以下的30%时，房地产企业明显就要对此负责（Mateo and Montanyà，2018）。简言之，这不仅意味着房地产业对自然资源的依赖有所增加，而且意味着自然资源的使用效率明显降低。因此，借助于房产业，一个大幅增加污染物排放的增长模式由此产生。卡平特罗和贝尔佛（Carpintero and Bellver，2013）指出，每个居民的生态足迹超过了 5 公顷，已经远远高于 1.4 公顷的生态生产面积，这就意味着西班牙需要 3 倍以上的绿化面积来吸收产生的二氧化碳。与能源消耗一样，西班牙的二氧化碳排放量也超过了欧盟 15 国的平均水平。

房地产同样也占据了地理空间。不能忘记的是，房地产开发也需要付出机会成本，比如会减少农业用地和娱乐用地，还会对曾经生长在这片亟待开发的土地上的动植物造成伤害。不仅是住房本身才会如此①——实际上，许多情况下，在许多具有巨大生态价值的地区，住房变成了第二住所，供人们在周末或者夏季游玩，而且对于它们所需要的基础设施来说也会如此。事实上，这两种情况都会反过来对房地产业产生影响。此外，人们对高污染的私人交通设施的需求也在不断增加。

就此看来，在西班牙，基础交通设施建设同样具有巨大的投机潜力。从某种意义上说，这种积累确实创造了运输需求，而基础设施企业也以此为借口进行自己的投机活动。因此，西班牙基础设施的自身建设不是满足大众对交通需求的手段，而是重要的目标。建设只关乎建设本身，无关乎使用。公共部门必须发挥核心作用，负责确保项目的盈利，因为盈利可以为道路以及机场建设提供资金支持。在路易斯等（Lois et al.，2016）看来，基础设施的建设比例增长了 149%，体育和娱乐设施的建设比例增长了 134%，建筑工地建设比例增长了 115%，工业和商业区域建设比例增长了 59%。实际上，西班牙原本拥有的高速铁路网和不成比例的高速公路就可满足人们的实际需求。②

我们必须考虑基础设施建设带来的负面效应，因为其本身会造成周围地价的上涨。基础设施的使用者们会对不同的物品和服务产生潜在的需

① 根据戴尔泰尔（Deltell，2008）的说法，在 1956 年和 2003 年，每个居民的住房面积增加了 2 倍。这一破坏现象造成森林面积减少了 1/4，农业用地也大幅减少。

② 赛古拉（Segura，2012）认为交通基础设施与投机性城市的发展密切相关，并指出西班牙是世界上高速列车总公里数排名第二的国家，尽管“我们的乘客只是法国的 1/5、日本的 7%”，是公路总长度在世界排名第三的国家。（同上：33）

求，这些需求反过来会使周边地区建造更多的房屋，从而造成房价上涨。本质上，这是一个不断反馈的过程。这种类型的增长以及首选的建设模式促进了分散城市的发展，但不利于聚集城市的发展。越来越多的土地被用来建造房屋，供一些特定人群在别墅或者独栋的房子里享受假期。这样一来，居民占用了越来越多的土地，一些原本在城市中的工作场所被代替。简言之，房地产泡沫不可能一直存在，它将随着危机的爆发而破灭，但它本身的存在会对自然构成严重的威胁。

参考文献

[1] Bellod J F (2007) Crecimiento y especulación inmobiliaria en la economía española. Principios: Estudios de Economía Política 8: 59 - 84.

[2] BoS (2006). Economic bulletin. Bank of Spain, Madrid.

[3] BoS (2019). Economic indicators. Bank of Spain, Madrid.

[4] Buendía L (2018) A perfect storm in a sunny economy: a political economy approach to the crisis in Spain. Socio - Economic Review. https://doi.org/10.1093/ser/mwy021.

[5] Carpintero O, Bellver J (2013) ¿Es posible la sostenibilidad ambiental de la economía española? In: Worldwatch Institute (ed.) Informe sobre la situación del mundo 2013: ¿es aún posible lograr la sostenibilidad? FUHEM Ecosocial/Icaria, Madrid, p 557 - 579.

[6] Clarke S, Ginsburg N (1976) The political economy of housing. In: Political economy and the housing question. CSE Books, London, p 3 - 33.

[7] Cuadrado - Roura J R (2010) El sector construcción en España. Análisis, perspectivas y propuestas. Colegio Libre de Eméritos, Madrid.

[8] Deltell C (2008) Ciudad y ecología. In: Seminario de Economía Crítica TAIFA Auge y crisis de la vivienda en España. Informes de Economía 5, p 36 - 37.

[9] Estrada A, Jimeno J F, Malo de Molina J L (2009) La economía española en la UEM: los diez primeros años. Occasional Papers 0901, Bank of Spain, Madrid.

[10] Etxezarreta M, Ribera R (2008) Capitalismo, espacio y vivienda. In: Seminario de Economía Crítica TAIFA. Auge y crisis de la vivienda en España. Informes de Economía 5, p 6 – 18.

[11] FBBVA (2019) El Stock y los servicios del capital en España y su distribución territorial y sectorial (1964 – 2016). BBVA Foundation/Valencian Institute of Economic Research.

[12] Febrero E, Bermejo F (2013) Spain during the Great Recession. Teetering on the brink of collapse. In: Dejuán O, Febrero F, Uxó O (eds) Post – Keynesian views of the crisis and its remedies. Routledge, London, p 266 – 293.

[13] Fernández JI, Mayals D (2008) La evolución de la situación de la vivienda (1995 – 2008). Seminario de Economía Crítica TAIFA. Auge y crisis de la vivienda en España. Informes de Economía 5, p 19 – 47.

[14] García M A, Zarapuz L (2005) Una nueva cultura para afrontar el creciente problema de la vivienda en España. Cuadernos de Información Sindical, CCOO. Paralelo Edición, Madrid.

[15] Garicano L (2014) El dilema de España. Ser más productivos para vivir mejor. Península, Barcelona.

[16] Gotham KF (2006) The secondary circuit of capital reconsidered: globalization and the U. S. real estate sector. American Journal of Sociology 112(1): 231 – 275.

[17] Idoate E, Zamorano F, Caicedo N et al (2008) Políticas de vivienda en el Estado español. Seminario de Economía Crítica TAIFA. Auge y crisis de la vivienda en España. Informes de Economía 5, p 66 – 80.

[18]IMF (2008) World economic outlook. International Monetary Fund, Washington, DC, October.

[19]Jorge Juan (2011) Nada es gratis. Cómo evitar la década perdida tras la década prodigiosa. Destino, Madrid.

[20]Lois R, Piñeira M J, Vives - Miró S (2016). The urban bubble process in Spain: an interpretation from the point of view of geography and the theory of the circuits of capital. Journal of Urban and Regional Analysis 8(1):5 - 20.

[21]López I, Rodríguez E (2010) Fin de ciclo. Financiarización, territorio y sociedad de propietarios en la onda larga del capitalismo hispano (1959 - 2010). Traficantes de Sueños, Madrid.

[22]Mateo J P, Montanyà M (2018) The accumulation model of the Spanish economy: profitability, the real estate bubble and sectoral imbalances. In: Buendía L, Molero - Simarro R (coords) The political economy of modern Spain: from miracle to mirage. Routledge, London, p 20 - 48.

[23]MPWT (2019). Statistical information. Ministry of Public Works and Transport, Madrid.

[24]Murillo F J (2015) Análisis marxista del milagro económico español (1994 - 2007): dinámica salarial e impacto sobre la estructura de propiedad. Dissertation, Complutense University de Madrid.

[25]Naredo J M (2010) El modelo inmobiliario español y sus consecuencias. Paper presented at the Coloquio sobre Urbanismo, democracia y mercado: una experiencia española (1970 - 2010), Institut d'Urbanisme de Paris, University of Paris XII - Val - de - Marne, 15 - 16 March 2010.

[26]NSI (2011). Annual Spanish national accounts. Base 2000. Accounting series 1995 - 2009. National Statistics Institute, Madrid.

[27]NSI (2014). Annual Spanish national accounts. Base 2008. Homoge-

neous series 1995 – 2012. National Statistics Institute, Madrid.

[28] NSI (2018). Annual Spanish National Accounts. Base 2010. Accounting series 1995 – 2017. National Statistics Institute, Madrid.

[29] NSI (2019). Population figures and demographic censuses. Demography and population. National Statistics Institute, Madrid.

[30] Rodríguez J (2009) Los booms inmobiliarios en España: un análisis de tres períodos. Papeles de economía española 109:76 – 90.

[31] Segura F (2012) Infraestructuras de transporte y crisis: grandes obras en tiempos de recortes sociales. Libros en Acción, Madrid.

[32] Uxó J, Febrero E, Bermejo F (2015) Reforma laboral, devaluación salarial y empleo: una perspectiva macroeconómica. Revista de Economía Laboral 12:201 – 247.

7

盈利能力为什么下降？关于资本构成与劳动生产率的悖论

本章将分析生产技术领域盈利能力的决定因素。资本积累过程如何导致长期萧条？房地产泡沫的后果是什么？为什么西班牙经济已经达到十分可观的增长期，而其生产剩余的能力却又如此之低？为了解答这些问题，我们有必要对资本构成的指数结构及其对生产发展的影响进行一番讨论。

前两章指出了影响盈利能力的根本问题和资本积累的驱动力。这两者各具特点，相互关联——由于增殖能力急剧下降，资产通货膨胀改变了资本构成和资本所能达到的生产率。在本章最后一节，我们有必要对积累过程的部门结构进行进一步分析。

7.1 资本积累过程

如导言所述，1995—2007 年，以不变价格计算的总投资增长率（GF-CF）为 6.3%，但非住宅总投资增长率上升 5.7%，1999 年后的下一阶段为 5.2%，略有下降。自 1995 年以来，生产领域的投资以每年 6.1% 的速度迅猛增长，但 1999 年后增长速度放缓，每年仅有 5.1%。年增长率最大出现在 1998 年和 1999 年，分别达 12% 和 9%，2000—2002 年增长率下降，在 2003 年资本积累再次呈现出激增的局面。2003—2007 年，每年实际投资增长率超过5%，2006年达最高值7.5%。2007年增长率虽有下降，但仍然保持6%的水平，而2008年则一落千丈。2009年总投资增长率彻底一蹶不振，暴跌19%。投资持续减少，直到2013年才出现0.5%的小额增长。据预测，第二年将出现周期性变化。

1995—2007年，非住宅净资本存量每年增长4.6%，在以上扩张中，总投资流量成为现实。以非住宅净资本存量为例，虽然采用上年的数据，但数据是在该周期行将结束时测得（即“t”年的资本存量在“$t-1$”年结束时进行了量化），增长率一直上升，2009年超过4%，但2010年开始调整，将增速降至仅仅1%。2010—2014年，资本存量增长率从1.4%跌至0.52%，2016—2017年略有反弹，每年接近2%。因此，存量变量反应滞后，无法解释危机，但由资产带来的资本累积水平和结构的流量则可以解释危机。

7.1.1 资本构成比率

鉴于住宅资产通胀的核心作用，资本构成的不同表现方式的演变过程与人们可能的预期不同，这些不同之处表现在随着机械化水平的升高，资本积累水平保持平衡。如图7.1所示，这里存在一个明显的反周期演变，这一演变反映在增加和减少阶段，同时也反映在不同比率之间的关系上。

尽管资本累积强度增加，但首先要强调的是资本—劳动比率（θ）的相对停滞，因为这一比率是资本构成的其他表现方式和生产率的基础。不过，我必须对研究方法作一番说明：关于资本存量，由于不可能精确区分简单商品生产的数量，可以使用四种可能的劳动力指标：①总全职当量就业人数（L_t）（国民账户体系所称的全职工作）；②有薪就业或工薪阶层（L_w）；③总工作时长（h_t）；④总带薪工时（h_w）。L_t和h_t之比显示出这一变量略有增长，各自累计达到13%和12%。但L_w和h_w似乎没有增长，因为在12年的发展中，这两者仅分别达到3%和1%。除了上述差异，生产进程的机械化速度在21世纪的前10年依然缓慢，因为在20世纪的最后

10 年里，这一速度仍然停滞不前，甚至有所减缓。

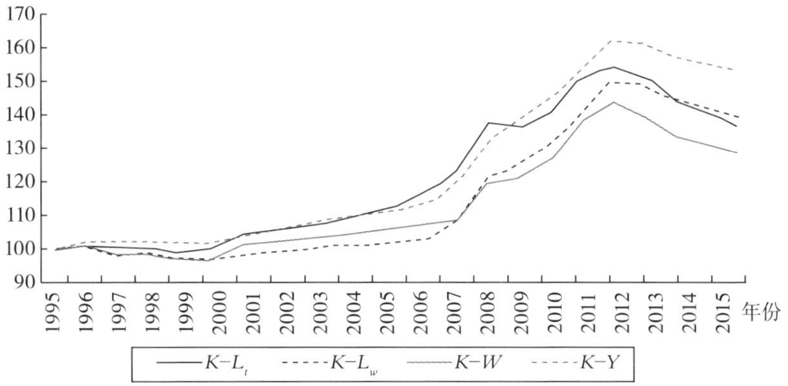

图 7.1　资本比率的矛盾演变（1995 年 =100）

注：与全职就业人员（L_t）、工薪阶层（L_w）、工资（W）和产出（Y）以及生产领域的资本比率。

资料来源：西班牙国家统计局（2018）；瓦伦西亚经济研究所（2019）。

从现在起，本研究将使用资本—劳动比率与全职就业水平（K^*/L_t 或者 K^*/L_w）的概念，其增长率确实很低，1995—2007 年的年均增长率分别为 1% 或 0.2%。以 1999—2007 年为例，年均增长率分别为 1.2% 和 0.6%。

但是，危机导致这些比率大幅上升，2013 年前，年均增长率超过 6%。同样，2014 年经济复苏导致这些比率在 2013—2017 年再次大幅下降，其中资本—劳动比率（K/L）下跌 1.4%，全职就业水平（K/L_w）下跌 1.7%。总之，鉴于繁荣的强度，它与预期可能的结果大相径庭，因此便具有了明显的反周期态势。

在这些不同阶段，K/W 和 K/Y 比率呈现出相似的曲线，反过来又表现出相同的反周期特征，但异常之处远不止于此。它与一种更加平衡的积累模型相反，因为在这种模型中，θ 的增长强度不断提高，φ 的增长强度有所降低，而 ρ 的增长强度较小。因此，后一个比率应该呈现出较低的增长率，如第 2 章、第 3 章所示——在经济繁荣期间增长最多的比率恰恰是最后一个，即 K/Y 的比率。这一衡量资本构成的指标增加了 17.3%，K/W

紧随其后，增长速度为 8.4%。此外，K/L_t 和 K/Y 的比率在它们的比较演化过程中显示出极为相似的特征。

随后，危机扭转了这一趋势，因为 K/L_w 的平均增长率为 6.3%，打破了 K/W 4.8% 和 K/Y 4.6% 的纪录。而 2013 年后，经济开始复苏，这些比率回落到了每年 3% 以下，因此，其增长率超出资本—劳动比率的 1 倍多。

因此，在资本构成表达方式的比较演化过程中存在一些特别之处，如反周期性和比较变化率。然而，我必须澄清的是，在一定程度上，这一异常之处要予以相对考虑，因为这些衡量标准没有考虑到现有潜能的利用率，所以结果不足为奇。无论如何，西班牙经济的积累态势并没有构成一个和谐的过程，而它们的特殊之处要求人们批判性地看待积累态势中的决定因素。

7.1.2 就业与劳动力

在资本—劳动比率这一反常演变的背后，就业量出现了巨大波动，以至于这一比率的分母最终决定着机械化指数的矛盾状况。2019 年颁布的《经济活跃人口调查》显示，1995 年年初就业人口达 1230 万，2006 年年底至 2008 年第四季度，就业人数一直稳定在 2000 多万，在 2007 年 9 月，就业人数达到峰值（西班牙国家统计局，2019a）。因此，在这一时期，就业人数增长了 2/3，这一数字确实令人震惊。不仅如此，这种创造就业的能力是吸引移民的一个因素，[①] 并使国内人口增长了 1 倍多。

国民账户体系的数据显示，在生产领域，全职就业人口增长了 50%，有薪就业增长了 65%。因此，尽管人们广泛讨论自主创业的重要性和企业家的各种活动，但事实是，在西班牙，无产阶级化进程仍在继续。这意味着，1995—2007 年，全职当量就业人数（国民账户体系所称的全职工作）

---

① 应该阐明的是，在本书研究的几年里，西班牙一直向外输出劳动力以及向外移民。即使在 20 世纪 60 年代和 70 年代上半期所谓的西班牙经济奇迹期间也是如此。如果仍然是在 20 世纪 80 年代，西班牙还是北非人到法国的中转站，拉丁美洲和非洲的移民在 1995 年后才开始出现，那么西班牙的人口构成在几年内会发生重大变化。不过，针对一些反对不同种族的虚假声明，这些移民可能首先青睐要求较低的工作。

年增长率为3.4%。其中，工薪阶层的数量增长更为迅猛，这12年的平均增长率达到4.2%。这些数据略高于整体经济就业的数据，而整体经济还包括非生产性部门，在这些部门中，每年的就业人数分别占总就业人数和有薪就业人数的3.39%和4.08%。

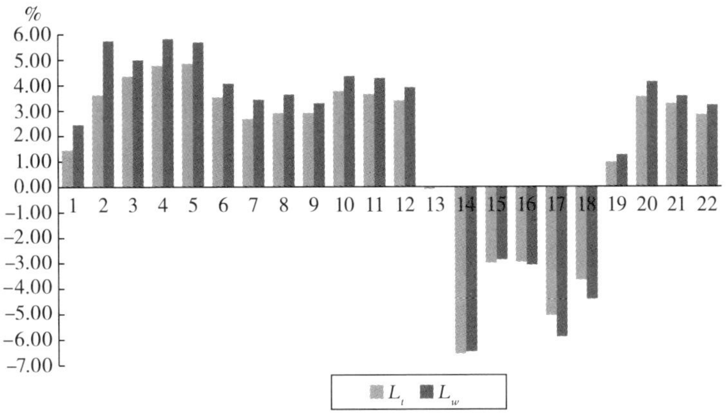

图7.2　总就业及有薪就业的年变化率

资料来源：西班牙国家统计局（2018）。

图7.2清楚地反映了1996—2017年西班牙经济经历的三个阶段，这一推断基于和西班牙产出相关的高弹性的就业。事实上，根据Munoz－de－Bustillo和Esteve（2017）的研究，图中所示的就业数据要比20国集团的平均就业数据高出5倍。

就业人口数量的增长同时导致劳动参与率上升了约10个百分点，从20世纪70年代以来的平均50%上升到2008年年底的60%（西班牙银行，2019a）。女性劳动参与率增幅显著，从1995年的46%上升到2006年的60%以上，后来几年将增至70%（欧洲统计局，2019）。尽管劳动参与率持续走高，但是失业率大幅下降。1992—1993年经济衰退后，1994年上半年劳动参与人口降至破纪录的24%，2007年中期跌至7.9%，达到史上最低水平。

直至2007年，高就业创造能力和高摧毁力相生相伴。2009—2013年，全职就业每年下降3.7%，同时有薪就业下降达4%（西班牙国家统计局，2018）。《经济活动人口调查》显示，2007年第三季度共有2070万就业人员，近6年后（2014年第一季度）就业人员仅有1690万人，这意味着绝对总就业人数下降了19%，这一比率的维持还要依靠工薪阶层（西班牙国家统计局，2019a）。在经济危机期间，每5名生产性工人中，就有1名面临失业。因此，2013年第三季度的失业率达到了最高值（26.9%），且在2010年年底至2016年年中维持在20%以上水平（西班牙银行，2019a）。因而在危机结束时（2013—2014年），总就业和有薪就业人员数量回落至21世纪初的水平。2014年经济复苏，迈入新的增长阶段，此时，就业将以较高的速度恢复增长，很可能再现同样的趋势。

生产水平崩溃，裁员接踵而至，从而致使公司现有人力、物力的利用率出现相应下降，平均降幅约为12个百分点，而投资和中间产品生产则达到15~17个百分点（西班牙银行，2019b）。这种生产结构重组在一定程度上有助于解释资本—劳动比率在危机期间所出现的反常复苏情况。

因此，经济繁荣以劳动密集为特征，更准确地说，经济增长具有广泛性。其发展置劳动力质量于不顾，而主要依赖于大量的劳动力投入。事实上，在2008年危机发生的前几年是西班牙当代历史上就业创造率最高的时期之一。因此，受劳动力基数（即就业演变）的影响，资本—劳动比率上下浮动。由此看来，其反周期性质不能通过现有潜能予以修正。作为补充，另一个与之相关的问题是，大量的就业数量绝不表示产生新价值的能力会随之提高。这一观点绝对符合（抽象）劳动价值论。

7.2 生产不发达进程中的经济

7.2.1 劳动生产率指数

劳动生产率的表现是困扰西班牙经济的主要问题之一，对于经济学家来说也是一种困惑。原则上讲，一个投资主导的经济体，在经历了强劲的经济增长阶段后，劳动生产率竟然如此之低，实在令人费解。发达国家在大萧条前的经济增长阶段的演变最为糟糕（经济合作与发展组织，2019；欧洲统计局，2019），而且，这种演变——和传统衡量标准所揭示出来的变化相比——更加不利于经济发展。

在生产率的概念中，分子和分母存在多种可能性，因此有必要将几个指标进行比较。考虑到上述几种可能性，根据谢赫和托尼克（Tonik，1994）、古韦纳尔（Gouverneur，2005）或者冈萨雷斯和玛丽娜（Marina，1992）的建议，首先应该将生产总值（*GP*）（包含中间消费）与劳动力总量（*L*）联系起来。在1995—2007年的经济增长阶段，GP^*/L_t指数增加了23.5%，而如果将有薪劳动力计算在内，GP^*/L_t指数则为12.4%，也就是说，这期间的平均年增长率为1.8%或0.9%，这说明经济仍处于疲软状态。

同时，问题在于，这一生产率指数的增加可以揭示出单位劳动力的中间消耗量变得日益重要，但这并不一定意味着生产力的发展。事实上，这是可以从将国内生产总值当作分子从而将投入排除在外的传统劳动生产率指数的比较中推断出来的。欧洲委员会经济和金融事务总署年度宏观经济数据库（2019）的数据显示，1995—2007年，每名工人的国内生产总值年增长率为0.38%，在该数据库所包括的大量国家中属于最低值；而从经济合作与发展组织（2019）的数据来看，该年份内劳动力每小时的总增加值指数平均增长0.22%，在经济合作与发展组织国家中也是最低的。从欧洲统计局（2019）提供的数据来看，自1995年以来，西班牙的生产率增长幅度仍旧不大，为每年0.12%。由此可以看出，这些传统的生产力衡量标准存在差异，但结论非常明显：在危机发生以前的阶段，劳动生产率实际上并没有提高。

表7.1 劳动生产率的衡量

在增长和危机阶段平均年变化率（%）						
	劳动力指数					
	1995—2007年	2007—2013年	2013—2017年	1995—2007年	2007—2013年	2013—2017年
产出指标	雇员总数			总时数		
国内生产总值	0.38	1.98	0.23	0.29	1.67	0.60
除FIRE外	0.28	1.65	0.66	0.20	1.34	1.02
除FIRE－GOV外	0.16	1.72	0.70	0.09	1.41	1.05
除混合收入	工薪阶层			工时		
GDP－Mxl	0.08	3.05	−0.26	−0.11	−2.77	0.01
除FIRE外	−0.19	2.84	0.31	−0.37	2.57	0.56
除FIRE－GOV外	−0.36	3.03	0.34	−0.54	2.76	0.56

资料来源：西班牙国家统计局（2018）；经济合作与发展组织（2019）。

FIRE包括：①金融和保险业［FIN］［K］。②房地产业［R－EST］［L］。③公共管理和国防［GOV］；强制性社会保障［O］。

GOV包括：公共管理和国防。

如表7.1所示，生产率的衡量标准有所不同。因经济领域的衡量越来越具体，这一数字应从左到右、从上到下进行阅读，以表明生产率不断恶化的趋势。因此，生产率正往更糟糕的方向演变，当它从整体经济转移到了部分非生产性部门——除了金融部门——房地产部门和政府部门；如果考虑劳动时量的增加而不考虑全职劳动者数量的减少，那么西班牙存在着大量的无薪加班现象；如果产量与有薪劳动时（间）有关，这便要求在任何情况下都将个体从业者不受限制的混合收入排除在外。

第一个指标，GDP^{*}/L_{t}（GDP 与总就业之比）指数和欧洲委员会经济和金融事务总署年度宏观经济数据库数据相吻合，在经济繁荣期间每年以0.38%的速率增长，12年内（1995—2007年）总增长率为4.6%。这些数据有力地揭示了生产率的负面行为，足以说明生产率实际上处于停滞状态。但如果将非生产性部门（Y^{*}/L_{w}）排除在外，生产率的年增长率下降到0.16%，即每小时劳动力下降率为0.09%，劳动力年累计变化率则为1.14%。

更引人关注的是对有薪劳动领域生产率的分析。从 GDP/L_{w} 指数停滞不变，到生产领域（Y^{*}/L_{w}）对应的生产率指数每年下降0.36%，或者总计下降4.27%。如果这个计算考虑有薪劳动时间（Y^{*}/H_{w}），那么生产率每年下降0.54%，累计下降6.27%。

因此，经济危机前的经济增长的特点并非节省劳动力的技术变革，而是资本构成内容的增加，这一特点阻碍了生产率的增长，甚至基于本研究理论框架下更为具体的衡量标准，也表明劳动生产率绝对下降了。从这个意义上看，表7.1的结果显示出反周期的生产行为。

可以看出，尽管生产率出现变化的趋势更早，在2008—2013年经济萧条期间劳动生产力指标呈复苏之势。此现象可用著名的产业结构效应予以解释。由于失业通常对生产能力低下的工人影响最大，更准确地说，竞争力最弱的企业或比较落后的部门，以及那些存在很多严重问题，甚至可能破产或不得不解用部分工人的企业或部门。这就会引发这样一种现象，即减少某一类型的就业后，尽管总出口量减少，但记录在册的平均生产率仍在增加。生产率增长速度确实明显加快，但这绝不意味着生产力的发展。

随后的经济增长趋势继续在很大程度上再现了2008年这一阶段以前的扭曲状况。2013—2017年，尽管大多数指标显示有所增加，但生产率的年增长率通常仍低于1%，可以看出生产率并没有明显提高。这些结果至少在经济的生产性部门中显现出了优势（尽管优势不大明显）：每名雇员产量的年增长率为0.7%~1%，而有薪劳动力产量的年增长率为0.3%~0.5%。

显然，资产通货膨胀一定程度上在积累动态中发挥了核心作用，资本增殖依赖相对价格的变化，即房地产价格的上涨。西班牙的资本增殖不是通过发展生产而降低单位生产成本进行的技术变革，而是带有某种“虚构”的性质。然而，不是由于它不真——还有一些切实可见的盈利——而是它并非基于价值关系，而是基于剩余劳动力。由此，造成以上情况的原因就是具有均衡生产率的部门一直都是金融部门，截至2008年年底，金融部门的 GDP^{*}/L_{t} 指数增长显著，到达124%。

7.2.2 价格比率

有人指出，由于资产重估对其他商品和服务价格造成了压力，这种积累模式给欧元区带来了通货膨胀，由此还造成了生产落后。而且，除了这种通货膨胀以外，产出价格平减指数 P_{y} 在1995—2007年增长了46%，而 P_{k} 增长了55%。因此，P_{yk} 比率下降了5.5%。从宏观经济角度来看利润率，资本存量价格平减指数上涨更多，对产出—资本比率（Y/K）或资本生产率造成了下行压力，这一点尤为重要，因为它代表了最大利润率。随后，假定降低盈利能力要面临压力，或者说，为防止利润率下降，采取一种递减的收入分配模式也是情有可原的。甚至可以提到另一种方法：持续加强投资更需要生产越来越多的剩余，因为就积累率而言，利润失去了购买力。

随后，在危机发生的几年里，这一比率并没有改变其趋势，1995—2007年，年平均利润率为-0.47%，而1999—2007年甚至跌到了-0.7%，到2008—2013年跌至-0.63%。从这一点来看，2010—2014年，通货紧缩率平均下降了0.39%，却并没有引起股本价格贬值，从而有利于盈利能力的恢复。在这些年里，P_{k} 指数保持停滞，每年仅增长0.09%，但没有出现任何明显下降的趋势。只是在之后几年，随着回报率的增长，这种价格比才能增加。但在这一时期，资本存量几乎没有增加。总体来说，

1995—2017 年，P_k指数比 P_y指数多增长 5.5 个百分点。

另一个值得注意的特点是消费者价格指数相对增长较小，截至 2007 年年底为 41%。P_k指数的增长超过 P_y指数，P_y指数的增长又超过 P_c指数，再次体现了西班牙外围经济体的特征。此外，积累动态的另一个扭曲源于资本—工资比率之间的矛盾关系［见第 2 章和附件表达式（7.5）］。事实上，P_kW 指数并未下降，反而在 2007 年之前每年增长约 0.4%，截至 2007 年年底总增长为 5.3%。自 1999 年起，该系数在最初几年略有下降，到后来又有所回升，因此其演变的特殊性与房地产繁荣的生产模式息息相关。这种演变也揭示了积累过程中的某种劳动密集型特征，因为这意味着每单位资本的劳动需求没有减少，所以在一个更加平衡的累积过程中这种演变也更被人看好。随后，该参数随着危机的发生而下降，速率比以前翻了两番。事实上，2015 年之前，这个参数甚至还在下滑。在萧条期间，机械化水平显著提升，但即便如此，这 8 年间，该参数年平均下降率为 1.7%。

综上所述，在分析盈余量（第 5 章）和资本积累的过程中，主要是在证明核心要素是某些资产的价格效应时，认识到分析价格比率的演变十分重要。这也解释了在西班牙，价格的比较演变揭示了其背后存在的增殖问题，尤其是资本存量价格指数的增加：①表明单位资本（P_kW）的劳动力需求并未下降，同时导致资本—工资比率相对于资本—劳动比率有所提高；②由于增长超过一般价格指数，它还会对产出—资本比率（Y/K）或最大利润率施加下行压力［见附件的表达式（7.2）和式（7.4）］。事实上，这种价格关系还与机械化水平（θ）以及劳动生产率的停滞有关［见附件表达式（7.5）和式（7.6）］。

7.3　资本的（劳动）生产力

首先必须澄清一点：产出—资本比率或资本的生产率（Y/K）这一术语并不意味着其与劳动价值理论之间存在矛盾。这个概念指的是作为社会关系的资本的生产能力，其中也包括劳动力。也就是说，劳动力在一定的社会生产关系框架内具有生产能力，这也是这一术语所准确表达的意思。同样，正如人们所说，这一比率表明，如果工资为零，那么就会存在最大利润率。那么，有效利率将取决于资本和劳动力之间的收入分配模式。因此，这一衡量方法是卓有成效的，因为可能出现的下降就能解释与分配领域的相关因素。

正如第 2 章中所讨论的，我们同时在附件表达式（7.6）中也可以看到，按当前价格计算的产出—资本比率取决于劳动生产率与机械化指数之间的关系，这种关系可以定义为“机械化生产效率”（q/θ），以及上文提到的价格比率。图 7.3 表明了指数的比较演变（1995 年 = 100），首先要强调的是，1999—2013 年，ρ 急剧下降，达到了 -27%，其主要原因是资本生产效率下降。虽然资本—劳动比率几乎没有增加，但是劳动生产率的下降意味着效率指数有所下降，如同 1999—2013 年发生的情况一样。

通过上述数据可以看出，1999—2013 年，利润率的上限正在下降。因而来自生产领域的盈利能力正面临下行压力。如 Y/K 曲线所示，2007 年大部分下降都发生在投资动态中，而这种投资动态并没有节省劳动力，也就是说，它没有发生在技术更先进的资本密集型行业中。通过缓慢增加每个工人的生产总量而提高生产率的条件还未形成。

但还有一个原因，即劳动生产率不但没有缓慢增长，反而有所下降。最初的数据证实了这一点：1999—2007 年，Q/θ 比率——将劳动生产率与机械化水平联系起来——下降了近 8%，特别是在经济危机时期，在 1999—2013 年累计下降了 30%。这是由于在这次经济萧条时期，就业遭到破坏，资本—劳动比率和生产力均有所上升，但它们的上升方式却各不相同。2007—2013 年，Q 增加了 12%，这要求 K^*/L_w 的增幅更高——增长至 44%，几乎将生产率增幅翻了两番。从价格指数方面来看，这一效率低下有另一个原因，即 P_{ky} 的相对上升（P_{yk} 下降）也朝着同一方向施加压力，

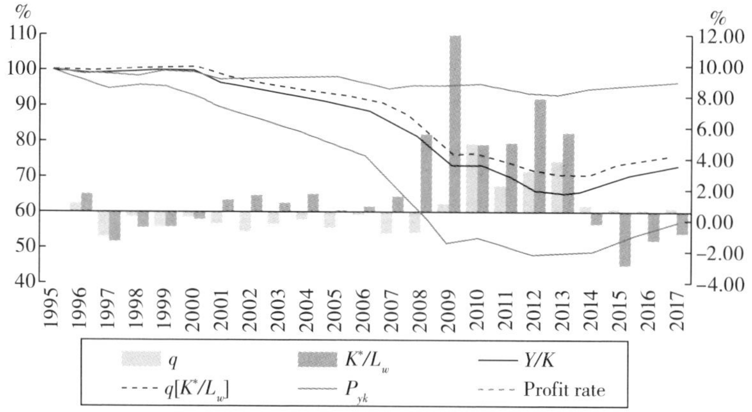

图7.3　利润率、资本生产率及其决定因素（1995年=100）

注：利润率、产出—资本比（资本生产率）、价格比（P_{yk}）和劳动生产率与资本—劳动比率见指数（1995=100）（左），劳动生产率和资本—劳动比率见年变化率（右）。图中劳动力指的是全职的工薪阶层，利润率指的是营业盈余净额和税金净额。这些比率的详情见附件。

资料来源：西班牙统计研究所（2018）；瓦伦西亚经济研究所（2019）。

尽管其重要性在数量上相对较低。

总之，西班牙大衰退背后利润率下降的原因主要来自资本生产率的下降或资本—产出比率的上升，这也是机械化的生产效率下降所造成的：一条劳动密集型的增长路径是无法提高劳动生产率的，这一点也体现在资本成本的相对上升方面。鉴于以上这些特点，现在有必要对经济部门的结构进行分析。因为要想研究这种宏观经济行为，只能从先前研究的住房繁荣的影响那里去寻找答案了。

7.4　解决难题：经济结构和部门失衡问题

如果从部门这一角度来分析资本积累，我们可根据资本构成的相对水平，对西班牙部门进行一个简单的划分。

第一类（A）由以下部门构成：

（1）［AGR］农业、林业和渔业［附录代码A］；

（2）［IND］工业（冶金——采掘业、采石业——制造业［MIN，MAN］）［B，C］；

（3）［EG］电力、天然气、蒸汽和空调供应［D］；

（4）［W］供水、污水处理、垃圾管理和检修［E］；

（5）［TRA］运输和储存［H］；

（6）［INF－CO］信息和通信业［J］。

一般来说，上述行业的资本构成高于平均水平，在前危机时期动力不足。

第二类（B）包括以下部门：

（1）［CONS］建筑业［F］。

（2）［TRADE］批发和零售贸易；机动车和摩托车修理业［G］。

（3）［HOT］住宿和餐饮服务［I］。

（4）［PRO］专业、科学和技术行业；行政和提供相关服务的保障机构［MN］。

（5）［OTHER］艺术、娱乐休闲、家居用品修理及其他服务［RSTU］。

1999—2007 年，以上最后一类行业是享受国家优惠待遇最多的行业，一般来说，当时此类行业资本密集度和生产率都比较低。

第三类非生产性部门包括：

（1）［FIN］金融和保险业［K］。

（2）［R－EST］房地产业［L］。

（3）［GOV］公共管理和国防；基本社会保障［O］。

这类行业有时会被纳入 B 类，以示在经济危机爆发前西班牙经济最具活力的部门特点。当然，这种分类方法难免带有偏差和例外，但它让我们对于如何展示西班牙经济的部门不平衡现象有了一个总体思路，从而可以进一步了解了上述分类在演化中存在的一些特殊性。

7.4.1　行业动态的二元性

1999年，建筑业的资本—劳动比率（工资）（K^*/L_w）为平均水平的88%，专业服务、房地产业、贸易和其他行业的资本劳动率更低，为平均水平的42%~51%，K^*/L_t 也大致如此。同年，在资本—产出比率方面，以上这些行业相对水平相差无几，除酒店业较低（为平均水平的1/3）外，其他行业的资本—产出比率均较高（为平均水平的84%）。自经济危机以来，建筑业的资本—劳动比率得到了显著提高。除建筑业外，资本消费相对水平的等级保持不变。显然，这是就业遭到严重破坏的结果。

在按当前价格计算的投资总额方面，包括住房在内，A组行业占比从1999年的48%下降到了2007年的34%。表7.2（1）显示，这一时期投资总额增长的近3/4来自B组业，其中，超过58%来自房地产业。这种投资的聚集使得B组行业的股本增长率超过了4.4%的总体经济平均水平，达到了6%~10%。金融业和房地产业的股本增长率平均值较低，尤其是金融业，由于其具有不同的特点，所以无须此类大额支付。

表7.2　资本密集度较低的行业和金融—房地产业的宏观经济权重和态势

	建筑业（F）	贸易（G）	酒店业（I）	金融业（K）	房地产业（L）	专业服务业（MN）	其他服务业（RSTU）
总变量中的份额，1999—2007年（%）（1）							
固定资本形成总额	18.77	5.34	0.93	0.55	39.59	5.22	3.45
有薪劳动	20.62	19.46	9.13	0.80	1.84	17.71	5.71
利润	10.20	7.76	4.94	9.88	6.98	6.20	2.02
产出	14.41	12.09	5.88	7.09	4.39	9.24	3.74
相对资本劳动（工资—劳动）比（2）							
1999年	81.67	48.35	52.98	62.90	—	47.05	52.34
2007年	74.25	52.28	51.27	66.34	—	49.20	71.05
2013年	165.65	50.11	40.18	43.28	—	40.66	70.40
2017年	138.26	52.52	35.27	51.74	—	43.72	71.03

续表

	建筑业 (F)	贸易 (G)	酒店业 (I)	金融业 (K)	房地产业 (L)	专业服务业 (MN)	其他服务业 (RSTU)
平均变化率，股本（3）							
1999—2008 年	6.51	6.71	6.04	1.89	4.62	10.00	8.08
2010—2017 年	-2.74	2.01	-0.10	-1.50	3.65	2.81	0.63
平均变化率，有薪劳动（%）（4）							
1999—2007 年	6.53	5.20	6.47	1.29	11.08	9.15	3.44
2008—2013 年	17.28	-3.34	-3.48	-2.74	-5.08	-2.67	-2.60
2015—2017 年	5.06	3.14	5.79	0.22	6.61	2.53	2.67

注：（1）各行业份额分别在固定资本形成总额总变量、利润与产出以及市价上的占比，以及在整体经济中的新增就业（有薪劳动者、全职）岗位情况；（2）资本劳动力（工资）相对国内平均水平（%）情况；（3）和（4）分别是按市价计算各行业股本的年变化情况，以及各行业的就业岗位情况。部门代码见附件。

资料来源：西班牙国家统计局（2018）；瓦伦西亚经济研究所（2019）。

各行业在固定资本形成总额上的占比与就业岗位的大量集中密切相关。近年来，每 4 个有薪劳动岗位中，就有 3 个来自 B 组行业。除此之外，近 58% 的有薪劳动岗位集中在建筑业、贸易和专业服务业，若算上酒店业，则上述 4 类行业提供的就业岗位占全部有薪劳动岗位的 2/3。因此，除其他行业外，这 4 类行业的就业增长率亦高出 3.9% 的平均水平。值得注意的是，在这 8 年中，建筑业、贸易、房地产业和专业服务业的新增就业率保持在 5% ~9%。简言之，以上数据显示出这些行业的劳动力密集性特点。

接受投资和创造就业方面的优势在产出中得以体现，但强度较小。B 组行业占 1999—2007 年总增加值增长的一半以上（56.8%）。但是，这些行业产生的营业盈余却不及国民账户体系中所记录的总经营盈余的一半。

表 7.3 对西班牙经济中的三类行业进行了对比。首先，考虑到 B 组

（欠发达密集型）行业中总投资的相对集中性，可以看出，除酒店业以外，其固定资本形成总额的实际增长率高于总体平均水平。因此这些行业的增长率也普遍超过了A组行业的实际投资增长率。然而，危机并未以相似的方式影响这些部门。受投资额下降影响最大的建筑业损失超过了1/4，其次是各个行业集团的一系列经济行业，例如交通运输业——必然与建筑业的投机泡沫有一定的关系——房地产业、公共行政部门和其他服务业，这些行业损失约1/10，与建筑业的损失相比差距颇大。

表7.3　三组经济行业的比较演变　　%

		固定资本形成总额，不变价格			q	q/θ	P_y
		1999—2007年	2008—2013年	2013—2016年	1999—2007年		
A组：相对先进的（资本密集型）行业							
农业		-2.52	-2.74	3.35	0.15	0.32	0.97
采石业	B	-7.15	2.01	-4.49	2.33	5.91	5.84
制造业	C	-1.81	-6.33	14.01	2.26	-0.02	2.86
电力、天然气、蒸汽和空调供应、供水污水处理、垃圾管理和检修	DE	4.23	11.98	-10.26	0.93	1.85	3.49
运输	H	5.81	-11.01	18.91	-1.96	-4.21	4.00
信息和通信（CO）	J	1.35	-1.03	30.90	2.04	0.91	1.32
非生产性行业							
金融和保险业	K	1.94	-8.24	-6.85	7.77	6.43	1.03
房地产业	L	7.74	-10.94	-2.16	1.03	8.00	5.08
政府	O	7.14	-10.97	1.02	0.69	-0.44	3.76
B组：欠发达（劳动密集型）行业							
建筑业	F	10.40	-27.13	34.98	-3.57	-2.98	6.77
贸易	G	6.62	1.31	-8.81	-0.98	-2.51	2.98

续表

		固定资本形成总额，不变价格			q	q/θ	P_y
		1999—2007 年	2008—2013 年	2013—2016 年	1999—2007 年		
住宿和餐饮服务	I	1.51	-2.07	14.04	-4.77	-4.93	4.48
专业、科学和技术行业	MN	10.42	-1.22	-0.07	-3.82	-4.91	4.53
其他	RSTU	7.93	-12.20	7.08	0.75	-3.58	2.47
总计		6.02	-8.27	4.73	-0.14	-0.71	3.50

注：GFCF：固定资本形成总额；q：劳动生产率（增加值，不变价格到全职劳动者的工资）；θ：资本—劳动比率；q /θ：机械化的生产效率；P_y：价格指数，部门总增加值。

资料来源：西班牙国家统计局（2018）；瓦伦西亚经济研究所（2019）。

然而，在这种背景下，行业与生产率并无直接关系。基于这一点，我们应该指出，在20世纪90年代后半期，尽管它们的机械化程度相对较高，但只有贸易和其他服务部门的人均绝对产出低于平均水平。在第一种情况下，只有比值为 Y^*/L_t 时差异才明显，因为它占总平均值的72%。就其他服务而言，它们的相对生产率仅略高于总水平的一半，因此最突出的方面与其说是绝对水平，不如说是在这些部门巨大经济活力增强的背景下，生产力出现了负增长。

在所谓的B组中，只有其他服务业生产率每年增长0.7%，与总劳动量的增长基本持平；其他行业生产率大幅下降，尤其是酒店业的降幅让人震惊，其生产率竟然下降了1/3。专业服务业和建筑业下降约1/4，贸易行业略有下降（下降7.5%），甚至连运输部门也下降了15%。虽然其他行业的生产率没有得到显著提高，但最起码可以肯定的一点是，采掘业、制造业以及信息和通信业等个别行业都在稳步提升。显而易见，正是那些最不发达的行业（B）导致了西班牙整体经济劳动生产率普遍下降。

结果是，在B组中，资本生产效率（Q/θ）毫无例外地下降了

2.5%～5%。这一比率与生产过程机械化程度对生产率提高的影响有关，运输部门也受到影响，生产率下降幅度为4.2%。劳动生产率亦是如此，这就是西班牙经济体最大利润率或资本生产率有所下降的原因。

表7.3中反映的另一个问题是处处可见的通货膨胀：虽然农业、信息和通信业或金融业属于例外，但其他行业年平均增长率可达3%～5%。尽管也存在通货膨胀，建筑业、房地产业和采掘业却成绩斐然，但A、B两组没有明显公开的不对称性。如上所述，房地产繁荣对物价产生了普遍影响。

总而言之，在机械化和资本强度方面，这些相对落后的行业收获了越来越多的投资，因此它们在积累率方面最具活力。然而，就生产率提高而言，效果却平平无奇。因此它们的盈余生产能力并没有提高。这就是造成资本盈利能力与投资繁荣现象之间存在差距的根源所在。

7.4.2　生产分歧

从资本增殖和价值规律的角度分析经济危机，有两个问题需要厘清。

首先，即使积累模式得到了能够创造大量就业力的支撑，盈余的生产却并没有增加。也就是说，即使有更多的劳动力或工作天数，即更多具体的、直接的劳动力，也不一定能够直接转化为更为抽象的劳动——能够通过市场验证的价值——从而产生新的价值和盈余。

其次，采用欧元以及内部生产发展无法维持平价的货币，也并不意味着创造价值的能力会变得更强。改变能够证明其国际价值的国内劳动力的转化率并不会改变资本积累的生产条件。同时，应该注意的是，一个经济体，如果在其积累过程中没有经历这些曲折，它就无法避免资本内在的矛盾。鉴于本书旨在解释西班牙经济的特殊性，有必要强调以下因素。在本节中，我们将着重探讨欧元区框架内的生产专门化和部门生产率动态的一些特征，而这些特征都表明西班牙经济创造盈余能力的不足。

表 7.4 西班牙部门生产率相对于欧盟和欧元区国家的反周期演变 %

	共计	NAB	建筑业（F）	采矿业（BDE）	制造业（C）	信息和通信业（J）	金融业（K）	服务业（MN）
1995—2007 年								
西班牙	0.22	-0.53	-4.09	0.91	1.63	0.76	6.99	-2.86
欧元区 19 国	1.33	1.44	-0.96	1.83	3.12	3.87	2.08	-1.31
欧盟 28 国	1.83	1.99	-0.44	1.72	3.33	4.41	2.98	-0.12
英国	2.14	2.76	0.76	0.17	3.67	4.70	6.03	2.65
德国	1.90	2.12	-0.09	2.05	3.50	4.62	-1.04	-1.80
法国	1.56	1.86	-0.12	1.82	4.08	4.28	2.07	-0.28
葡萄牙	1.29	1.97	-0.84	4.49	3.53	1.89	9.48	-1.09
意大利	0.44	0.49	-0.99	0.31	1.14	3.51	1.65	-2.62
希腊	2.42	2.91	2.85	4.71	2.34	5.13	1.81	0.35
2007—2013 年								
西班牙	1.86	1.83	7.68	-2.62	1.35	1.79	-2.06	-0.19
欧元区 19 国	0.88	0.76	1.14			0.93	1.44	-0.93
欧盟 28 国	0.85	0.70	0.39			0.56	0.83	-0.56
英国	-0.14	-0.37	-0.54	-0.89	1.54	0.37	-1.01	1.19
德国	0.54	0.31	0.54	1.47	0.06	3.99	1.79	-1.56
法国	0.49	0.14	-2.66	-1.93	1.76	1.02	2.20	-0.51
葡萄牙	1.62	1.89	1.45	-3.86	4.71	-2.28	-2.38	-0.08
意大利	0.22	-0.05	-0.94	-1.59	1.07	1.13	1.88	-2.12
希腊	-1.26	-3.42	-2.01	-1.43	-0.19	-5.17	0.97	-8.38
2013—2017 年								
西班牙	0.35	0.99	-1.16	-0.63	1.05	1.80	-1.71	1.67
欧元区 19 国	0.75	1.20	0.62			0.19	0.19	0.19
欧盟 28 国	0.89	1.23	1.32			0.53	0.41	0.53
英国	0.77	1.14	2.40	0.65	2.42	1.31	0.55	1.84
德国	0.93	1.61	1.31	2.57	3.07	1.52	-0.54	-0.17
法国	0.72	0.97	0.57	-0.53	2.27	2.91	-1.36	-0.03
葡萄牙	-0.67	-1.16	-2.24	-1.57	7.92	-3.58	-2.85	0.26
意大利	0.17	0.56	-0.12	-3.58	1.91	1.26	0.66	-0.67

续表

	共计	NAB	建筑业（F）	采矿业（BDE）	制造业（C）	信息和通信业（J）	金融业（K）	服务业（MN）
希腊	-0.54	-1.68	-2.37	-3.45	0.84	-4.49	-1.47	-2.56

注：NAB：非农业企业部门（除房地产外）；MN：采矿业和公共服务。行业代码见附件。

资料来源：经济合作与发展组织（2019）。

根据经济合作与发展组织发布的生产率增长情况，表7.4以平均年变化率的形式展示了几个经济体在1995—2007年的增长阶段、2013年经济衰退阶段以及西班牙经济在最近几年内劳动生产率的演变情况。研究结果表明，西班牙总体经济在房地产繁荣期间的生产率增长明显低于欧元区和欧盟，这两个地区生产率的年增长率比西班牙地区高出6~8倍。尽管欧元区的生产率不高，每年还不到2%，但除金融部门外，所有部门都面临重大挫折。诚然，这与高收入国家的增长普遍相似，世界银行2019年的数据显示，以2011年美元购买力平价计算，1995—2007年，世界经济平均生产率的增长率为2.3%（World Bank，2019）。

然而，西班牙通过金融业大幅提高了生产率，这恰恰反映了由银行资助的投机性住房业的增长幅度。这并不意味着更大的生产能力，但实际上，与其相对应的问题是非金融企业和家庭债务的积累，以及在经济危机爆发后银行和储蓄银行的破产。此外，这种比较不利于西班牙与样本中的所有国家，尤其是意大利，尽管西班牙每年0.44%的生产增长率远低于欧元区，但令人惊奇的是，如此缓慢的增长率却已经是意大利的2倍之多。

经济衰退时期（2007—2013年），经济重建意味着西班牙的平均生产率增长超过其他经济体。然而已经有人宣称，这个结果在很大程度上并不真实。事实上，2014年增长的恢复并不能为生产发展提供非常有利的帮助。至今，虽说1995—1997年的经济失衡没有以同样的方式再现，但是从2013年起，2007—2013年1.86%的年均增长率变成了0.35%。至少，尽管建筑和金融领域已从根本上调整了各自的生产率，但是除信息和通信业略有进步外，它们在其他领域都没有大的突破。

在这个框架内，制造业的情况格外令人揪心。在繁荣时期，它是至少能体现出一定生产率增长的产业之一。但是，与其他欧洲经济体相比，其相对下降十分明显。因为西班牙制造业的生产率占欧元区和欧盟的一半，并且仍然远远落后于该地区更先进的经济体，如英国、德国、法国，甚至葡萄牙。只有在意大利，这种情况才会更糟。由此引发了一个问题：制造业平均生产率不仅仅因为经济衰退时期的经济重建而增加，别的因素也会导致这一情况。此外，在随后几年的恢复期里，生产率的提高仍然缓慢，仅为每年1%，远低于其他欧洲经济体的增长率。

在很大程度上，制造业大概是能够体现出科技和生产不足的一个行业。[①] 通常，那些拥有更高科技含量的产业也有更高的需求，所以可划分为先进、中等和传统部门。不幸的是，西班牙的经济以低端和中端制造业为基础（García and Tello，2011；Murillo，2015；Gandoy and Álvarez，2017）。经济大衰退前，中端制造业约占该行业增加值总额的1/3，传统行业占到60%，但是先进科技生产所占的份额却在不断下降：20 世纪 80 年代只占了7%，90 年代中期略高于6%，2007 年只有 4.9%（经济合作与发展组织，2019），而在欧盟28 国里，这些行业的平均水平达到了10% ~ 11%（Gandoy and Álvarez，2017）。

近年来，技术含量相对较高的中端制造业取得了一定发展，如化学、机械和机械设备以及运输设备业。同样，在繁荣时期，超过2/3 的总投资（68% ~69%）流向中技术行业和低技术行业（经济合作与发展组织，

---

① 制造业在增加值总额中所占的比重超过了仅仅在数量上的比重，因为它比其他行业具有更大的外部性，更有能力引入创新技术并减少其劳动力需求，从而提高生产率。因此，它在生产资料的产生方面发挥着中心作用，尽管不具有排他性（比如科技改造中的 ICT 项目）。在一定程度上，制造业代表了生产发展水平。制造业也具有较高的出口能力，具有外向型经济的特征。尽管制造业在增加值总额中的份额不到 20%，而且呈下降趋势——1995年为18%，2007 年为16%，随后稳定在 14% ~15%——但就在国民生产总值中所占的份额而言，它几乎翻了一番。然而，由于制造业的需求在整体投入中只占 33% ~46%，其份额也从 31% 降到了 26%。

2019）。这种特点也表现在对外出口中：在过去20年，略多于一半的出口商品由中端制造业生产，在经济发展阶段略有下降，在萧条时期有所复苏，而传统行业所占比重在35%～40%。因此，先进制造业出口所占比重不仅是少数，而且呈下降趋势，出口比例从经济危机前的10%下降到了8%（Gandoy and Álvarez，2017）。

另外，西班牙讨论的问题之一是企业规模对生产率剧烈波动的影响。小型企业数量的增多通常被归咎于竞争力的下降。事实上，西班牙的企业结构过于分散，9/10的企业工人数量不足5名（西班牙国家统计局，2019b）。然而，这在很大程度上是经济结构的结果而非原因。还有一种商业二元论，即有一批技术先进、生产力水平高、规模巨大的企业，与小型企业相比，其具有独立出口能力。

在农业方面，平均面积超过100公顷的、主要依靠雇佣劳动的大型农场占农场总数的比例不到13%，面积却几乎占农业总面积的一半。与单位面积5～15公顷的小型农场相比，大型农场单位面积的产量比前者高出3～4倍，平均每单位劳动面积几乎是前者的2～3倍，劳动生产率也比小型农场高出5～12倍。在制造业中，运输材料、化学（中等技术水平）和碱性金属（低水平）行业的雇员平均人数比复杂程度较高的行业的平均人数高出许多。尽管如此，传统行业通常具有企业规模小、自然资源消耗大以及劳动力稀缺等特点（劳动密集型）。

西班牙生产力的差强人意所造成的后果无外乎是与邻国经济发展水平有所差异，正如图7.4所示。拿以西班牙为代表的欧元区12国和19国的劳动工人人均国内生产总值的百分比为例，作为发达经济体的德国是欧元区成员国之一，1995—2007年，德国的相对生产率下降了7～8个百分点，美国则下降了6个百分点。然而，同一时期西班牙的经济和投资总额在国内生产总值中的占比却不降反增。

随后的增长平缓则显然是经济危机所致，因为它正好发生在2013年。

此外，经济危机产生的影响还表现在以下几个方面：①世界上 1/4 的人口失业；②劳工权利丧失；③福利国家的支柱产业遭受重创；④西班牙的金融体系亟待恢复等。自 2014 年以来，西班牙的经济一旦有所恢复，欧元区的相对生产率就会相应减少 1.5 个百分点。

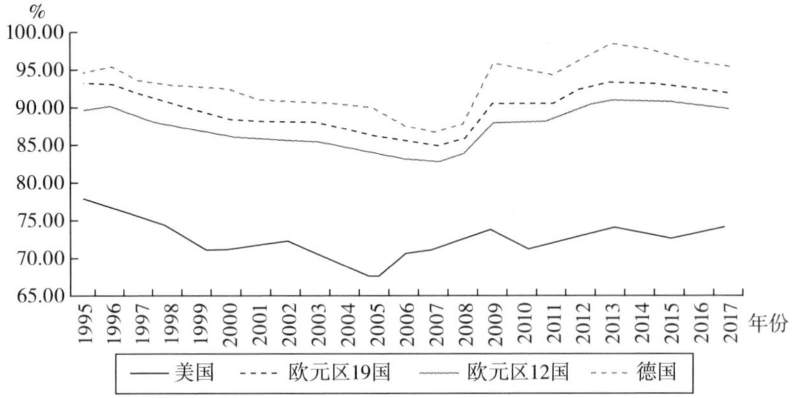

图 7.4　西班牙相较于美国、欧洲地区和德国的劳动生产率

注：经济合作与发展组织数据库用于与美国进行比较，年度宏观经济数据库用于同其他国家进行比较。

资料来源：西班牙国家统计局（2019）；经济合作与发展组织（2019）。

从生产剩余的角度来看，这个问题十分重要，原因是资本增殖要用单一的货币计算。这在很大程度上是一种相对特征，即西班牙生产剩余的能力取决于其他具有增殖空间的欧盟经济体的具体措施。本书下一部分我们将讨论有关经济危机起源的争议，生产力的这一差异侵蚀了西班牙的外部竞争力。这就是经济学理论开始的地方，同时也揭示了各种经济学流派的方法论基础，即这种生产力差异该如何解释？这个问题通常转化为：什么（谁）是这一生产性失败的罪魁祸首？到目前为止，根据这些数据至少可以推测出，西班牙经济的生产专业化在一段时间内倾向于自我复制，并可能加深其矛盾。

7.5　附件

7.5.1　利润率的表达式

正如第2章所示，利润率（r）取决于利润（p）和非住宅房屋净资本存量（K），当前价格：

$$r = \frac{p}{K} \tag{7.1}$$

当 $p = Y - W$（Y：产出，W：工资），r 可以用资本比率表示。首先，将利润代入工资比率（$e = p/W$）和利润份额（$PS = p/Y$）；以及资本—工资比率（$\varphi = K/W$）和资本—产出比率（$\rho = K/Y$），那么利润率就是：

$$r = \frac{e}{K/W} = \frac{PS}{K/Y} \tag{7.2}$$

利润率也取决于劳动生产率（$q = Y^*/L$）、每名工人的实际工资（$w_L = w/L$）、资本—劳动比率（$\theta = K^*/L$，其中 * 是指不变价格），以及产出价格平减指数（P_y）、消耗价格平减指数（P_c）、资本存量价格平减指数（P_K）。

$$r = \frac{\left(\frac{Y^*}{L}P_y\right) - \left(\frac{w}{L}P_c\right)}{\frac{K^*}{L}} \tag{7.3}$$

因此，如果不考虑价格比率之间可能存在的差异，利润率与上述比率有关，则利润率为：

$$r = \frac{q - w_L}{\theta} = \frac{e}{\varphi} = \frac{PS}{\rho} \tag{7.4}$$

反之，资本—工资比率也取决于资本—劳动比率，即：

$$\varphi = \theta - \frac{P_k}{w_L P_c} \tag{7.5}$$

当资本—产出率（或者反过来说：资本生产率）可以表示为资本—劳

动比率时，劳动生产率和价格比（$P_{ky}=P_k/P_y$）则表示为：

$$\rho = \frac{\theta}{q}P_{ky} \rightarrow \Pi = \frac{\frac{q}{\theta}}{P_{ky}} \tag{7.6}$$

7.5.2 西班牙的部门

A. 农业、林业和渔业

B. 采矿业和采石业

C. 制造业

D. 电力、天然气、蒸汽及空调供应

E. 供水、排污处理、垃圾管理和检修

F. 建筑业

G. 批发和零售贸易；机动车和摩托车修理业

H. 运输和储存

I. 住宿和餐饮服务

J. 信息和通信业

K. 金融和保险业

L. 房地产业

MN. 专业、科学和技术行业；行政和提供相关服务的保障机构

O. 公共管理和国防；基本社会保障

P. 教育

Q. 人类健康活动和社会工作活动

RSTU. 艺术、娱乐休闲、家居用品修理及其他服务

参考文献

[1]AMECO (2019). Annual macro – economic database. European Commission's Directorate General for Economic and Financial A airs.

[2]BoS (2019a). Statistical bulletin. Bank of Spain, Madrid.

[3]BoS (2019b). Economic indicators. Bank of Spain, Madrid.

[4]Eurostat (2019) Database. Statistical o ce of the European Union.

[5] FBBVA (2019) El Stock y los servicios del capital en España y su distribución territorial y sectorial (1964 –2016). BBVA Foundation/Valencian Institute of Economic Research.

[6]Gandoy R, Álvarez ME (2017) Sector industrial. In: Delgado JL, Myro R (dirs) Lecciones de economía española. Aranzadi, Pamplona, p 161 –179.

[7]García C, Tello P (2011) La evolución de la cuota de exportación de los produc – tos españoles en la última década: el papel de la especialización comercial y de la competitividad. Economic Bulletin 5:49 –60.

[8]González J, Mariña A (1992) Formación de capital, productividad y costos: relaciones básicas. Revista Análisis Económico 10(20):3 –17.

[9]Gouverneur J (2005) e foundations of capitalist economy. An introduction to the Marxist economic analysis of contemporary capitalism. Di usion Universitaire Ciaco, Louvain – la – Neuve.

[10]Muñoz – de – Bustillo R, Esteve F (2017) e neverending story. Labour market deregulation and the performance of the Spanish labour market. In: Piasna A, Myant M (eds) Myths of employment deregulation: how it neither creates jobs nor reduces labour market segmentation. European Trade Union Institution, Brussels, p 61 –80.

[11] Murillo FJ (2015) Análisis marxista del milagro económico español (1994 –2007): dinámica salarial e impacto sobre la estructura de propiedad. Dissertation, Complutense University de Madrid.

[12]NSI (2018). Annual Spanish National Accounts. Base 2010. Accounting series 1995 –2017. National Statistics Institute, Madrid.

[13]NSI (2019a). Economically active population survey. National Statistics Institute, Madrid.

[14]NSI (2019b). Statistical use of the Central Business Register, CBR. National Statistics Institute, Madrid.

[15]OECD (2019). OECD. Stat. Organisation for Economic Co – operation and Development, Paris.

[16]Shaikh A, Tonak A (1994) Measuring the wealth of nations: the political economy of national accounts. Cambridge, Cambridge University Press.

[17]World Bank (2019) World Development Indicators. Washington, DC.

第三部分

有关危机的争论：为什么会爆发？应该采取什么措施？

8

这次也是如此：人类失败与不平衡的积累

在解决与西班牙经济危机相关的两个核心问题之前，本章将介绍支持将危机看作一种可能性的这一观点的作者们所给出的各种解释模型，并简要介绍西班牙政府在这次经济衰退期间采取的各种经济政策。这一调查将揭示大量危机分析方法的局限性和不一致性。

首先应该指出的是，这些特征及其所表现出来的差距不足为奇。在对危机的解释中，经济理论会表现出一定的连续性，但这种连续性实际上并不会使其处在有利位置。或者也许我们有可能认识到某种变化，尽管这些变化过于片面。但是即便如此，正统学者在处理危机时，一些不适似乎仍然存在，主要表现在分析的角度和方法上。

从历史角度来看，对危机的解释千差万别。19 世纪末，也就是边际主义反革命时期，“危机”一词被更加容易接受的“商业周期”一词所替代。而经济衰退则被解释为一种天文现象——W. S. 杰文斯（W. S. Jevons）认为其与太阳的位置有关，而 H. L. 摩尔（H. L. Moore）则认为危机与金星的位置有关，因为这些现象会影响气候，从而会对农业和商品生产造成影响。

一段时间后，也就是 20 世纪 20 年代早期，死亡率的变化就被当作经济衰退的一种诱因，因为它们会影响人们的情绪，从而影响人们的支出。塔皮亚（2018：32）在对危机的研究中，对此做出了准确的解释："杰文斯、摩尔以及亨廷顿（Huntington）的观点如今几乎不予考虑甚至鲜为人知，他们的观点就是外生商业周期理论的典型例子，这些理论将存在于繁荣与萧条之间的波动归因于经济本身以外的现象。就西班牙而言，柯斯库贝拉（Coscubiela，2010）让我们想起了圣地亚哥·马丁内斯·马罗托（Santiago Martinez Maroto）在19世纪末对危机做出的解释，实为逸事。马丁内斯在他的著作《西班牙的农业和牲畜危机及其真正的补救办法》中指出，造成小麦市场危机的原因纷杂，部分原因来自豪犬饲养。"

这些例子是否与当前局面，特别是与西班牙经济存在任何关联呢？尽管20世纪知识得到积累、数学工具投入使用、技术不断发展，但是对危机的分析似乎还相当不足。

8.1 缺乏解释

在阅读一篇与解决危机有关的论文时，我们首先必须要考虑的问题是：作者是否阐明了在他看来导致危机的因素或变量。也就是说，是否能够证明我们试图解释的现象是由什么导致的，这种警告应该纯属多余而且毫无必要。然而，在一些正统观点中，分析被大量的描述和数学公式所掩盖，这些描述和公式分散了人们的注意力，最终导致读者仍对危机产生的原因困惑不解。

尤金·法马（Eugene Fama）发表了一个著名言论，在任何情况下都显得比较真诚，都是正统学派分析危机时首先应当考虑的事情。在接受J.卡西迪（J. Cassidy）的采访时，他被问到对我们刚刚经历的事件做何解释，法马（2010）说："我们刚刚经历的事件是一场经济大衰退，人们无法偿还抵押贷款，当然，那些承受抵押贷款最大风险的人最有可能无法偿还。结果是我们经历了一场所谓的信贷危机。这不是一次真正的信用危机，而是一次经济危机。”由于缺乏针对危机原因的具体应对措施，法马被迫回到这个话题上（如果不是金融危机，是什么导致了经济衰退？）：“这就是经济学一直崩溃的地方，我们不知道是什么导致了衰退。现在，因为我不是一个宏观经济学家，所以我不会觉得这有多么糟糕。我们从不知晓。关于是什么导致了经济大衰退的争论持续至今。经济学不太擅长解释经济活动中出现的波动现象。”（Fama，2010）

尽管缺少同样的真诚，但是在这种情况下，对西班牙的经济分析毫无不同之处。当阅读费尔南德斯·维拉维德和瓦尼安（Fernández – Villaverde and Ohania，2010）的著作《从全球角度看西班牙危机》时，就会发现这其中存在一系列广泛的因素和一系列普遍的方程式，由此证明这是一本意义非凡的书，但是如果要理解产生危机的原因，问题就会由此产生。

危机理论是什么？其基础和方法论视角又是什么？在欧盟委员会对西班牙最新经济增长和危机周期的分析中（Veld et al.，2014），根据新凯恩斯动态随机一般均衡模型（DSGE），指出了三个因素，即西班牙利率趋同、信贷条件宽松和资产泡沫，“这些都助长了西班牙投资和房价的急剧上涨，并增加了西班牙家庭和非金融公司资产负债表的脆弱性”（同上：2）。具体来说，国内资产泡沫是“在模型中通过外生资产风险—溢价冲击的结果”。

但这只是据说，并不能用于解释，实质的问题也没有得到解决，因为从侧面来看，其在许多关于危机的论文中多次出现。前两个因素指的是矛盾的表现形式。在其他时期，利率更高，信贷条件受到更大限制。我们应当有理由认为，如果利率偏离了假定的均衡水平，那么经济危机就会出现，但是并未具体表明能够达到何等水平。

此外，如何把资产泡沫纳入解释因素呢？准确来说，经济理论必须解释围绕某些资产发生投机性旋涡的原因，位于不同分析层级的异质问题不能混合在因果关系中。类似事件或许能够解释由价格上涨所致的通货膨胀，或者说明A公司比B公司的生产力水平更高，因为A公司每小时生产三个苹果，而B公司只生产两个橙子。

的确，将平衡与和谐列为经济体系的重要因素，也是人之常情，人们必然会忽略对这类危机的解释。如果这纯属偶然，那么它就缺乏学术意义。当遇到这种情况时，人们对此现象往往会轻描淡写，甚至掩盖其本质。

8.2 一种、两种、三种、多种不平衡

不平衡的积累导致了衰退，人们通常以此来解释危机，这是正统方法中的一个惯例。在西班牙银行，一些著名经济学家的研究结果恰恰证明了这一点。比如，埃斯特拉达等（Estrada et al.，2009）提出，“在1999—2007年这8年间，由于诸多不平衡的积累，最终不可避免地导致了经济发展进程的调整”。在这个总体架构中，这些学者们强调了以下几点：

> 首先，低利率和有利的金融条件促进了家庭与公司的信贷激增和负债加剧。其次，来自需求的持续压力超过了生产设备的反应能力，造成了与欧元区其他地区的正通胀差距，导致实际汇率大幅升值，价格竞争力下降，外债大幅增加。最后，信贷供应和人口压力明显助长了房地产热潮，住房价格高涨，生产资源过度集中于建筑行业。（Estrada et al.，2009：9）

因此，这里指出了低利率与其所致的信贷上涨，以及对移民需求的增加。对于此类危机，似乎缺少相应的理论框架。

此外，出自奥地利学派的危机概念的实例也值得一提。其倡导者之一维拉（Vara，2009）在危机理论中指出，“在一段时间内，当一些可能条件同时出现时，就会爆发金融危机”（同上：141）：①信托货币和部分准备金的金融体系；②短期负债能力的剧增和利率的下跌；③某个行业的存

在对一个国家的整体经济有拉动作用的显著需求。

就西班牙而言，第一个因素显而易见，负债能力也是如此，所以原因包括以下两点：其一，自21世纪头10年以来，利率下降，原因是美国（联邦储备委员会）和欧洲（欧洲中央银行）的政治因素；其二，人口因素——20世纪70年代出生的人已经成年，以及移民的涌入——这两个因素的共同作用，增加了房地产市场需求。因此，上述埃斯特拉达等（2009）的分析类型中也增加了金融体系的类型，这在奥地利学派中不乏先例。

在大量重复出现的扭曲、不平衡和其他问题中，我只想强调知名学者塔瓜斯提到的原因。之所以选择塔瓜斯，一是由于他的知名度，二是由于他的分析。塔瓜斯（Taguas，2014）在一本关于危机的书中解释说，西班牙目前还存在着某些令人担忧的原则问题：①过于依赖公共支出（赤字问题）；②对消费和储蓄进行跨期的选择时，当期权重过大（由此受到惩罚）；③对工人购买力的维护一直处于劳动关系的主导地位；④对信贷的依赖。

在他撰写的《西班牙经济的四场婚礼》中，塔瓜斯也谈到了这些问题。这些都是近几十年来的经济特点，实际上，在著名电影《萧条的婚礼》中早就预测到了这些问题。这份清单揭示了危机理论的人文基础——正如我在第4章所述：它是关乎西班牙的心理问题（或基因），具体表现在社会习俗和决策中，并与工会和政府的不负责任相辅相成。

在非正统领域，对于雷西奥（Recio，2010：198）而言，危机是“动荡累积的结果，这种动荡导致了新自由主义的经济管理”。同时，他也指出了“经济全球化带来的动力、经济集团在经济结构中的作用以及欧洲监管模式的影响”（同上：203）。尽管第9章展示了消费不足主义的底蕴，但本文作者仍然揭示了一种主观主义的分析框架。为此，他解释说：“主导经济部门共同选择了‘中介经济’，这不利于复杂生产策略的使用，并且不可避免地需要专业的培训，以及在研究等方面投入更多的社会支出。”

（同上：206－207）那么，如果没有新自由主义政策，就不会有危机吗？

有时，因果关系的顺序也会明确地出现在一系列因素中，但不是为了解释原因，而是为了分析后果，即危机的发生和发展。因为双峰现象通常是最终的出发点，于是优先权成了描述性的标签，必须贴在衰退过程中发生的每一次危机上。

但是我们必须予以说明的是，科明（Comín，2015）是为数不多的能清楚地指出危机中不同事件的因果关系的学者之一。对于他来说，从信用崩溃开始，建筑业就出现了危机，由于其部门间的联系和这一行业人数下降而导致经济衰退。其后果首先是人口收入下降而导致的犯罪增加，随后，这种经济和银行危机将导致财政和公共债务危机。

同样，豪尔赫·胡安（Jorge Juan，2011）认为，首先是经济危机，然后才是金融危机。相反，鲁斯加（Ruesga，2013）认为，金融危机先于经济危机发生。由于就业率下降，债务问题相继出现，从而导致了紧缩政策的出台。在此，优先考虑的是解决是否存在经济危机，或者实际的金融、债务、财政或银行危机等一系列问题。与马克思的唯物主义分析方法不同的是，形式是优先考虑的，就好像危机的类型各不相同，取决于最为严重的不平衡性。

归根结底，这些对危机的解释优先考虑了触发因素，从而忽视了潜在的原因、描述和分析。

8.3 决策、激励和意识形态问题

将危机的出现归咎于人类行为的解释有三种。因此，经济政策决策的责任、经济主体决策背后的激励机制和意识形态问题不失为关键的解释因素。

8.3.1 经济政策

首先，作为经济灾难的罪魁祸首，国家显然难辞其咎。事实上，公共部门是正统经济学的重要组成部分，它不仅仅为资本积累创造了有利条件，在理论界也发挥着至关重要的作用：公共部门通常被看作经济问题的罪魁祸首，是审判中的“被告”。这也就是说，公共部门充当着“替罪羊”的角色。

更令人惊讶的是，一家机构对此次经济危机进行了一些诊断。该机构在剥离了之前在欧元区一体化过程中承担的责任之后，近年来主要聚焦鼓励工资限制措施，并对公共养老金体系的不可持续性发出警告；以一种互补的方式，解释这场危机的原因——如果有证据证明——是西班牙银行的无能。因此，西班牙银行（2010）又指责政府以一种非独创的方式进行干预，并声称这种干预造成了资源分配不足。该机构确实强调“商品、服务和要素市场监管的某些方面的持续性，这与其他因素一同为房地产行业配置了过多的资源并将生产率的增长保持在20世纪90年代中期以来的较低水平”（同上：42）。

当然，在这个逃避责任的游戏中，就像一家机构指责另一家机构一样，它也会受到批评。对于帕莱福（Palafox，2017）而言，造成危机的决定性因素有两点，即西班牙银行不计后果的风险管理和经济部门授权的被动监管。因此，央行和政府都要为这场危机负责。显然，一些正统经济学家也持有类似的观点。加里卡诺（Garicano，2014）公开认为，在危机前的投机过程中存在着一种政治上有意为之的责任。本书作者认为，“泡沫不是偶然产生的，而是西班牙政府有意识决策的结果”（同上：57）。因此，加里卡诺超越了西班牙银行一步，更加明确地指出了国家的责任。

卡瓦略·克鲁斯（Carballo-Cruz，2011）十分关注房地产泡沫，其本质可由经济政策的决策予以解释：欧洲央行自2001年以来实施的货币政策和国内的财政政策，促进了房地产资产（住房）的购买，而租赁市场丝毫未受影响。另外，卡瓦略又补充了第三个因素，即增长模式给政客带来的好处，因为这种模式是劳动密集型的，可以迅速降低失业率，增加中间选民的财富，并为公共行政部门创造高额税收，所以颇受政客青睐。

总而言之，尽管危机爆发仅为一种可能，但引发危机的某些因素却一直存在，从未缺席。如果策略得当，我们就能够有效避免危机的发生。奥尔特加和佩尼亚洛萨（Ortega and Peñalosa，2012）认为，通过实施新自由主义政策、更严格的财政政策以及创造自由度更高的商品和要素市场，原本是可以避免失衡的。这是因为，首先，这些决策将缓解国内需求压力，从而避免由进口增加而引起的高额贸易逆差的积累。其次，自由化会减缓物价和工资上涨。含蓄地说，由于他们没有提到企业利润，现在的议题似乎是进一步放松劳动力市场的管制，这将有助于限制工资，并因此降低通货膨胀，防止竞争力恶化。

在同一方面，加维兰等（Gavilán et al.，2011：95）指出："如果在1998—2008年西班牙经济曾经推行劳动力和产品市场的结构性改革，那么现在经济活动的扩张、投资和就业情况会更加强健。"

持非正统观点的学者认为新自由主义政策是危机的罪魁祸首，其中，阿尔瓦雷斯等（2013）含蓄地给予指责，而雷西奥（Recio，2010）和科洛姆（Colom，2012）则更为直接。桑托斯·鲁埃斯加（Santos Ruesga，2013）认为，以金融为特征的原始危机是由两方面因素共同引起的：一是货币政策带来了极低利率，从而导致过剩的流动性以经济泡沫的形式出现；二是公共部门缺乏适当的监管措施。

纠正一下加西亚（2014）的后凯恩斯式评估意义非凡。对于加西亚而言，西班牙经济在危机前阶段的趋势"完全符合海曼·明斯基的关于危机如何爆发的方式"（同上：31）。但需要注意的是，本文作者强调了积极预期的核心作用，因为该预期推进了扩张阶段，并引发了一个低风险观念。负债和泡沫就是由这种现象引发的。本文作者最后强调了西班牙单位劳动成本的相对增加。然而，当他指出"这项工作的主要结论之一是西班牙制定经济政策的人是如何在采用欧元后在1999—2007年（同上：49）竟能犯下如此之多的错误"时，就已经有了分析框架。这些错误导致了各种汇率扭曲与部门之间的资源再分配。

随后，依据同样的分析思路，本文作者提到了一系列与鼓励银行利用外部融资大幅扩大房地产信贷的决策相关的失败举措，同时也提及了欧洲机构犯下的错误，并声称欧盟的重要伙伴最终从中获益。在这种情况下，我们可以说这场危机是人类错误大量积累的结果，其根本诱因表现为人类预期形式的心理，它是一种具有后凯恩斯主义方法特征的、含有主观主义成分的预测。

简言之，对这套解释性例子的反思，首先应指出，1992 年签署《马斯特里赫特条约》并执行了纳入货币联盟的趋同标准之后，经济政策已经转向或强调走向新自由主义的方向。随着私有化的推进，各种劳动力市场的改革加深了劳资关系自由化，保证了货币当局的独立性，最重要的是，稳定货币已享有绝对的优先权。

无论是社会党（PSOE）还是人民党（PP）执政，所有这一切都会发生。社会党执政一直到 1996 年，之后于 2004—2011 年执政，人民党于 1996—2004 年执政，然后是 2011 年后执政。当然，应该澄清的是，这并不意味着存在一种新自由主义，就像一个人不能代表一个真正的社会民主框架，国家干预总会出现。尽管发生了新自由主义转向，工人阶级仍然固守或实现了真正意义上的控制，这种控制深深植根于社会中。因此，尽管工人阶级能逐渐被瓦解，但仍难以根除。

因此，当危机无论是在干预主义还是在自由主义等不同的背景下爆发的时候，怎么可能维持一个关于经济政策的理论？如果构想出一个永远不会实现的理想抽象模型，其意义是显而易见的：人们总是可以求助于遗留的问题，以此当作危机的诱因。也就是说，仍然存在的劳工权利导致的失业和竞争力下降总被视作导致危机的原因。然而，将一个仍然存在的问题作为解释原因似乎并不十分严格，但是事实上，在过去几年或几十年中，这种趋势已经在加速其瓦解。

最后，如何解释那些负责经济政策的人尽管已实现了技术进步但却没有从错误中吸取教训，特别是没有从先进的计量经济模型和大数据中吸取教训的现象呢？用卡尔凯迪（Carchedi，2011：132）的话来说，“肯定有一些结构性的原因使他们无法从过去的错误中吸取教训，即迫使他们继续犯下这些错误”。该论述为危机理论第1章所提出的二分法奠定了基础。

8.3.2 激励措施和代理商的决策

这种解释的第二方面，显然与先前的解释有关，侧重于激励。西班牙房地产系统的知名专家加西亚·蒙塔尔沃（García - Montalvo，2009）认识到经济分析中存在一系列争议。他发现将经济定性为一门研究激励机制结果的科学是当今这个时代的主要共识之一。与此观点相一致，本文作者解释了大衰退具有的三个根本原因：贪婪、愚蠢和不正当激励。尽管加西亚·蒙塔尔沃认为大量使用错误的数学模型极不明智，但的确，不正当激励是前几个问题的潜在原因，因为它鼓励银行家承担过多的风险——这是他们贪婪的体现——并影响购房者、评级机构和税收。① 依据最后一条，西班牙银行研究部主管何塞·路易斯·马洛（Jose Luis Malo）遗憾地表示，“由于缺乏高质量的统计数据，难以对房地产危机进行可靠的早期诊断”。这一点令人十分惊讶（El Economista，2015）。

另外，我们必须对西班牙新古典主义三个重要代表人物——费尔南德斯-维拉维尔德、加里卡诺和桑托斯对危机的描述（2013）进行一番讨论。他们认为，“随着欧元推动大量资本流动和外围国家的金融泡沫，经济改革惨遭放弃，体制恶化，对信贷泡沫的反应被推迟，这些国家的经济增长前景预期也在下降”（同上：146）。这是因为资源的广泛供应使经济约束得到了松绑，使决策变得困难，因为没有迹象表明代理商的业绩。

但是，什么决定本该做出却被推迟了呢？也就是说，西班牙经济中存

① 确实存在疑问，当今学术界是否存在物质上的动机来支持这种危机的经济理论？如果我们试图理解正统经济学在解释上的不足，那么它维护某些利益的功能可能源于某种动机，而不仅仅是对知识的热爱。

在哪些问题，有哪些问题又被当局忽视了？毫不奇怪，它还是一如既往的自由主义："对那些拖累长期增长的关键机构，例如僵化的劳动力市场、垄断的产品市场、失败的教育体系，或者是因逃税而严重扭曲的税收制度进行改革的努力被放弃，甚至被逆转。"（同上）

西班牙本应效仿施罗德（Schröder）的德国政府，因为德国政府启动了2010年议程计划，其核心是哈茨四世（Hartz Ⅳ）改革。在那种情况下，西班牙不会发生危机吗？这种情况仍有可能发生，因为在带来但并非造成繁荣时期经济失衡的众多因素中，储蓄银行最为突出。同样自相矛盾的是，这些学者批评储蓄银行运行的不断自由化，例如向各区域转让权限。尽管总有一些争论可以发挥一点作用，但在这种情况下，问题是它为"当地的政治家俘获选民"打开了一扇大门（同上：154）。

还有一件事情同样令人好奇。虽然在当前，人力资本适用于储蓄银行经理，但事实上，他们的水平是足够的，"那些人力资本特别低的储蓄银行拥有最多的房地产贷款和不良贷款"（同上：154）。我必须承认，要想解释清楚资本主义和经济危机之间不存在因果关系是极其复杂的一件事。

8.3.3　意识形态

危机，作为一种经济现象，同样受制于经济分析的优点和缺点。也许受制程度更甚，因为其有自身的特点。值得一提的是，西班牙著名的豪尔赫·胡安小组中进行危机分析的一些专家（2011）① 指出，"我们的目标是在事实和证据的基础上，将现代经济方法论置于辩论的中心，其次关注分析发挥作用的激励因素及其相互之间的作用"（同上：16）。关于经济学中的证据分析，他们澄清说，"这意味着我们使用两个，而且只有两个简单

---

①　在豪尔赫·胡安这个名字的背后，有一群为新古典主义辩护的经济学家。豪尔赫·胡安是一位西班牙科学家，他以自己的名字命名了西班牙应用经济研究协会（FEDEA）总部所在的街道。西班牙应用经济研究协会（https://www.fedea.net/）是正统经济学的"智库"，由西班牙的大企业提供资金支持。这些学者有一个博客（http://nadaesgratis.es/）介绍其著作，这本著作非常有趣，尽管来自相反的理论立场。

的原则：激励和均衡”。最重要的一点是，代理人的行为解释了危机，他们对激励措施做出了反应。

至于危机问题，这些学者认为经济扩张阶段的到来与经济自由化改革有关。因此，1959 年的稳定计划、1983—1984 年第一届社会主义政府的经济调整计划、1994—1996 年并入欧元区的改革都加速了经济扩张阶段的到来。

那么是什么促发了经济危机呢？似乎既不是资本主义也不是自由化措施。虽然资本主义自由化已经取得了进展，但总有仍然需要自由化的其他部分，所以这部分就是经济危机爆发的重要原因。至少正统的学者批评某些国家干预措施促使损失社会化这一行为是值得赞赏的，他们声称“破产机制的缺失从根本上削弱了经济体系的激励机制……银行的债权人不承担他们不良投资的后果，这是令人难以接受的”（Jorge Juan，2011：76）。

8.3.4　衰退时期的经济政策

最初，自 2004 年选举以来，掌权的西班牙社会党政府旨在用刺激经济增长的凯恩斯主义经济计划来应对危机。该计划包括一系列缺乏一贯性的措施，一直实施到 2010 年 5 月。西班牙刺激经济和就业的计划（“E 计划”），与 20 国集团和国际货币基金组织的提议一致，是“欧洲经济复苏计划”的一部分。虽然它包括四个干预领域，但是大部分分配的资源是用以资助地方行政当局的公共工程。这些措施所消耗的资金相当于西班牙 2009 年国内生产总值的 2.3%，如果它是发达经济体中实力相对较强的国家之一，那么这一大笔资金来自他们所实现的财政利润——2007 年财政盈余占国内生产总值的 2%，危机爆发时债务总额低于国内生产总值的 40%（Uxó et al.，2015），但是无论如何，旨在减少失业的措施取得的成效相当有限。

起初，政府否认危机将会发生，并且坚信经济衰退不会恶化，因而在采取了扩张性措施之后，于 2009 年 4 月启动了超额赤字程序。因此在

2010 年 5 月，其经济战略政策发生了根本性变化——从刺激经济发展变为优先保证公共账户的收支平衡，因为最初的扩张性政策增加了公共赤字。据此，经济政策调整发生了转向，这些调整政策的共同特征是降低了工资支出。

弄清经济政策的意义十分重要，因为从根本上讲这不是来自凯恩斯主义灵感的二分法“新自由主义或国家干预”的问题，更不是理论渊源差异的问题。根本问题在于资本与劳动力之间的主要矛盾，即如何恢复资本的盈利能力，这就需要我们对收入分配方式进行彻底改革。正是基于上述因素，我们应该考虑调整工资政策（Mateo，2016）。即使工资不是危机产生的原因，提高盈利能力也确实需要一个较为合理的工资制度。

据此，经济政策可以变得更加自由，比如在劳动力市场或养老金的改革中就可以变得更为灵活。在金融领域，可以采用国家干预以确保资本增殖所需的基本条件。处理银行体系的破产问题时，国家可以摒弃新自由主义理论并进行干预，以保证积累过程的再生产。

详细阐述这个问题十分重要。首先，我们要实行所谓的流动性注入或银行实体损失的社会化：一方面，通过金融资产收购基金（FAAF）或提供公共担保（间接补贴的一种）；另一方面，向欧盟寻求援助——这在一定程度上导致了欧洲的劳动分工：当国家干预储蓄银行时，欧洲央行就负责助西班牙的储蓄银行一臂之力。

其次，建立“有序银行重组基金”（FROB）的目的是促进事先议定的银行一体化进程，特别是促进储蓄银行之间的一体化进程，如此便可以形成更大的规模来规避风险。实际上，这意味着我们需要再次给私立银行系统拨款。

再次，修改储蓄银行的监管框架，将大多数储蓄银行转变为银行，即储蓄银行的银行化。

最后，增加准备金和所需资本，由此提高“核心资本”占比。

在欧洲，欧洲央行的干预极不均衡，危机更能体现其本质。除了明显受制于资本利益之外，它的决策还受政治影响——或者至少受地缘政治的影响。在2010年4月至6月期间，西班牙的风险溢价从70个基点上升到200个基点（西班牙银行，2019b），此时希腊债务利率也在上升。欧洲央行仅在5月10日进行了干预，并宣布启动“证券市场计划”，“旨在确保债务证券市场失灵部分的深度和流动性，并恢复货币政策传导机制”（欧洲央行，2010：24）。在二级市场上收购主权债务，其意图是使利率下降，而事实也的确如此。然而，虽然西班牙的保费风险在2010年7月中至11月期间下降了200个基点，但随后有所上升。

随后，2011年7月，希腊公共债务重组的提出对西班牙等欧元区的其他国家也颇有影响。西班牙债券销售增加，银行间信贷受到限制，西班牙公债的风险溢价和利率飙升（Vázquez，2015）。2012年5月至8月，西班牙的情况十分危急，风险溢价超过500个基点。因此，2012年6月，西班牙请求欧盟提供财政援助，风险溢价随后在7月23日至25日达到最高值，超过600个基点。因此，7月26日，欧洲央行行长德拉吉（Mario Draghi）声称，他已经“时刻准备采取一切措施”拯救欧元，并相当自信地补充说：“相信我，这就足够了。”

欧洲央行将重启其紧急债券购买计划，以帮助降低西班牙的借贷成本。因此，欧元体系不得不在2012年这个动荡的年份再次拯救西班牙银行。2012年8月，西班牙的融资规模达到4120亿欧元，占欧洲体系向欧元区银行所提供的流动资金的1/3（西班牙银行，2017）。因此，二级市场的一年期国库券从7月的4%降至年底的2.2%，同期三年期国债的发行边际利率从5.3%下降到3.1%（西班牙银行，2019a）。

由此表明，欧洲央行在一定程度上应对欧洲外围国家危机的严重程度负责。但无论如何它都没有完全的责任，也就是说，西班牙的危机是没有政治基础的。但欧洲央行的干预恶化了它发生的方式，加重了它的成本。

2013—2014 年，尽管西班牙进入了一个新的经济增长周期，但基础薄弱，且工作和生活条件仍然因为危机和预算削减而负担沉重。在盈利水平没有大幅恢复的情况下，最近的经济增长仍然依赖于各种短期因素。自 2012 年夏季以来，欧洲央行的上述干预使风险溢价保持在适度水平，这使得国家更容易在信用评级不佳的情况下轻松地为其账单融资。私营企业已经能够为其债务进行再融资，这也使得其债务水平得以维持。此外，欧洲联盟委员会自 2013 年以来放宽了预算赤字要求，接受了高于预期水平的数字。因此，财政和货币政策有了更大的空间来推动经济增长的恢复。

截至 2015 年年初，欧洲央行的量化扩张使欧元对美元的汇率下跌，利率也有所下降。然而，欧洲央行在危机期间的量化宽松计划对德国的经济增长却相当有利。欧洲央行曾多次在欧元区最强国家的通货膨胀率略有回升时提高利率，而只有在通货膨胀率已经非常接近于零的情况下才降低利率（Comín，2015）。[①] 这也解释了为什么德国在经济停滞以及处在所谓的货币战争框架的情况下允许实行欧洲央行的量化宽松计划，因为这样做会增加欧盟以外地区和国家的出口。

这一繁荣的另一个基础是不稳定和低薪工作的激增背景下的工资限制，尽管正统派和凯恩斯主义经济学家之间的争论依旧十分激烈。同样，油价从 2014 年年中的每桶布伦特原油 100 美元降到 2015 年年初的不到 50 美元也是另一个因素。然而，欧元区当前的经济态势欠佳，由此限制了西班牙经济的出口可能性。比起重建生产条件以恢复资本密集积累的状态，这些驱动因素到目前为止效应依然十分有限。

---

① 本文作者对欧洲央行和德国之间的利益关系持批评态度，并指出："危机表明欧洲央行和德拉吉（Draghi）只能尊重德国划定的红线。鉴于欧元区已经出现明显的通货紧缩，欧洲央行目前实行的量化扩张（欧洲央行正在大力使欧元贬值）主要有利于向欧盟以外出口的欧洲国家，即德国。"（Comín，2015：48）

参考文献

[1] Álvarez N, Luengo F, Uxó J (2013) Fracturas y crisis en Europa. Clave Intelectual, Madrid.

[2] BoS (2010). Annual report 2009. Bank of Spain, Madrid.

[3] BoS (2017). Report on the nancial and banking crisis in Spain, 2008 – 2014. Bank of Spain, Madrid.

[4] BoS (2019a). Economic indicators. Bank of Spain, Madrid.

[5] BoS (2019b). Summary indicators. Bank of Spain, Madrid.

[6] Carballo – Cruz F (2011) Causes and consequences of the Spanish economic crisis: why the recovery is taken so long? Panoeconomicus 58 (3): 309 – 328.

[7] Carchedi G (2011) Behind the crisis. Marx's dialectics of value and knowledge. Brill, Leiden and Boston.

[8] Colom A (2012) La crisis económica española: orígenes y consecuencias. Una aproximación crítica. Paper presented at the 13rd Jornadas de Economía Crítica, University of Seville, 9 – 11 February 2012.

[9] Comín F (2015) Las dimensiones de la crisis actual desde una perspectiva histórica. Gaceta Sindical 24:25 – 64.

[10] Coscubiela J (2010) Causas y lecciones ignoradas de la crisis. In: Costas A (coord.) La crisis de 2008. De la economía a la política y más allá. Fundación Cajamar, El Ejido, p 345 – 364.

[11] ECB (2010). Monthly Bulletin, June. European Central Bank, Frankfurt. https://www.ecb.europa.eu/pub/pdf/mobu/mb201006en.pdf.

[12] El Economista (2015) La burbuja inmobiliaria se detectó tarde por la falta de buenos datos, según el Banco de España, 28 April.

[13] Estrada A, Jimeno JF, Malo de Molina JL (2009) La economÍa española en la UEM: los diez primeros años. Occasional Papers 0901, Bank of Spain, Madrid.

[14] Fama E (2010) Interview with Eugene Fama, by John Cassidy. e New Yorker, 13 January.

[15] Fernández – Villaverde J, Garicano L, Santos T (2013) Political credit cycles: the case of the Eurozone. e Journal of Economic Perspectives 27 (3): 145 – 166.

[16] Fernandez – Villaverde J, Ohanian L (2010) e Spanish crisis from a global per – spective, FEDEA Working Papers 2010 – 3, Foundation for Applied Economics Studies.

[17] GarcÍa N (2014) Las causas de la doble recesión de España en 2008 – 2013. In: GarcÍa N, Ruesga SM (coords) ¿Qué ha pasado con la economÍa española? La Gran Recesión 2.0 (2008 a 2013). Pirámide, Madrid, p 29 – 54.

[18] GarcÍa – Montalvo J (2009) Financiación inmobiliaria, burbuja crediticia y crisis nanciera. Lecciones a partir de la recesión de 2008 – 09. Papeles de EconomÍa Española 122:66 – 85.

[19] Garicano L (2014) El dilema de España. Ser más productivos para vivir mejor. PenÍnsula, Barcelona.

[20] Gavilán A, Hernández P, Jimeno J F et al (2011) e crisis in Spain: origins and developments. In: Beblavý M, Cobham D, ódor L (eds) e Euro area and the nancial crisis. Cambridge University Press, New York, p 81 – 96.

[21] Jorge Juan (2011) Nada es gratis. Cómo evitar la década perdida tras la década prodigiosa. Destino, Madrid.

[22] Mateo J P (2016) Capitalismo, neoliberalismo y polÍtica económica. Pensamiento al Margen 4:1 – 24.

[23] Ortega E, Peñalosa J (2012) Claves de la crisis económica española y retos paracrecer en la UEM. Occasional Papers 1201, Bank of Spain, Madrid.

[24] Palafox J (2017) Cuatro vientos en contra. El porvenir económico de España. Pasado y Presente, Barcelona.

[25] Recio A (2010) Capitalismo español: la inevitable crisis de un modelo insostenible. Revista de EconomÍa CrÍtica 9:198 – 222.

[26] Ruesga SM (2013) Para entender la crisis económica en España. El cÍrculo vicioso de la moneda única y la carencia de un modelo productivo e cien-te. EconomÍa UNAM 10(28):70 – 94.

[27] Taguas D (2014) Cuatro bodas y un funeral: cómo salir de la crisis sin salir del euro. Deusto, Barcelona.

[28] Tapia J A (2018) Investment, pro t and crises: theories and evidence. In: Carchedi G, Roberts M (eds) e world in crisis. A global analysis of Marx's law of pro tability. Haymarket, Chicago, p 78 – 126.

[29] Uxó J, Febrero E, Bermejo F (2015) Reforma laboral, devaluación salarial y empleo: una perspectiva macroeconómica. Revista de EconomÍa Laboral 12:201 – 247.

[30] Vara O (2009). Causas de la crisis nanciera en el caso español. Cuadernos de EconomÍa 32(88):141 – 158.

[31] Vázquez M (2015) Una aproximación a la actual crisis de deuda en España. EconomÍa UNAM 12(34):53 – 67.

[32] Veld J, Kollmann R, Pataracchia B et al (2014) International capital ows and the boom – bust cycle in Spain. Economic Papers 519, June. Economic and Financial A airs, European Commission.

9

劳动力市场、工资和危机

正如第4章所述，从传统意义上讲，在收入分配领域已经存在一些危机理论，这种观点屡见不鲜。令人好奇且兴味盎然的即是证明，在有关西班牙经济危机的众多文献中，我们可以从截然相反的角度看出工资在其中所扮演的角色：工资增长过多或者过低。

本章旨在分析这一套在解释西班牙经济大衰退时占据分配领域中心地位的危机理论，在这套理论中，工资决定是主要议题。反之，对于劳动力市场的调节和消费者需求的作用也存在一些决定性影响。可以看出，此次危机中的这些“有关分配的相关内容”虽然看似矛盾，但实际上其内容包含一些方法要素，和本书所支持的政治经济学的方法截然相反。

9.1 基于工资的危机论述

9.1.1 利润压缩的一个变量：刚性的劳动力市场和工资成本

正因如此，许多正统文献将导致危机的各种失衡问题归咎于高工资，而这种失衡通常是国家干预造成的结果。人们会提到一种利润压缩理论，说工资的过度增长导致危机，然而企业利润通常被排除在分析之外。

利润压缩理论的起源通常存在于劳动力市场。在这一论述中，鉴于西班牙的劳动力市场可能缺乏灵活性，反之由于集体谈判的刚性，工资缺乏弹性。通常这就是国家干预的地方，这将意味着工资水平并非根据企业的需要——根据企业的生产率，而非劳动者的边际生产率——来决定，而是根据劳动者试图维持生活水平以及不丧失购买力而进行的斗争来决定的。

这就是部门一级的劳动关系和集体谈判框架一直饱受诟病的原因。争论的核心是集体谈判中员工的覆盖程度，伴随“极端活动”的原则，这一集体谈判会自动扩大到同一项目部门的所有工人。该原则规定，集体协议即使在其期限结束之后也具有效力，直到签署新的协议为止——并随着2012年的劳动改革而消失。在实施工资调整政策之前，在经济萧条的第一个阶段出现的工资增长就是一个屡见不鲜的例子。

9.1.2 劳动力、名义工资和竞争力

塔瓜斯（2014：51）在一本家喻户晓的书中大胆保证“经济学家之间存在一个非常普遍的共识，即劳动力市场的运行是主要问题所在”。这一点可以通过两个因素解释清楚，即工资对宏观经济条件的敏感度低，特别是对公司状况的敏感度低，以及对契约二元性①的敏感度也低。对于他来说，工资的责任具有不同的维度，不仅是劳动力市场上的刚性（这似乎是关系最大的），而且是高税收，其次是他在分析中对储蓄的强调。

一个惯常证明工资责任的论点是，使用名义工资计算单位劳动力成本（ULC），从而以当前价格计算生产率，而不是以不变价格计算。对单位劳动力成本的这种计量明显显示出一个上升的演变趋势，当把这种现象与欧元区其他国家进行对比时，就能看出西班牙竞争力的恶化趋势（西班牙银行，2017；Estrada et al.，2009；Cuadrado - Roura and Maroto，2012；Malo

① 劳动力市场的二元性是正统学者在每一次分析中都会出现的长期商业抱怨之一。它提到有临时合同和无期限合同工人的存在，以表明无期限合同的特权条件解释了临时合同的不稳定性。

de Molina，2013；Maluquer，2014；Taguas，2014；Carreras and Tafunell，2018）。西班牙银行是最热衷这一方法的机构之一。在《2008—2014 年西班牙金融和银行危机的报告》中，西班牙银行最终解释了在生产率停滞——由此也导致了单位劳动力成本的增加——的背景下源于名义工资上涨的这场危机。

因此，如图 9.1 所示，在西班牙银行的数据库中，单位劳动力成本是以上述这种方式计算的。根据西班牙银行（2019）的计算，1995 年第一季度至 2008 年的上半年中，西班牙的单位劳动力成本增长了近 50%，而在欧元区却只增长了 21%。这三个季度的成本差异由每名工人更大的工资涨幅所致。西班牙的工人工资增长了 59%，而欧元区仅增长了 37%。此趋势的变化发展贯穿整个 2008 年，自 2009 年以来，西班牙的单位劳动力成本相对于欧元区有所下降。这种竞争力的提高是由于危机期间生产率的提高，而这反过来又基于竞争力不强的企业的破产，以及自 2010 年以来实施调整政策后的工资停滞。

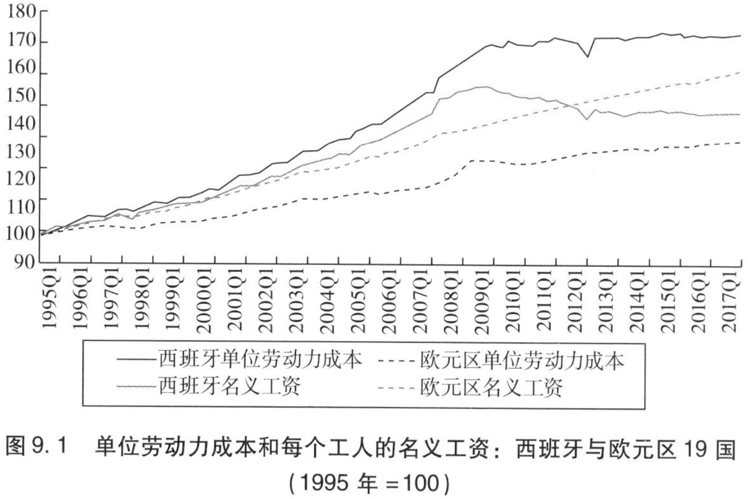

图 9.1　单位劳动力成本和每个工人的名义工资：西班牙与欧元区 19 国（1995 年 =100）

资料来源：西班牙银行（2019）。

这一观点的另一个倡导者是加里卡诺（2014）。[①] 在他看来，集体谈判产生了过度的工资刚性，从而使资本和劳动力无法流向盈利能力最强的部门。加里卡诺强调生产率的这种细微演变，加上“劳动力成本的显著增加”，从而“削弱了国内公司的竞争力”（同上：56）。

参考竞争力恶化的重要性在于，有研究者可能将劳动力市场刚性与西班牙增长阶段的另一个不平衡（外部部门）联系起来。根据这一说法，这种恶化导致了活期账户赤字的增加，也导致了从国外筹资的必要。其他学者，如加维兰等（Gavilán et al.，2011）表示，尽管他们是以极低的生产率增长和“国内劳动力和产品市场存在重大扭曲现象”来解释危机的（同上：82），即以“劳动力市场刚性和一些市场竞争不足”（同上：94）来解释危机，但竞争力的损失也只是解释危机的一个补充因素而已。

基于正统的方法，波德林等（2009）给出了一个特别解释。果不其然，这些学者首先批评了劳动力市场刚性和高度历史工会化产生的影响。然而，他们同时也指出，在20世纪90年代中期——事实上，自1994年以来，可能是由于当年的劳动改革放松管制——“随着临时合同的普及和2000年后大量移民的涌入，大量的非工会劳工逐渐出现”（同上：213）。尽管就业有所增加，但这种劳动力的供应阻止了工资在扩张阶段的飙升。

他们的分析中最有意义的一个方面就是其在生产停滞和工资限制政策之间建立的联系：“1994年后，西班牙劳动力市场在边际上变得‘更加廉价’，因此一些部门的生产率停滞不前。”这样，一种部门分类揭示出“在参与国际竞争的部门中存在着生产增益，并在这些部门中不能使用移民或廉价劳动力；在不参与国际竞争的部门中，或者可以使用廉价劳动力的部门中，或者既不参与国际竞争又可以使用廉价劳动力的部门中，都存在劳

① 加里卡诺是“智库”FEDEA（西班牙应用经济研究协会）的杰出经济学家，他曾与人力资本理论的两位倡导者G. 贝克尔和K. 墨菲有过合作。他目前是西班牙自由党公民经济计划的代表之一，也是欧洲自由党和民主党联盟（ALDE Party）的副主席。

动生产率的停滞”（同上：213－214）。

因此，事实证明，一方面归咎于工人阶级，因为他们的工会化水平过高；另一方面又归咎于国家，因为其奉行的干预主义（劳动力市场的刚性）。这两个原因都将产生移民潮对工资造成的下行压力，从而影响西班牙经济的部门重组和微薄的生产率成果。

总之，这些学者认为，正是高水平的工会化和不受生产率影响的工资的结合，扭曲了劳动力市场的正常运行，最终“导致经济停滞以及就业增长乏力”（同上：214）。

从非正统的立场来看，加西亚（García，2014a）也将竞争力的损失归咎于工资，尽管它仅限于非贸易部门。他将这一现象归咎于西班牙在相对生产率较低的背景下加入了欧元区。然而，尽管他又提到了工资调整条款与前一年的通货膨胀，但竞争力损失的原因在于建筑等非贸易性劳动密集型活动的扩张所产生的需求，从而反哺工资—价格螺旋（García，2014b）。

另一种观点坚持竞争力损失原因是劳动关系框架中的逻辑后果，指的是市场刚性与失业增加之间存在的关系。在市场缺乏灵活性的情况下，雇主选择解雇工人，而不是采取其他措施，如改变工作时间或工资。因此，2012 年的劳动改革（“皇家法令”2012）获得了批准，这代表了西班牙对抗劳动力市场方面一次具有历史意义的质的飞跃。[①]

9.2　那么商业利润呢？

至少可以说明的是，在这些论述中“利润率”这一概念惨遭忽略，而身为其“对手”的工资薪酬则得到了广泛关注。但是，仍可能会提到一些

① 在解释动机时，《西班牙国务院官方公报》（BOE，2012：12483）指出，“经济危机突出了西班牙劳动模式的不可持续性”，这就是为什么“这项皇家法令打算创造必要条件，使西班牙经济能够重新创造就业机会，从而为工人和企业家、市场和投资者创造必要的安全”（同上：12484）。当然，不要忘记，“无论是企业家还是工人，这是一项造福所有人的改革”。（同上：12484）

例外。在后凯恩斯主义对佩雷斯 - 卡尔登泰（Pérez - Caldentey）和维内欧（Vernengo）的解释（2018：305）中，危机具有两个根本原因，其中一个是“在金融自由化和贷款宽松且不受管制的制度下，盈利能力呈下降趋势”。这种盈利能力的下降，“部分是由于相对单位劳动力成本的上升（实际汇率的增值），这也解释了外部部门失衡日益加剧的原因”。因此，应该指出的是，商业伙伴的名义工资成本将会削弱非金融商业部门的盈利能力和竞争力，这将转化为一个债务累积、金融脆弱性加剧以及国际净投资暴跌的过程。从更正统的角度来看，佩雷斯（2013）至少展示了几个传统的盈利指标。虽然他没有从经济衰退的角度来解释危机，但他的确指出，这次下跌“反映了西班牙经济的一个特点：生产和成本结构的刚性”（同上：175）。

然而，这些例子构成了真正的例外。在正统领域，人们所说的公司盈利能力通常被“竞争力”这个概念所取代，“竞争力”是一个更可接受且争议较少的概念。当然，利润率作为分析的一个中心范畴，在非马克思主义的异端思潮中并不常见。

只有在特殊情况下，只有在占首要地位的“劳动力市场—工资成本—价格”顺序仅仅处于次要地位时，我们才可能隐约提到过高的商业利润。然而，由于存在自由竞争障碍，商业利润就要借助国家干预（Estrada et al.，2009；Malo de Molina，2013；西班牙银行，2017）。

然而，这里存在一个明显的不对称性。虽然由于政治干预，工资的增长速度通常会过快，但由于价格在形成过程中拥有对称性，利润在原则上不会受到影响，因为工资增长被转移到了价格上。此外，不同企业之间也存在着种种差异。即使有时企业利润过多存在，也不能不分青红皂白地将责任归咎于企业，因为只有少数部门的利润过高会给其他部门带来不利影响。这表明竞争条件是良莠不齐的。

在西班牙银行的埃斯特拉达等（2009）进行的研究中，有人认为，劳动力市场效率低下“是总效率低下程度演变的决定因素”（同上：26），由此反过来解释了利润增长的波动是远高于商品和服务市场上的波动的。这些学者认为，通货膨胀可以包括两个因素，即单位劳动力成本和企业毛利率——这实际上就是通货膨胀和单位劳动力成本之间的差别。在这种方法中，正如马克思理论所言，利润成为成本的差额或剩余。但回到斯密的理论中，他们的解释变得更具综合性。

在确定危机的形成原因，从而为某些经济政策措施摇旗呐喊时，基金会本身存在的矛盾似乎并不重要。“这表明，无论是工资行为还是企业利润的形成，似乎都没有完全适应一个货币联盟的要求”（同上：28）。但在任何情况下这些学者都不会把收入作为造成更大的通货膨胀或房地产泡沫的原因。[①]

9.3　消费不足主义的观点

考虑到扎根于卡莱茨基理论的后凯恩斯主义方法的突出地位，消费不足主义的概念出现在大部分关于西班牙危机的非正统文献中。这种方法中最普遍的论述就是强调收入不等，即资本和劳动之间的收入分配模式。在这种情况下，由于低收入家庭的消费倾向更大，有利于资本的收入再分配，这将带来需求不足的问题。因此，这将带来金融“繁荣”，因为工人可能已经被迫借贷以维持他们的消费支出，特别是用于购买住房等消费商品（Torres，2009；Navarro et al.，2011；López and Rodríguez，2011；Colom，2012；Álvarez et al.，2013）。

在以上提及的这些方法中有几个因素值得考虑。首先，经济政策的决策甚至可以成为一个首要因素，因为新自由主义政策将会导致收入分配模

---

① 对通胀差距的解释偏离了巴拉萨·萨缪尔森（Balassa - Samuelson）的建议，因为非贸易活动中通胀缺口减少，而且不能用不完全竞争来解释。

式的重新组合。然而，在卡莱茨基的分析中，决定因素被解释为企业之间的权力平衡，因为它决定了提价和利润，进而决定了工资份额（Sawyer，1985）。但大多数后凯恩斯主义者对西班牙经济危机的解释并没有遵循这一因果关系，而是用新自由主义政治取代了企业间的争斗。在对奈维尔、托斯和加松（Navarro，Torres and Garzón，2011）进行的凯恩斯主义分析中可以发现一个例外，即在这些人看来，大型企业的市场力量将导致更高的通货膨胀，最终导致竞争力的丧失。

其次，需求将在资本积累过程中发挥重要作用，也就是说，西班牙将成为一个以需求为主导的经济体。

再次，人们认可西班牙经济金融化的存在，但不是作为一个原因，而是作为一个结果。此外，它将对增长模式产生一定的作用，或者正如通常所述，它将具有一定的维稳作用。

科罗姆（Colom，2012）的观点代表了一种关于危机的典型的消费不足主义概念。在这个概念中，新自由主义陈旧的财政政策导致工资份额下降，从而导致需求不足，因此就需要借助于债务。[①] 必须指出的是，科罗姆拒绝从利率或人口方面来解释房地产泡沫，而是将重点放在这些资产的重新估值预期的解释作用上，他声称这就是泡沫的定义。因此，“如果基本宏观经济变量的价格上涨不能确切地解释价格的上涨，那么泡沫将会如期而至”（同上：1326）。从本质上讲，科罗姆将消费不足的框架与凯恩斯的主观维度以及与明斯基相关的后凯恩斯主义传统结合了起来。

阿尔瓦雷茨等（Álvarez et al.，2013）在后凯恩斯主义框架中提供了一个多重原因，并带有 Bhaduri Marglin 模型要素的危机概念，将需求当成首要原因。在对欧元区的全面研究中，他罗列了危机形成的诸多原因：①收入的递减分布（第 1 章）；②金融化或过度的金融权重（第 2 章）；

① 本文作者指出，“资本主义经济在保持总需求的充足水平方面存在严重的困难，而总需求能够为企业的商品和服务的总产量提供一个出口”（Colom，2012：1316）。

③欧元区成员国之间的生产不对称（第3章）。虽然他们指出，“不平等和金融化共同导致了危机的爆发”（同上：21）。他们的分析将分配领域置于中心位置，这的确是新自由主义政策的一个产物。[①]

巴斯克茨（Vázquez，2015：54）针对危机提出了一个二元概念，其中的根本原因与危机特征并不一致。虽然“目前的危机是以员工收入减少和不平等加剧为代价而旨在加大资本利润的这一愿景所致”，但随后她将衰退定性为债务危机。对于诸如卡斯克比（Coscubiela，2010）这样的学者来说，这是一场由种种原因导致的危机，他指出，“在这个意义上，社会不平等不仅是一种后果，而且是危机的主要原因之一，它的起源也是如此”。较低的工资份额和较低的购买力都是高负债的深层原因。

最后，在托雷斯（2011）的理论中，源自新自由主义政策的因果关系得到了更加清楚的论述——通过劳动力改革和对工会的攻击——它给资本收入带来了有利因素。然而，这些政策将会损害“生产性经济”。因此，他认为，金融行业的盈利能力会变得更高。

9.4 劳动力市场的制度框架

正如以上所说的那样，一直有人指责西班牙劳动力市场的刚性与低效，这一点也的确存在。这一观点并非首创，但有一些特殊性需要注意。在佛朗哥独裁统治期间（1939—1975年），这些主张有其根源，尽管它们可能看上去是自相矛盾的，这是因为当时的某些因素仍然能够解释当前的劳动关系结构（Ruiz - Galvez and Vicent，2018）。

在该政治势力统治期间，通过压制性的政治框架来使工资满足资本增值之需是一种常见的手段。因此，劳动力市场就具有了法西斯企业制度的刚性特征。简言之，这是一个基于将工资保持在较低水平的制度。

① 下一章将看到，其中一些作者似乎已经修改了他们对危机的定义，现在强调债务的作用。

在20世纪70年代后半叶，从政治过渡到民主，一个持续多年的对劳动关系框架进行实质性修改的进程由此展开。新的制度框架被赋予政治自由，以调节工资成本。为了达到这一目的，有必要建立一些严格的有助于确定工资成本的经济要素，但同时，也要鼓励生产结构重新调整所要求的必要的工资限制。在这种情况下，失业将成为控制工资和劳动力流动的纯粹经济机制，如图9.2所示。自20世纪80年代以来，西班牙由于在经济周期中存在的高结构性失业和就业弹性，在发达经济体中“脱颖而出”。

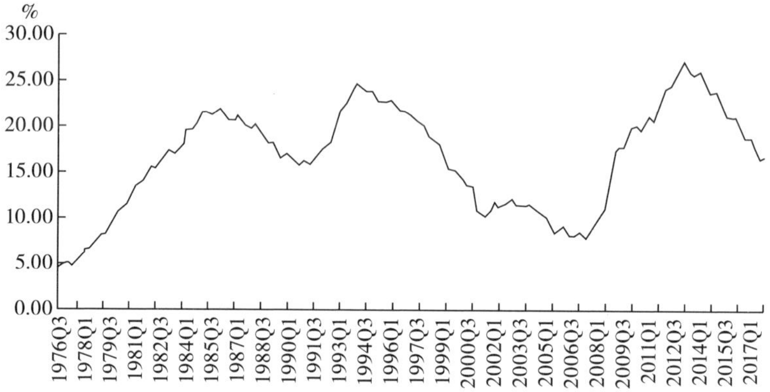

图9.2 从历史角度看失业率

资料来源：西班牙国家统计局（2019b）。

我们必须铭记在20世纪70年代后半叶和80年代初期向民主政治过渡的背景：经济停滞、高通货膨胀以及后来为在1986年加入欧洲经济共同体而必须清除的超大型的工业部门。西班牙的特点在于多种经济问题的共同存在和政治制度的变化更替。1977年4月工会合法化；1980年，西班牙通过《工人法令》。

然而，自1984年劳动改革以来，西班牙所走的经济道路一直是逐步放松对劳动关系的管制，逐步推进劳动力市场的灵活性（Guamán Illueca，2012）。这一放松管制影响了进入这一市场所需的条件、对工人的雇用、工作的持久性以及工人的离职或被解雇，也就是说，工人的劳动权利普遍丧失。

在第一个 10 年（1984—1994 年）期间，不管工作特点如何，定期合同的使用随着 1984 年的改革而得到了范围上的扩展。在不到 10 年的时间里，超过 1/3 的雇员签订的是临时合同（Ruiz - Gálvez and Vicent，2018）。随后，雇主不论是在工人的雇用方面还是在工作条件方面均采取了灵活措施，解雇成本也变得更小。值得注意的是，1994 年的劳动改革增加了企业使用临时雇员的可能性，扩大了合法解雇的范围，临时雇用机构也开始合法化。

此后，1997 年的改革一方面促进了长期就业，另一方面，新的无限期合同也要求减少解雇费用。随后的改革拓宽了使用临时就业机构的框架，引入嵌套型合同，减少了失业者的补贴范围，并通过取消程序性工资来削减解雇费用。与此同时，还推动了集体谈判的权力下放（Buendía，2018）。

因此，西班牙经济的根本问题，或者 2000—2010 年宏观经济失衡的最终根源，是否能在深度刚性的劳动力市场中找得到？

西班牙的就业保护措施逐渐减少，直到 2000—2010 年降低到欧洲平均水平，成为一个解雇条例严格程度不及大多数欧洲国家的经济体（Buendía，2018）。新自由主义的观点使用经济合作与发展组织指数来捍卫西班牙刚性的劳动关系，突出了解雇的成本。因此，经济合作与发展组织（2019）关于“严格就业保护”的系列报告显示，西班牙在 20 世纪 90 年代的指数为 3.55（第二高），仅次于葡萄牙。1995—2010 年，西班牙下降到 2.36，低于瑞典、德国、荷兰和法国。有意思的是，只能说，与临时合同相比，就业保护已经过度，使得西班牙的就业率高于欧元区大多数国家。穆德布鲁和埃斯特威（Muñoz - de - Bustillo and Esteve，2017：68）明确指出：“西班牙的奇怪之处在于对临时合同的限制程度更高，而不是拥有无限期合同的雇员相对于经济合作与发展组织（OECD）同事所享有的特权地位。”

在使就业水平适应商业需求方面，西班牙存在着明显困难，但这并没有阻止其通过解雇临时工的方式来进行大规模的调整。从 2008 年年初到 2013 年，签订这类合同的受薪工人人数减少了近 40%，远远超过签订无限期合同的工人数量的减少量，后者仅下降了 8%（西班牙国家统计局，2019b）。

穆德布鲁和埃斯特威（2017）对劳动力市场运行传统分析中特有的种种荒诞的做法进行了批判。诚然，在 2012 年劳动改革之前有数据可查的欧盟国家中，西班牙解雇雇员的工资占总劳动力成本的比例最高。然而，必须说明的是，在扩张期间，这一比例不到总劳动力成本的 1%，直到 2012 年才达到 2%。反过来，当解雇无固定期限合同雇员的过高成本几乎占就业损失总额的 1/3 时，它失去了存在的理由（西班牙国家统计局，2019b）。

但如果这一论点真实可信，那么为什么还会有那么多公司乐此不疲地使用这些临时合同呢？考虑到工人们理应享有更好的保护措施，这一决定似乎不仅缺乏理性，而且是反生产力的。根据欧盟统计局（2019）提供的数据，西班牙每 4 名工人中就有 1 人在经济危机前签订了临时合同，这一数字是 21 世纪初以前德国的两倍多，是 2008 年欧元区平均水平的两倍。请注意，随后的临时就业人数下降是由于这些工人的解雇比例超过从前，但在最近几年的经济增长中，这一比率再次攀升，在 2017 年达到总合同的 22.7%。

阿尔瓦雷茨（2009）在 2012 年劳动改革之前，对欧盟一些主要国家——英国、法国、意大利、德国、奥地利、丹麦和荷兰——和西班牙的解雇条例进行了对比研究，得出如下结论：“在这些被研究的国家中，个人解雇的程序通常比西班牙要求更为严格”（同上：291）。在西班牙，如果雇主的决定武断专行或原因不够充分，雇主就可以诉诸“不公平”或“非法”纪律解雇，这使他可以避免任何形式的要求。针对在公司工作多年的工人，西班牙存在一个有差异的刚性因素。但与这种重点保护措施相对应的是，在古代，对于那些没有任期的人的解雇赔偿少之又少。

然而，根据新自由主义的主张，随着2012年劳动改革的推进，西班牙经济中存在的主要问题应该得以纠正。经济合作与发展组织（2014）指出，这项改革使公司一级的集体谈判协议比部门或区域一级的集体谈判协议具有更大的优先性。此外，公司有更多的可能性采取内部灵活措施，以限制对就业的破坏。

在梅奥基金会（FIM）撰写的旨在比较西班牙和欧洲联盟的解雇方式的报告中，得出以下结论：这项改革实施之后，无须考虑各自公司经济状况的其他具体因素，西班牙的公司就已经实现了"最大限度的灵活性，只需将公司的营业额减少9个月，就可以证明解雇的合理性"（FIM，2012：20）。然而在其他欧洲国家，公司必须要证明解雇的真正理由，而且需要采取严厉措施。这在西班牙是不会发生的。因此，按照新自由主义理论，西班牙也许不应该再有经济危机。

9.5　工资和利润

9.5.1　工资的相对维度

工资首先是一种具有不同维度的社会关系。在这一分析中，不仅要考虑净收入，还要考虑工人间接获得的、作为所付税款的实物收益和服务，以及养老金和失业福利。

1995—2008年，总增加值（GVA）中的工资份额在整个经济体中增加了近3个百分点，但在生产领域增加了7个百分点（见图9.3）。在后一种情况下，最初工资份额为52.3%，2008年增长到59.2%，2010年最高，为59.2%。截至2017年年底，随着工资调整措施的实施，2017年工资份额下降到56.4%，不管怎样都高于1995年水平4个百分点。如果将薪酬与国内生产总值挂钩——再加上生产和产品净税——到2007年为止，整个经济的增长仅仅达到了半个百分点，在生产领域达到了4个百分点。虽然从2007年到2008年，这两项措施都增加了两个百分点，但到2009年，最高增幅为7个百分点，从48.4%增至55.3%。

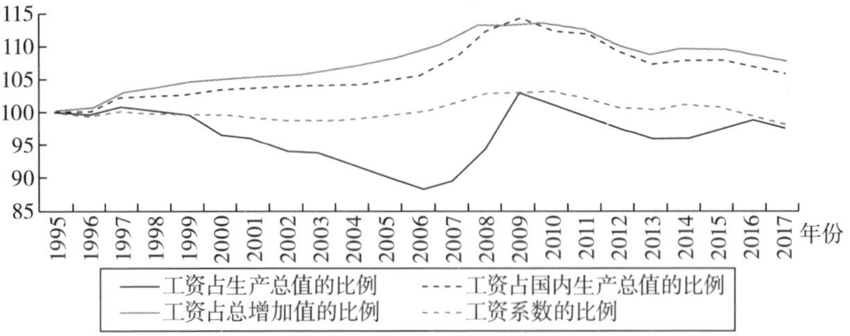

图9.3　工资份额的衡量标准（1995年=100）

注：工资和生产总值（GP）、国内生产总值（GDP）、总增加值（GVA）之比。工资系数为［W/GVA］/（L_w/L_t），其中 L_w 和 L_t 分别代表工薪阶层和总雇佣人数（相当于全职）。

资料来源：西班牙国家统计局（2018）。

工资份额的增加显然可以证明新古典主义经济学家对工资所怀有的敌意。然而，如果不用工资收入指数（L_w/L_t）来纠正这一措施，考虑到受薪人口比例可以变化这一事实，这一衡量标准可能会产生误导。[①] 一个时期内工资份额的恒定水平可以掩盖相同的工资份额在不同的群体之间的分配。回想一下，根据西班牙国家统计局（2018）提供的数据，西班牙的这一指数在增长阶段从79%升至86%。

总增加值的工资系数呈现出不同的实情。从全球来看，工资系数从20世纪90年代下半叶的64%下降到2017年的60%以下。从整体经济来看，1995—2017年，经济总量下降了5个百分点。反过来，如果以生产总值为参照，那么生产领域中的工资份额——甚至没有对不断增长的工资收入指

① 因此，工资系数是工资份额/工资收入指数。分母的增加修正了工资份额，降低了工资系数。

数进行任何调整——在2007年之前就会下降近3个百分点。在任何情况下，与分析目的相关的是，从总产出的这个角度来看，应该更多地关注在中间消耗中投入的产品的作用。主要考虑到西班牙经济的外部插入型特征以及对某些商品的依赖，特别是那些具有高技术含量和（或）与房地产泡沫的生产模式相关的投入。

从部门角度来看，截至2007年年底，相对工资（未经调整）增长超过总平均水平的行业包括农业、能源、天然气和水力、建筑业、贸易、酒店业、房地产业和专业服务。可以看出，这通常是一组资本构成水平相对较低的行业，其中投资的动力十分强劲，换言之，正是那些在积累过程中发挥过关键作用的部门的工资份额有所增加。但矛盾的是，这种工资增长似乎并没有阻止这种活力的迸发。

从历史角度来看，相对工资与增长或衰退的经济周期之间没有明确的关系（Mateo，2017）。在1960—1974年和1985—1991年的前几个扩张阶段，工资在国内生产总值中的份额在第一阶段从39%增加到48%，在第二阶段从45%增加到49%，而工资与总收入的比率分别从46%增加到54%，从53%增加到56%（欧盟委员会经济和金融事务总署年度宏观经济数据，2019）。与前几个周期不同的是，1995年至2007—2008年的增长阶段——2014年以后的增长阶段也是如此——其特点是工资份额没有显著增加。因此，对于新古典主义和凯恩斯主义来说，没有证据表明工资份额是解释危机的关键。

9.5.2　利润份额的衡量标准

如果图9.3从工资角度显示了各种收入分配措施，那么从图9.4中我们可以观察到分配领域的其他方面，它们是生产领域利润率如何表达的直接决定性因素。在第2章中有人指出，资本盈利能力与资本比率（分母）呈负相关，与分布上的一系列变量（分子）成正相关。具体来说，利润份额、剥削率（利润与工资比率）以及边际工资都给盈利能力带来了上行压力。

随后，在第7章中，我们分析了资本比率和劳动生产率的动态变化。可以看出资本比率几乎没有上升，这在某种程度上与正常或更均衡的积累过程所能预期的情况相反。或者换句话说，它们包含了外围经济的特征。考虑到利润率和资本构成衡量标准的比较演变，我们可以猜测和理解西班牙经济产生的剩余能力不足问题的特点：盈余与工资比的下降以及生产率与工资的差距。

在2008年之前，总盈余与工资的比率下降了22%，但如果只考虑净经营盈余，这一比率下降了39%。要解决的问题是这种动态背后的因果关系，也就是说，问题是否源于生产率，或更确切地说是否源于工资。如果没能通过生产过程的机械化来发展劳动生产力，就没有产生足够的边际工资，而且这些差额确实已经变得越来越小。

在图9.4中提出了两种可能的边际工资衡量标准（q－WR）。一方面，使用一个排除混合收入的生产率指数，这一差额下降了14%，直到2007年趋势发生变化并上升。另一方面，生产率的衡量是以国内生产总值为单位的，虽然直到2007年生产率的下降幅度与前一个变量的下降幅度相同，但情况不同。无论如何，到2009年它下降了20%。

到了危机时期，这些分配变量才会改变它们的轨迹。除了净营业盈余与工资比率在大幅下降之后保持不变之外，其他都在上升。但复苏不是建立在生产性发展的基础上，而是破坏报酬较低的就业和剩余资本的产物。

在资本积累瘫痪的情况下，收入分配对于资本更加有利，因为自2013年以来，剥削率和边际工资的增加再次放缓。一旦国内生产总值再次增长，西班牙资本主义就再现了同样的问题：没有足够的产生剩余竞争的能力。

9.6 补充问题：消费和不平等

尽管消费需求占国内生产总值的比例高于其他支出项目，但这并不能

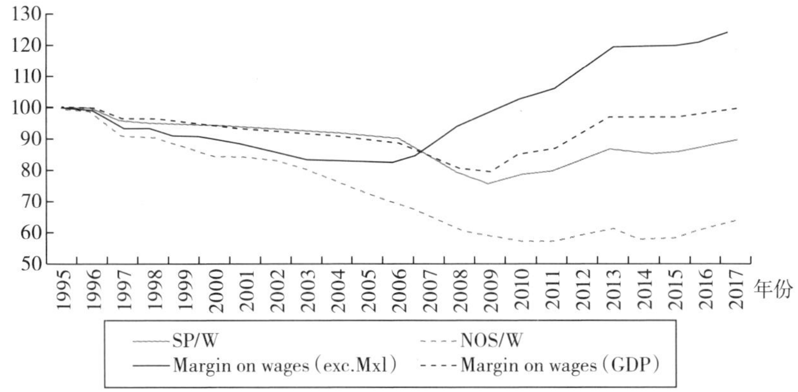

图 9.4　剥削率和边际工资的指标（1995 年 =100）

注：盈余（SP，是 GDP 减去工资 W），净营业盈余（NOS），混合收入（Mxl）；边际工资：①总增加值减去混合收入；②国内生产总值，两者都与有薪就业（*Lw*）有关，减去实际工资与国内生产总值平减指数。

资料来源：西班牙国家统计局（2004，2018，2019a）。

说明西班牙的经济周期。当然，家庭需求在 1995—2007 年损失了 4 个百分点。尽管如此，在那些年以恒定价格计算的国内生产总值平均增幅仅减少 0.17 个百分点的情况下，谈消费不足是不合情理的。此外，正如第 5 章所述，在投资和盈利能力下降之后，消费能力在 2008 年年中开始下降。

这种消费需求的变化大大低于其他项目（主要是投资）。2007—2014 年，家庭消费每年下降 1.74%，而投资总额则下降 5.7%，两者甚至对进出口的需求也显示出较大的变化，分别为 2% 和 2.9%。

与可能源自剥削率下降的新古典主义理由相反——即工资将成为无法提高盈余与工资比率的原因——我们必须考虑到，西班牙的不平等水平高于欧元区，这反过来又随着经济危机的爆发而进一步恶化（Buendía et al.，2018）。在房地产泡沫中期，2002—2005 年，20% 的低收入家庭的平均收入从 8500 欧元下降到 6500 欧元，而且，除 20% 的富豪群体外，在所有人口中，1/5 的家庭收入都在显著下降。在这种情况下，富豪群体收入从 102300 欧元增加到 113100 欧元（西班牙银行，2007）。在这些年里，西班牙最富有的10%家庭和最贫穷的20%家庭的平均收入差异从12倍增长到17.4倍（Torres，2009）。

此外，基尼指数也大幅上涨。根据世界银行数据库（2019）的数据，2003—2013年，西班牙的这一指数从0.318上升到0.362，在2015年之前一直保持这一水平，几乎增长了14%。相比之下，法国在2003年的水平非常相似（0.314），在随后几年的下降之后，该指数自经济危机爆发以来稳定在0.32~0.33。在意大利，第一年的水平较高（0.349），但之后保持不变。然后，在西班牙实施工资调整政策后，意大利的当下指数更低，甚至连国际货币基金组织（2012：8）也指出，“西班牙遭受了自危机以来收入分配方面最严重的绝对恶化，主要是由于失业问题”。

另外，由于过度征税，利润紧缩的观点并不持久，这将导致公共支出过剩。在收入方面，正统经济学家倾向于批评西班牙在所得税和公司税方面普遍存在的较高的边际所得税率，似乎这种税收极大地损害了最特权群体。但事实上——关于这一点的讨论很少——正如布恩迪亚（2018）所言，出于偷税漏税等原因，名义税收与实际税收之间存在较大差距。继本文作者研究之后，1990年的最高边际税率在所得税中固定为56%，但2008年降至43%，财富税被取消，该国大多数地区的遗产税也被削减了。

在支出方面，一般政府支出在1995年占国内生产总值的44.3%，在2007年下降到38.9%。这些数据低于1995年欧盟15国51%的平均水平，2007年几乎下降到45%。在法国或意大利等邻国经济体，支出水平要高得多。法国始终保持在50%以上，在意大利，2007年下降到46.8%。即使在发展水平稍低的葡萄牙，这些年的支出也从42.6%增加到了44.5%（欧盟委员会经济和金融事务总署年度宏观经济数据库，2019）。

在繁荣年份，社会支出也没有增加，但首先从1995年的21%下降到了1998—2002年的19%，在接下来的几年中保持在20%左右（西班牙社会现实衡量体系，2019）。后来在公共支出方面有所增加，特别是社会支出中的后期增长，实际上这些就是导致经济危机爆发的原因。鉴于失业率的上升，产生了一个相当严重的后果。简言之，这些数据不允许研究者宣称税收会窒息公司，或者公共支出可能损害积累动态，甚至无法使工资成本得到显著增加。

9.6.1　实际工资和价格缩减指数

为了分析工资，必须回答由于西班牙经济部门不平衡而造成的不同价格指数的问题，但最重要的是在我以前所说的资产通货膨胀或价格效应的背景下来回答这一问题。

首先，按现行价格计算的工资增长确实高于欧洲货币联盟中其他较发达经济体。根据欧盟统计局（2019）的数据，西班牙1995—2007年每名工人的工资增长了40%，而欧洲货币联盟平均水平为27%～29%，这取决于参考的国家数量是12个还是19个。然而，这一数字与西班牙经济在欧元区占据的位置完全相同。在意大利和葡萄牙，工资分别增长了51%和62%，在爱尔兰（109%）或希腊（101%），工资增长幅度更大。在像芬兰这样的国家，增长几乎是一样的（38%），法国和荷兰略低，大约为35%，甚至在比利时为30%。在该区域及欧元区以外的其他发达经济体中，增长率仍然较高，如丹麦（50%）、瑞典（62%）、挪威（88%）和英国（111%），但瑞士等国家却是一个相反的例子，尽管只是少数。在西班牙，比较分析围绕着与德国案例的比较，在这一时期，它们只累计增加了8%，这一点根本不具有代表性。

因此，这些数据足以表明，按现行价格计算的工资成本动态在西班牙绝不是例外。它和欧盟作为欧洲经济联盟地中海外围经济体时的整体水平持平，甚至还高出了7个百分点，低于东欧经济体工资增长的水平，东欧经济体的名义工资在许多情况下翻了一番以上。因此，研究者没有理由强调任何异常，也没有理由证明名义薪酬导致了特殊的价格猛涨。

此外，在经济萧条期间，西班牙的名义工资增长（11%）比欧元区和德国的平均水平低 1 个百分点，与法国（14%）和欧元区其他较发达经济体相比低了几个百分点，但优于与其距离较近的经济体，如葡萄牙、意大利和希腊。在目前的上升周期（2013—2017 年），平均工资几乎没有增长，总计只有 1.9%，与意大利非常相似，低于中部经济体的增长，在总体上超过了 1 倍。

关于通货膨胀，资本、产出和消费紧缩指数的比较动态已经在第 5 章和第 7 章中进行了论述。在扩张阶段，西班牙的通货膨胀率与预期相比有所差异（欧盟委员会经济和金融事务总署年度宏观经济数据库，2019）：1995—2007 年平均每年为 3.8%，而欧元区则为 2.1%。爱尔兰的物价指数每年上涨 4.1%，除爱尔兰以外，西班牙的通货膨胀率高于地中海地区其他经济体，年通货膨胀率低于 3%。事实上，西班牙积累模式的特殊性正在于此。

这个问题极其重要，因为使用的价格指数不同，实际工资的演变将是不同的。必须考虑到房地产繁荣的特点，以及这种矛盾影响购买力的方式。从这个意义上说，西班牙的消费价格指数（CPI）不包括住房成本。因此可以说，这在很大程度上扭曲并隐藏了经济危机爆发前期实际工资衡量的真实程度。

这虽然是一个复杂的问题，但并非没有争议。事实上，一方面，它是每个人都需要的耐用消费品。另一方面，这种购买可能在一个人的一生中只会发生一次，例如，通过继承，一个人可能会看到他的收入水平增加。研究者还必须铭记，并非所有工人都必须购买住房。有些人能够以低于市场价格（VPO，低于市场价格的社会住房）的价格获得住房，尽管他们显然只占少数。其他一些幸运的人能够出售一处房产，并从更高的价格中获益。

此外，它是一个价格指数，在西班牙这样的国家内，在大城市和农村地区之间，甚至在同一城市中心的社区之间，地理差异尤其之大。因此，充分纳入这一指数也可能扭曲真实的“复制”成本，这也是事实。但即使有了这些细微差别，我们仍可以说，对于广大的工薪阶层——主要是想找份有薪工作的年轻人来说——住房成本的上升无疑意味着他们购买力的进一步下降。根据西班牙银行（2008）提供的数据，低收入家庭由于购买了主要住房而变得比富裕家庭负债更多。

关于编制消费物价指数所采用的方法，贝洛蒂（2009）解释说，1992年，“使用成本”方法被“租赁”方法所取代。这一变化有什么影响？对于本文作者来说，这与西班牙家庭的行为并不相符，因为租赁绝对只占少数，而且，房价的涨幅一直高于租赁。1998—2007年，第一种方法是第二种方法的3倍——即平均年费率相差7个百分点——因此使用目前的“租赁”方法减少了量化通货膨胀。

相反，竞争能力的丧失和与生产力整体发展有关的结构成分相联系，而不是基于劳动力市场的监管。[①] 具体而言，由于一般情况下，较不发达经济体的通货膨胀率通常较高，而且累积制度也包括被统计数字相对化的通货膨胀的组成部分，从而掩盖了购买力下降的实际程度。因此，没有理由将西班牙较高的相对通胀归咎于工资水平。

一旦通货膨胀和消费者价格指数的问题得到解决，在图9.5中，就能根据所选择的劳动力和价格平减指数对实际工资的各种指数进行比较。平均实际工资的这种行为在西班牙有着巨大的特殊性。首先，它确实具有反周期行为。根据《国民账户体系》（NSI，2018）的信息，在12年的强劲增长中，购买力——从消费者价格指数和同等全职有薪工人之间的关系进行衡量——只显示累计增长不到4%，即年均增长0.3%。但如果使用一般国内生产总值平减指数，实际工资在整个经济中下降到年平均水平的

① 正如贝洛蒂(2007)指出的那样,住房价格大幅上涨的一个后果是限制了工人的地理流动性。准确地说,这是企业家和新自由主义经济学家的抱怨之一,尽管他们的论点提到了西班牙工人的文化方面,但没有考虑到所涉及的客观困难。

0.2%，在生产领域下降到 0.38%，这与每小时劳动的实际工资的下降幅度相同。

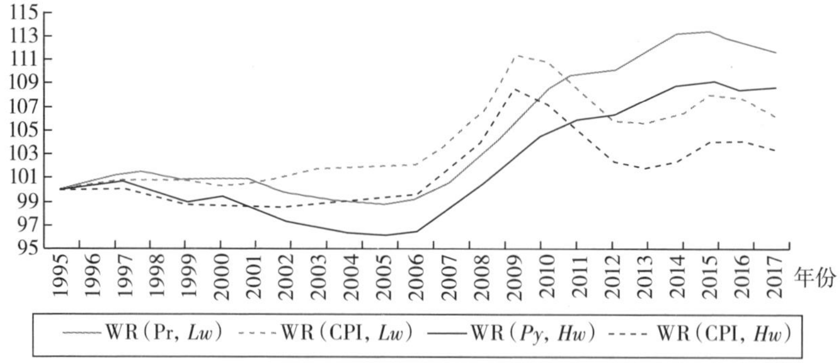

图 9.5 不同价格和劳动力指数的实际平均工资（1995 年 =100）

注：平均实际工资使用 GDP 价格指数（*Py*）、消费价格指数（CPI）、人均工资收入（*Lw*）、工薪小时（*Hw*）。

资料来源：西班牙国家统计局（2018）。

国际组织的数据存在一些差异。根据欧洲统计局（2019）的统计，如果按 2015 年价格与 CPI 相比，1995—2007 年，西班牙工人的平均工资下降了 2.9%。根据欧盟委员会经济和金融事务总署年度宏观经济数据库（2019）提供的数据，增长率为 2.5%，与国内生产总值平减指数相比下降了 2.4%，而根据经济合作与发展组织（2019）提供的数据，按 2017 年恒定价格计算的增长率为 0.56%，但在 1999—2007 年下降了 0.1%。根据欧盟委员会经济和金融事务总署年度宏观经济数据库（2019）提供的数据，使用国内生产总值平减指数计算出了相对于最初的欧盟 15 国以外的其他国家的人均实际薪酬指数，这是非常有趣的。值得注意的是，它恰恰反映了繁荣时期西班牙的消极行为，1995—2007 年累计减少了 13.7%。在这个数据库的国家中，西班牙的下降幅度最大。在德国，下降幅度较小，为 11%，在意大利为 7%，而在比利时、法国、荷兰、奥地利和葡萄牙等国，几乎没有丝毫变化。尽管如此，在丹麦、芬兰和爱尔兰，这一工资指数在 4% ~9% 增长，在希腊、瑞典和英国，这一增长达到 19% ~29%。同样，与欧洲邻国相比，西班牙的实际工资没有过度和适得其反的增长，这是其经济衰退的根源。

另外，实际工资在萧条期间有所增加，从根本上说，2007—2009 年，根据部门和所使用的价格指数，实际工资每年增长 2% ~3%。但与此矛盾的是，尽管大多数雇员的购买力出现停滞甚至恶化现象，但正统经济学家并没有给予批评，因为它与前首相 J. M. 阿兹纳尔（J. M. Aznar）宣传的“西班牙做得很好”的口号相互矛盾。但危机期间的这种增长导致了来自欧洲央行、西班牙银行和其他商业集团经济学家的猛烈抨击，他们认为如此缺乏团结、特权或者算得上是刚性劳动力市场的一个例子（Recio，2010）。

2008—2009 年工资增长的原因有如下几个（Pérez – Infante，2013；Uxó et al.，2015）：①前几年在经济强劲增长的背景下西班牙签署了许多集体协议，平均有效期超过 3 年；②然而，商定的名义工资增长幅度正在下降，但平均工资确实有所上升，因为大多数破坏就业的行为影响到了有临时合同的工人，他们获得的工资较低——上述结构效应，即使受雇工人继续赚取相同的收入，由此产生的平均工资也会增加；③因 2007 年通货膨胀上升而适用的保障条款，比当年签订集体谈判协议时的预期高出 2 个百分点。这一补偿是在 2008 年金融危机爆发时支付的。正如雷西奥（Recio，2010：216n）所指出的，“它真正表达的是，上层社会的雇员比其他阶层的雇员有更大的保留就业的可能性，但不能被视为现实中出现的工资增长的参考”。

正是在经济衰退的第二阶段，工资贬值背后的政治因素似乎变得十分明显。除修改旨在鼓励工资限制的劳动关系框架外，2010 年和 2012 年还削减了公共行政部门的名义工资，2011 年、2013 年和 2014 年也没有增加（Uxó et al.，2015）。2011 年《欧元公约》（最初称为《竞争力公约》，后来称为《欧元公约》）指出，公共部门的工资在私营部门的工资谈判中具有重要作用。

这与伊斯基耶多、拉奎斯塔和普恩特（Izquierdo，Lacuesta and Puente，2013）进行的研究是一致的，表明工资在其基本决定因素方面存在差异。事实上，经济合作与发展组织（2014）的报告明确规定了修改内部的灵活性和集体谈判中，工资限制理应承担的政治责任。因此，不仅这种增长具有欺骗性，而且自2010年以来，随着劳动改革和工资调整措施的实施，之后发生的工资贬值也高于平均总指数所显示的水平（Puente and Galán，2014；Uxó et al.，2015）。

此外，如果不分析平均工资，而是从“经济活动人口调查”（西班牙国家统计局，2019b）中提取不同的工资水平，那么就会得到这样的结果，即2008—2013年，30%的低收入劳动者的购买力降低，其中，10%低收入工人的实际工资每年下降近4%，而接下来的10%则每年损失近2%的购买力。

总之，对实际工资的分析不仅表明了新古典主义对危机描述的谬误，而且与凯恩斯主义的方法不同，工资退步一方面是一个结果，另一方面是功能性的，尽管它有可能成为积累模型固有矛盾的触发因素。在稳定价格过程中，不平等有着客观的基础，就像劳动关系的不稳定一样（Mateo and Montanyà，2018）。

9.6.2 工资和生产率

判断西班牙的工资过高或过低的一个方法是将生产率差距与欧元区国家的工资差距进行比较。有一个问题是，是否存在生产发展的基础可以解释西班牙实际工资的绝对水平？如前所述，自由经济学家批判工资是因为工资对生产率造成伤害。与此同时，消费不足主义者的方法强调西班牙的工资过低，但没有明确收入不足的门槛。这场争论需要将西班牙的平均工资与一些参考资料进行比较，而这可能会使消费不足主义者分析的内容变得空洞。

工资和劳动力市场刚性的第一个指标是最低工资（西班牙语中的

SMI）。1995 年，这一收入略高于每年 5000 欧元，当危机爆发时，它甚至没有达到现行价格的 10000 欧元。是否有可能像正统经济学家的声明那样，它构成了税收或创造就业的障碍，或者至少是对创业活动的惩罚？在这一时期，它从只占法国最低工资的不到一半增加至刚刚超过 60%，这一差距远高于人均国内生产总值或劳动生产率等指标的现有差距，这一点在当时就可以得到验证。

这一水平占全职平均工资的 30% 左右，而在法国则接近一半。2019 年年初，西班牙政府决定在中右翼政党和商业组织的激烈反对下，将最低工资提高到每月净 900 欧元。尽管新自由主义者声称这会造成大量经济问题，但现实并非如此，近几个月来就业在持续增加。

现在谈到对平均工资的分析，表 9.1 显示了西班牙和各个国家集团的实际工资和劳动生产率的比较，这些国家包括欧盟 15 国、27 国和 28 国，以及欧元区 12 国和 19 国或一如既往参与货币联盟的一些成员国，它不是以百分比表示，而是以一个单位表示。在表的上部，可以看出西班牙的实际工资低于欧洲平均水平。

在危机发生的一段时间，对于欧元区而言，工资相对水平略有上升，从 82% 上升到了 85%，而对于欧元区 19 国则上升了 2 个百分点。如果将其与欧盟国家集团进行比较，则其相对于欧盟 15 国要么下降 1 个或 3 个百分点，要么上升 1 个百分点。正是在危机的头几年，西班牙的实际工资相对上涨。但截至 2010 年年底，这一相对水平有所回落。因此，至少在实际工资的相对演变方面，并不能推断出竞争力的丧失可以归咎于工人的收入。

然而，这两个经济领域的相对生产率都有大幅度的下降：欧元区 7 ~ 8 个百分点，直到 2007 年欧盟 9 ~ 12 个百分点。因此，这种差别是由于生产力的反周期动态而恢复的——由于结构效应，平均工资也是如此——但在恢复增长的头几年，这种趋同开始逆转。

因此，工资和生产力的相对差距有多大？表 9.1 的下半部分显示了工资和生产率差距的比率。高于1的数值表明生产率的差距低于工资的差距，这意味着西班牙的薪酬相对较低。因此，还具有增加的空间。同样，低于1的数值显示分母（生产率差距）高于分子差距。在这种情况下，西班牙的工资将比其生产率更接近其欧洲同行。

表9.1　西班牙与欧盟和欧元区的实际工资和劳动生产率差距

	2000年	2004年	2007年	2008年	2011年	2014年	2017年
Real wage ratio							
EU-27	0.91	0.89	0.88	0.93	0.95	0.90	0.89
EU-28	0.95	0.95	0.94	0.97	0.97	0.93	0.92
EU-15	0.76	0.77	0.77	0.82	0.83	0.78	0.78
EA	0.82	0.82	0.83	0.85	0.86	0.82	0.81
EA-19	0.85	0.84	0.85	0.87	0.87	0.82	0.81
EA-12	0.82	0.82	0.83	0.85	0.84	0.80	0.79
Labor productivity ratio							
EU-27	1.16	1.09	1.04	1.05	1.09	1.13	1.11
EU-28	0.86	0.80	0.77	0.78	0.81	0.83	0.82
EU-15	0.87	0.82	0.78	0.79	0.83	0.85	0.84
EA	0.85	0.82	0.78	0.79	0.84	0.87	0.87
EA-19	0.88	0.84	0.80	0.81	0.85	0.87	0.87
EA-12	0.85	0.82	0.78	0.79	0.83	0.85	0.85
Wage productivity ratio							
EU-27	0.79	0.82	0.85	0.89	0.87	0.80	0.80
EU-28	1.11	1.18	1.23	1.24	1.20	1.13	1.12
EU-15	0.87	0.94	0.99	1.04	1.01	0.92	0.93
EA	0.96	1.00	1.06	1.07	1.02	0.95	0.94
EA-19	0.97	1.01	1.06	1.07	1.02	0.95	0.94
EA-12	0.97	1.00	1.06	1.07	1.02	0.94	0.94

注：实际工资（WR）比率是（WR西班牙/WR欧盟/EA），生产率和工资生产率比率也是如此。（欧盟15国参见1995—2004年欧洲联盟。欧元区（EA）由以下国家组成：欧元区11-2000、欧元区12-2006、欧元区13-2007、欧元区15-2008、欧元区16-2010、欧元区17-2013、欧元区18-2014，欧元区19）

资料来源：欧洲统计局（2019）。

通过这些数据，可以肯定的是，虽然西班牙在扩张期间的平均相对工资确实增加了，但这主要是由于生产率的相对下降，而不是实际工资的增长。至于欧元区，从2004年起，根据相对生产率，其工资水平相对较高，这就是为什么它难以解释如此严重的危机。此外，在2000年，它还有增加的空间，随着危机的到来，“过剩”问题得以真正解决。

这些结果表明，总体来说，西班牙的平均工资水平在很大程度上处于其相对生产力发展的适当范围内。需要澄清的是生产力的含义。与自由主义的论述相反，生产力从根本上说不是一个个人概念，而是从边际生产力的概念衍生出来的。对于马克思的方法来说，它具有社会性，其物质基础是国家价格稳定空间的生产发展水平。生产力水平并不取决于个人的奉献和责任，但创造价值的能力实际上具有宏观经济维度。

因此，西班牙工资不合理增长的想法既不能解释危机，也不能解释之前增长阶段的扭曲。同样，不能像凯恩斯主义的经济学家那样认为它们太低，以至于不能引发危机。从广义上讲，它们与西班牙在欧元区占据的外围地区是步调一致的。

与消费不足的做法相反，我们必须指出，在工资水平的背后，基于合同或条件的类型存在一种特定的就业结构，而这种结构又不独立于经济结构。也就是说，西班牙经济的生产专业化是基于创造盈余的能力。因此，问题是，在西班牙技术含量较低的行业中的就业人数高于欧元区的平均水平，这也因房地产泡沫而加剧。

作为补充，还有其他问题能驳斥正统分析：

①西班牙的工会会员人数历来是欧洲最低的，在房地产繁荣期间也有所下降。鲁伊兹－加尔韦斯（Ruiz－Gálvez）和文森特（2018）展示了它如何从1995年占工资收入总额的16.8%下降到繁荣尾声时期的不到15%；②经济结构决定工会活动和工资水平的另一个因素是企业规模，在小型企业中设立工会代表要复杂得多，这些小型企业在西班牙占绝大多数；③劳

动力资格要求低的企业占主导地位，有时还包括某些季节性因素，如农业或旅游业，其中劳动密集型行业已成为资本的引擎，导致与产出之间存在显著的就业弹性，从而削弱了工人流动的需求能力。

参考文献

[1] Álvarez N, Luengo F, Uxó J (2013) Fracturas y crisis en Europa. Clave Intellectual, Madrid.

[2] Álvarez del Cuvillo A (2009) Informe sobre la regulación del despido en Europa. Temas laborales 99:259 – 297.

[3] AMECO (2019) Annual macro – economic database. European Commission's Directorate General for Economic and Financial Affairs.

[4] Bellod J F (2007) Crecimiento y especulación inmobiliaria en la economía espa – ñola. Principios: Estudios de Economía Política 8:59 – 84.

[5] Bellod J F (2009) El precio de la vivienda y la inflación en España. El Trimestre Económico 76(302): 379 – 405.

[6] BOE (2012). Royal Decree – Law 3/2012, 10 February, on urgent measures for the reform of the labor market. Official State Gazette. https://www.boe.es/boe/dias/2012/02/11/pdfs/BOE – A – 2012 – 2076.pdf.

[7] Boldrin M, Conde – Ruiz I, Díaz – Giménez J (2009) Eppur si Muove! España: creciendo sin un modelo. In Bentolila S, Boldrin M, Díaz – Giménez J et al (coords) La crisis de la economía española. Análisis económico de la Gran Recesión. FEDEA, p 165 – 235. Online edition: http://crisis09.fedea.net/libro_crisis/la_crisis_de_la_economia_espanola.pdf.

[8] BoS (2007). Economic bulletin. Bank of Spain, Madrid.

[9] BoS (2008). Survey of household finances. Bank of Spain, Madrid.

[10] BoS (2017). Report on the financial and banking crisis in Spain,

2008 – 2014. Bank of Spain, Madrid.

[11] BoS (2019). Economic indicators. Bank of Spain, Madrid.

[12] BSE (2019). System of continuous evaluation of the Spanish social reality. IOE Group, Barómetro Social de España.

[13] Buendía L (2018) A perfect storm in a sunny economy: a political economy approach to the crisis in Spain. Socio – Economic Review. https://doi. org/10. 1093/ ser/mwy021.

[14] Buendía L, Moleo – Simarro R, Murillo F J (2018) The distributive pattern of the Spanish economy: the impact of adjustment on inequalities. In: Buendía L, Molero – Simaro R (coords) The political economy of modern Spain: from miracle to mirage. Routledge, London, p 124 – 149.

[15] Carreras A, Tafunell X (2018) Entre el imperio y la globalización. Historia económica de la España contemporánea. Crítica, Barcelona.

[16] Colom A (2012) La crisis económica española: orígenes y consecuencias. Una aproximación crítica. Paper presented at the 13rd Jornadas de Economía Crítica, University of Seville, 9 – 11 February 2012.

[17] Coscubiela J (2010) Causas y lecciones ignoradas de la crisis. In: Costas A (coord.) La crisis de 2008. De la economía a la política y más allá. Fundación Cajamar, El Ejido, p 345 – 364.

[18] Cuadrado – Roura J R and Maroto A (2012) El problema de la productividad en España: causas estructurales, cíclicas y sectoriales. FUNCAS, Madrid.

[19] Estrada A, Jimeno J F, Malo de Molina JL (2009) La economía española en la UEM: los diez primeros años. Occasional Papers 0901, Bank of Spain, Madrid.

[20] Eurostat (2019) Database. Statistical office of the European Union.

[21] García N (2014a) Las causas de la doble recesión de España en 2008 - 2013. In: García N, Ruesga S M (coords) ¿Qué ha pasado con la economía española¿ La Gran Recesión 2.0 (2008 a 2013). Pirámide, Madrid, p 29 - 54.

[22] García N (2014b) La débil competitividad de la economía española. In: García N, Ruesga S M (coords). Qué ha pasado con la economía española? La Gran Recesión 2.0 (2008 a 2013). Pirámide, Madrid, p 117 - 150.

[23] Garicano L (2014) El dilema de España. Ser más productivos para vivir mejor. Península, Barcelona.

[24] Gavilán A, Hernández P, Jimeno J F et al (2011) The crisis in Spain: origins and developments. In: Beblavý M, Cobham D, Ódor L (eds) The Euro area and the financial crisis. Cambridge University Press, New York, p 81 - 96.

[25] Guamán A, Illueca H (2012) El huracán neoliberal. Una reforma laboral contra el trabajo. Sequitur, Madrid.

[26] IMF (2012) Spain: staff report for the 2012 article IV consultation. IMF country report 12/202, 27 July. International Monetary Fund, Washington, DC.

[27] Izquierdo M, Lacuesta A, Puente S (2013) La reforma laboral de 2012: un primer análisis de algunos de sus efectos sobre el mercado de trabajo. Economic Bulletin 9:55 - 64, Bank of Spain, Madrid.

[28] López I, Rodríguez E (2011) The Spanish model. New Left Review 69:5 - 29. Malo de Molina JL (2013) Entre la micro y la macro: el papel del mercado de trabajo en la crisis del euro en España. In: Lucena M, Repullo R (coords) Ensayos sobre economía y política económica: homenaje a Julio Segura. Antoni Bosch, Barcelona, p 351 - 368.

[29] Maluquer J (2014) La economía española en perspectiva histórica. Siglos XVIII - XXI. Pasado y Presente, Barcelona.

[30] Mateo J P (2017) Theory and practice of crisis in political economy: the case of the Great Recession in Spain. Working Paper 1715, Department of Economics, The New School for Social Research, April.

[31] Mateo J P, Montanyà M (2018) The accumulation model of the Spanish economy: profitability, the real estate bubble and sectoral imbalances. In: Buendía L, Molero – Simarro R (coords) The political economy of modern Spain: from miracle to mirage. Routledge, London, p 20 – 48.

[32] May 1st Foundation (2012) El modelo de despido en la Unión Europea. Elementos clave para la comparación de los distintos modelos de despido en la Unión Europea. CCOO, Madrid.

[33] Muñoz – de – Bustillo R, Esteve F (2017) The neverending story. Labour market deregulation and the performance of the Spanish labour market. In: Piasna A, Myant M (eds) Myths of employment deregulation: how it neither creates jobs nor reduces labour market segmentation. European Trade Union Institution, Brussels, p 61 – 80.

[34] Navarro V, Torres J, Garzón A (2011) Hay alternativas. Propuestas para crear empleo y bienestar social en España. Sequitur, Madrid.

[35] NSI (2004). Annual non – financial accounts by institutional sectors. Accounting series 1995 – 2003. National Statistics Institute, Madrid.

[36] NSI (2018). Annual Spanish National Accounts. Base 2010. Accounting series 1995 – 2017. National Statistics Institute, Madrid.

[37] NSI (2019a). Annual Spanish national accounts. Accounts of the institutional sectors. National Statistics Institute, Madrid.

[38] NSI (2019b). Economically active population survey. National Statistics Institute, Madrid.

[39] OECD (2014). The 2012 Labour Market Reform in Spain. A Preliminary

Assessment. OECD Publishing. https://doi.org/10.1787/9789264213586 – en.

[40] OECD (2019). OECD. Stat. Organisation for Economic Co – operation and Development, Paris.

[41] Pérez F (2013) Crecimiento y competitividad. Los retos de la recuperación. BBVA Foundation and Valencian Institute of Economic Research.

[42] Pérez – Caldentey E, Vernengo M (2018) Integration, spurious convergence, and financial fragility: a post – Keynesian interpretation of the Spanish crisis. Brazilian Journal of Political Economy 38(2):304 – 323.

[43] Pérez – Infante JI (2013) Crisis, reformas laborales y devaluación salarial. Relaciones laborales 10:69 – 96.

[44] Puente S, Galán S. (2014) Un análisis de los efectos composición sobre la evolución de los salarios. Economic Bulletin 2:57 – 61. Bank of Spain, Madrid.

[45] Recio A (2010) Capitalismo español: la inevitable crisis de un modelo insostenible. Revista de Economía Crítica 9:198 – 222.

[46] Ruiz – Gálvez M E, Vicent L (2018) The Spanish labor market on the path of flexibility and wage devaluation. In: Buendía L, Molero – Simaro R (coords) The political economy of modern Spain: from miracle to mirage. Routledge, London, p 98 – 123.

[47] Sawyer M (1985) The economics of Michał Kalecki. ME Sharpe, Armonk NY.

[48] Taguas D (2014) Cuatro bodas y un funeral: cómo salir de la crisis sin salir del euro. Deusto, Barcelona.

[49] Torres J (2009) Crisis inmobiliaria, crisis crediticia y recesión económica en España. Papeles de Europa 19:82 – 107.

[50] Torres J (2011) Contra la crisis, otra economía y otro modo de vivir.

HOAC, Madrid.

[51] Uxó J, Febrero E, Bermejo F (2015) Reforma laboral, devaluación salarial y empleo: una perspectiva macroeconómica. Revista de Economía Laboral 12:201 – 247.

[52] Vázquez M (2015) Una aproximación a la actual crisis de deuda en España. Economía UNAM 12(34):53 – 67.

[53] World Bank (2019) World Development Indicators. Washington, DC.

10

金融化与危机：从低利率到信贷繁荣和过度负债

针对西班牙经济危机，在金融维度上存在着一个相对的学术共识，即金融在危机中占据着尤其重要的位置，最初在增长阶段，后来在危机发展的形式上。但在明确经济衰退的原因时的确出现了一些争议。这在很大程度上意味着要对经济增长造成房地产通货膨胀的原因进行一番解释。因此，这个问题就在于判定金融领域能否解释宏观经济动态。

在西班牙，大量非传统观点和传统观点都强调金融在这次危机中应负的责任，尽管其在解释中的因果顺序有所不同。从政治经济学角度来看，众所周知，“金融化”这一术语被用来特指在过去20年间西班牙的经济行为（Ferreiro et al.，2016），这一用法现在正在变成经济分析中的一种“非传统主流”。在一般情况下：

> 金融资产价值的增长已经明显高于生产性基础行业的增长，而金融收入占国家整体收入的比重也在增加，尤其是自20世纪90年代末以来积累的巨大信贷泡沫已成为西班牙经济金融化进程的中心特征。（Álvarez，2012：1）

的确，这些断言绝对正确。1995年，非金融企业所掌握的金融资产为国内生产总值的350%左右，到20世纪90年代末，已经达到500%以上，而到2007年年中已经达到839%。国内生产总值中总金融资产的比重从1995年年末的465%增长到2007年及随后几年的800%左右（西班牙银行，2019e）。马德里证券交易所综合指数在1995年平均为296点，2007年10月达到1724点的峰值（西班牙银行，2019b），也就是说，它在1995年1月至2007年10月增长了6.12倍，年均增长15%。毋庸置疑，繁荣远远超过价值生产领域。然而，这就意味着西班牙经济已经被金融化，而且危机的成因出自金融领域吗?

以下章节将从金融角度进行分析，旨在揭示对危机的不同解释类型，同时强调了另一个著名的三角关系模型，即由利率、信贷和负债组成的三角关系，随后进行一个批判性评述。

10.1 危机的金融解释

在这种类型的诊断中以某种方式显现，或有时隐晦地展现的第一个问题，就是经济政策框架。因此或许可以说，作为转向新自由主义经济政策的一部分，自20世纪八九十年代以来升级的金融管制的放松，是造成危机的关键因素。

在西班牙，政府决定取消对利率管制的限制，允许资本自由流动，放宽储蓄银行业务等以配合货币联盟的一体化进程。事实上，在异常繁荣的这些年里，西班牙在放松管制指数方面得到了最高分，达到了美国水平（Detragiache et al.，2008）。与此同时，西班牙银行强行推出了一系列规定，实际上这些规定在最初时刻保护了银行部门免受危机蔓延的影响：禁止银行购买、投机美国按揭贷款证券产品，并迫使它们积累（反周期的）高于平均水平的一般储备以规避违约风险。尽管如此，在危机爆发时，这些储备仍显不足，因为西班牙的“次贷”是出现在房地产业中的。

金融在危机中占据核心地位，这一点有时被认为是总需求不足所造成的结果，与上述新自由主义政策息息相关。诚然，在这种做法中，金融或许不是危机的终极成因，但它在经济衰退特征中的核心地位证明将其归入这类解释是情有可原的。

一个代表性分析来自阿尔瓦雷斯等（2013）撰写的一本颇有意义的书，此书利用 Bhaduri - Marglin 模型将金融化与由朝新自由主义的转向而引起的收入递减再分配联系起来。由于低收入家庭具有更高的消费倾向，工资份额的降低将导致总需求减少。因此，金融领域的功能性使模型得以发挥作用，进而延缓了模型的崩溃，但也通过一种可弥补这种需求赤字的负债螺旋增加了其成本。因此，债务不是危机的成因，而是工人收入下降的结果，而这反过来又是由金融放松管制所导致的。无论如何，它都是西班牙经济的决定性特征。①

10.1.1 货币政策和利率

危机的第一个概念侧重于作为危机基础的利率水平，2000—2010 年，利率低得可怜。根据卡雷拉斯和塔夫内尔（Carreras and Tafunell，2018）的说法，利率相当符合德国的特点，但不符合外围经济体的特点。对于他们来说，1999—2000 年和 2007—2008 年，这些利率比西班牙银行的官方利率低 1 ~ 2 个百分点，而在 2001—2006 年则增至 3 个百分点。在费尔南德斯 - 维拉维尔德、加里卡诺和桑托斯（2013）看来——我们必须注意到，正如第 8 章中所展示的，这些学者在对危机的解释中指出了经济管理部门的不作为——以低利率借款的能力有害无利，因为“能够自由借款的政府更有可能将资源浪费到投资荒凉之地的机场上”，并推动价格发生相应变化，将资源转向非贸易部门。②

① 其他后凯恩斯主义学者，如费布雷罗等（2016）探讨了西班牙的金融化和收入分配之间的关系，但指出它们不能提供结论性的因果关系。

② 至少令人奇怪的是——并且可以说明的是——当提到不负责任的负债时，这些学者以国家为参考，就像之后将看到的，在房地产繁荣时期私营部门产生了大量负债。

一般来说，低利率要归咎于欧洲中央银行（ECB）和（或）欧元区本身的架构所强行实施的过于宽松的货币政策。因此，在确定利率时，政治立场占主导地位。颇有意思的是，进行这一分析的学者们拥有各种不同的意识形态，从新古典经济学（Estrada et al.，2009；Gavilán et al.，2011）到奥地利学派（Vara，2009），甚至是非正统流派（Febrero and Bermejo，2013；Muñoz－de－Bustillo，2014），真可谓仁者见仁、智者见智。

这里还存在一个更具结构性的因素，如国际收支和资本流动的失衡。这样，它就涉及经济体的储蓄过剩和往来账户收支的剩余（Andrés，2009）。也就是说，欧元区国家之间收支平衡的不同结构将会导致大量资本本该流入西班牙，但结果却难尽如人意（Hein et al.，2011；Uxóet et al.，2011；Ferreiro et al.，2016）。科明（2015）认为，尽管得到了美联储货币政策的补充，利率下降的根本原因是全球储蓄过剩，但西班牙的利率下降并不主要是因为加入欧元区，而是在更早时，随着基于限制性财政政策和西班牙银行自主权的趋同政策的实施，这些利率便开始下降。

在此，金融化的概念十分重要。费布雷罗等（Ferreiro et al.，2016：108）认为，“金融化助长了西班牙的房地产泡沫，通过降低利率和增加可用外部资金的‘组合拳’来刺激购房”。加维兰等（Gavilán et al.，2011）认为，利率下降得到了制度框架的补充，也就是“普遍放宽获得信贷的条件”，还有第二个因素，即“在此期间涌入西班牙的大量移民”（同上：81）。因此，“1998—2008 年西班牙经济出现的投资热潮、公共账户整合和外债增加，可以被合理地解释为经济对观察到的利率和人口变量的演化的自然反应”（同上：91）。这一观点符合维拉（Vara，2009）的奥地利学派的观点。

同样，豪尔赫·胡安（2011）从新古典主义的视角认为利率的大幅下降——高于其他欧洲经济体——是造成房地产泡沫的原因之一。其他原因包括西班牙大多数家庭把财富投入房地产的事实，还有人口统计学方面的原因——19 世纪 70 年代的高出生率和当前的移民——以及放松管制和储蓄银行采取的各项措施。

从十分近似的理论立场来看，雷卡特（Recarte，2008）强调在金融这一部门框架内这些低利率偏低，因为这些部门和其他部门相比有着质的不同，并且由中央银行和国家证券委员会实施监管。与那些含蓄地批评放松金融管制的人相反，雷卡特恰恰提请人们注意过度监管，他认为由此导致了完美竞争的缺失。他认为，“金融部门是一种寡头垄断机构，其中只有货币当局决定的金融实体能够参与竞争”（同上：2）。在这种情况下，一场无情的战争导致了泡沫。

总之，那些强调基于利率原因的学者最终将责任归咎于政治决策，无论是货币当局、放松管制还是过度监管，或者全球失衡以及人口因素。

10.1.2 金融收入和盈利能力

在西班牙，在对这场危机的描述中，强调金融与实体经济的矛盾来自利润压缩的方法并不多见，但也存在一些例外。费布雷罗等（2016：105）指出，“西班牙非金融企业降低了它们对来自净经营盈余和利息的资源的依赖，增加了国外直接投资产生的分红和利润比重”。结果是，西班牙经济的金融化也可能改变其对资源的使用。因此，“以更低的留存利润为代价，以获得更多利息和分红。在投资上涨的情况下，留存利润的下降意味着投资越来越依赖外部资金的注入”（同上：105 - 106）。

值得注意的是，这些学者认为，金融变量反过来解释了总剩余量及其演化，而不是与之相反。因此，是金融机构建立了剩余的分配模式。危机爆发后，“留存利润的恢复并不以削减分红为代价，分红量几乎保持不变，仅有微小变动。有酬权益的下降和净营业盈余的增长刺激了分红的增长”（同上：106）。金融化本应通过降低利率来发挥作用，因此它会与属于欧元区或货币机构的决定等宏观经济因素联系起来，而不是与企业组织的相关问题产生如此之多的联系。

在这方面，佩雷斯－卡尔登泰和维内欧（Pérez－Caldentey and Vernengo，2018）也强调了这种利润压缩，但却是以一种不同的方式。他们认为2003—2008年非金融企业的赤字增长主要是由于该部门总储蓄的下降，而不是投资的减少，反过来又归因于净财产收入。因此，其下降是由于利息支出的增加，利息支出“平均占该行业可支配总收入的40%，在2007年和2008年的某些季度上升到85%”（同上：313）。

尽管利率的这一上升是由高负债造成的，但奇怪的是，这种后凯恩斯主义解释的切入点是“储蓄”而不是投资。由于这是在盈利能力下降的情况下发生的，后果更加严重。这些学者认识到，“根据大多数指标，盈利能力的下降先于债务的增加，因此债务增加似乎是盈利能力下降的结果”（同上：313）。但必须澄清的是，盈利能力的下降并不在这一概念中发挥关键作用，而是加剧了过度负债的固有矛盾。对于他们来说，源于美国的经济大衰退导致了信贷紧缩以致无法继续为非金融部门融资，同样也导致了建筑业繁荣的终结和房价的下跌。

10.2　过度负债危机

有几位学者将西班牙经济衰退总结为债务危机，更具体地说，它是由私人过度负债所引起的经济衰退（Febrero and Bermejo，2013；Sanabria and Medialdea，2014，2016；Vázquez，2015；Garzón，2018）。然而，过度负债的原因不尽相同，因此下文将揭示其主要原因。

10.2.1　竞争力和预期

巴斯克斯（Vázquez，2015：60）认为，这是一场“与外围国家丧失竞争力有关的私有部门的债务危机，这些国家的增长是基于国内需求的增加和金融部门权重的增加”。她认为，因为西班牙的经济发展水平较低，所以由于融入欧元区，出现了由消费和房地产部门驱动的增长模式，偏低的利率也对此具有推动作用。

如果这一概念基于竞争力，则应优先考虑生产条件。然而，本质问题不在于产生剩余，而在于一个不同于传统路径的竞争力概念（Shaikh，1990，2016），此外，关键变量是私有部门的债务。

另外，来自西班牙银行的几位经济学家（Estrada et al.，2009）强调了前一阶段的过度负债，并根据代理人的预期进行了解释。这一研究的优点在于明确说明了分析中需要遵循的理论框架。事实上，这些学者从以下这一假设出发：

> 在不确定以后是否可以获得收入的情况下，经济的代表性代理人可以进入国际资本市场，并做出消费和储蓄决定，试图将其目前和未来的利润最大化。与永久收入的传统模式一样，这种经济的代理人将储蓄当作一种在一段时间内维持一种稳定的消费模式的方法。（Estrada et al.，2009：41）

宏观经济动态因此被简化为代理人的自愿决定，从而揭示了其基于方法论的个人主义视角下对微观经济基础的优先考虑。要么消费，要么储蓄，这就是代理人面临的两难困境，但消费从属于储蓄。从这些角度来看，经济被视为一个在概念上家庭消费具有优先地位的经济体系。随后，从满足人类需求的角度进行分析，而不是优先考虑资本增殖。但消费之前需要先进行储蓄。严格来讲，它是代表性代理人解决跨期优化问题的一种模型。

这项工作受西班牙银行 3 年前发表的年度报告的支持（西班牙银行，2006），报告结果已经表明，增长阶段的负债上升是由乐观的预期造成的。在上述 2009 年的文件中，学者们已经着手更新该年度报告，同时将房地产部门纳入其中，这是不同于西班牙银行的一种做法。他们指出，作为危机的最终原因，“对未来收入产出的过度乐观”的存在，同时导致了“过度负债和高于……的房价上涨，这将造成与利率和经济增长所遵循的一致的路径”（同上：43－44）。简言之，正是经济代理人的预期解释了房地产泡沫、经济扭曲以及衰退本身。

前文已经提到卡雷拉斯和塔夫内尔（2018）强调了欧元区利率的设定，以解释债务问题。从分析上讲，在本节中揭示他们思想的方法框架意义重大，因为他们指出，加入欧元区所带来的好处使得代理人眼花缭乱。在一背景下，他们解释说，“立即产生了一种‘欧洲狂热’的气氛，促进了普遍过度的支出和负债”（同上：353），外国投资者对此并不陌生。在这种情况下，危机将存在一个与代理人预期①相关的金融根源。同样，用明斯基的方法，加西亚（García，2014）也在他的分析中参考了预期和风险，并同时得到了名义汇率和劳动力成本增加的佐证。

显而易见，这些对西班牙经济危机的解释包含了许多在第 4 章中提出的方法论特征，它们构成了关于危机可能性的理论。其结果是，西班牙经济大衰退终究是人类错误的产物。

10.2.2　金融化：债务导致的增长

金融化的概念已经成为西班牙日益减少的但仍存在的经济异端学说中的“主流”。然而，这一概念过于笼统，涉及金融的作用，但更具体地说——在危机理论方面——它确实意味着由金融资本主导的积累的态势，尽管它包含各类多样的解释（Mateo，2011）。在解释经济大衰退时，这种金融资本主义的理念在西班牙通常被认为与债务（过度负债危机）有关。

费布雷罗等（2016）认为，这是一场源于金融负债积累的金融化危机，而费布雷罗和贝尔米约（Bermejo，2013）则特别强调家庭债务，这将足以解释需求问题和住房泡沫。萨那布里亚和梅迪亚尔迪（Sanabria and

---

①　这些学者认为，在同一水平上存在两个不均衡，即私人负债和活期账户赤字，其根源相同，即建筑业的繁荣。虽然还存在第二个外部因素：竞争力的丧失。

Medialdea，2014，2016）遵循了卡莱茨基的方法，该方法强调将需求作用、费舍尔（Fisher）提出的因素和 Koo（库，2011）对明斯基的金融不稳定假说和卡莱茨基对日本经济的看法综合起来考虑。必须强调两个相辅相成的问题，即需求和金融（金融化和内生的货币办法）的优先地位。这两个因素的结合将解释西班牙经济的周期性发展，即由国内需求（主要是投资）和债务驱动属性所维持的一个经济增长过程——费布雷罗等（2016）将其称为债务主导的私人支出类型的增长——由此构成了对后续危机的解释。

萨那布里亚和梅迪亚尔迪（2016：202）指出，“这种信贷的过度增长反映了明斯基所认为的庞氏计划所造成的影响，越来越多的债务是以与创收无关的方式进行融资的。正是对资产交易利润的预期支撑了对信贷的需求”。然而，这既没有建立与利润率之间的关系，也没有从理论上厘清创收与债务脱节的理论意义。那么，新价值由何而生呢？正是因为价值创造发生在某些行业中，所以是生产性领域决定了负债的限度，还是每一次经济交易都能够创造出新的价值？

在这种观点中，债务过度是分析的切入点，即导致——并因此解释——金融紊乱的那种原因。不均衡表现的其中一种可能是在繁荣期间投资和储蓄率之间的日益分化，从而导致活期存款账户赤字（Sanabria and Medialdea，2016；Uxó et al. ，2011）。在此应当注意，该分析不仅意味着债务需要创造需求——依据第 2 章中解释过的价值规律——或由于国内储蓄不足，投资需求需要获得融资。要强调的观点被归因于由于“债务”而导致所谓资本主义动态的解释和功能的核心作用，由此导致超过对国内储蓄的过度投资，然后产生一种债务驱动的资本主义形式。

在这一分析中，因果关系与那些从劳动力市场和工资决定出发而强调西班牙企业竞争力损失的、基本正统的、根深蒂固的解释恰好相反。另外，该提议中的经济政策框架——金融自由化——并没有形成，而仅仅是加剧了先前本就存在的金融依赖，以及由于西班牙在欧洲资本主义中的边缘地位而带来的投入和资本货物的相关进口商品。

费布雷罗等（2017）指出，关于负债的各种解释是理解危机的一个关键因素。这些学者从数个特殊方面进行了一次卓有意义的分析。他们声称，“危机的根本成因是一种不可持续的私人银行债务主导的增长模式，危机甚至可能在贸易还处于平衡时就已经发生”。因此，危机的根源不在于活期账户不均衡，也不具有解释的相关性，这就是为什么它们与之前的解释不同，而淡化了传统的国际收支危机账户。根据内生的货币的观点，因果关系涉及从银行信贷到总资本流入。准确地说，他们坚持认为，“基于总流入的分析——与净流量的分析相比较——能让我们更加全面地了解一个经济体的外部脆弱性及其跨境融资模式”①。

关键因素将是债务驱动的增长，但与上述学者的观点不同，在这里它与金融账户——资本流入——相关，而不是与投资和储蓄或活期账户之间的失衡相关。他们赞同伯里奥和狄斯亚泰特（Sanabria and Disyatat，2015）的观点，即活期账户失衡更应是银行在国外再融资的债务导向型消费繁荣的结果。与此同时，至少他们明确了潜在的因果关系：债务导致的繁荣—外部金融风险—突然停止—国内生产总值下降。

基本观点是，因果关系是从银行批准的债务到其在国际市场上的再融资，这需要总资本的大量流入。对于创造存款形式的货币发行来说，内部或外部储蓄形式的资源可用性将是不必要的。因此，这种观点与可贷资金理论相悖，后者则支持相反的过程——储蓄过剩假说——即如果西班牙的投资额超过储蓄，那么首先外国资本必须进入该国为信贷融资。

总之，值得一提的是其他一些不同的解释。在巴格奈（Bagnai，2013）

① 原因是“基于净流的分析可能无法为外部负债积累提供信息，因为流出和流入相互抵消”。正如他们所解释的，“跨境金融总流量大多与贸易无关”。此外，金融脆弱性通常与未支付的外债总额有关，而未支付的外债总额又与资本流动总额有关。

看来，欧洲外围已经出现了一个明斯基（Minskyan）周期。但他没有从代理人的行为出发，而是用一个外生的因素对其进行解释，即对欧元的采用。该学者以一个卡尔多式的增长模型为基础，在这个模型中，金融部门过度负债以便为房地产繁荣提供资金。货币联盟的结构影响了生产停滞，从而加大了中心—外围的分歧。因此，巴格奈摒弃了明斯基方法中的主观主义因素，采纳了一种更具结构性的观点。

此外，一些解释影响了负债和外债产生的条件。萨那布里亚和梅迪亚尔迪（2014）等学者提请注意与累积债务的外部成分相关的这一问题，而累积债务是因依赖外国融资而产生的。2009 年，外埠债务总额不断攀升，占到国内生产总值的 167%，如果扣除西班牙的外债，净负债将占到国内生产总值的 94%。应该铭记于心的是，在 7 年前的 2002 年，这一净负债仅占 42%。从这个意义上说，卡巴罗－科鲁兹（Carballo－Cruz，2011）提醒人们关注以下两个问题：首先，在 2010 年，几乎一半的公共债务来自外国投资者，这使得西班牙有别于欧元区其他高负债国家，而这些国家的资金主要来自国内储蓄。其次，他指出，问题不仅仅在于债务规模，而在于债务经历的快速增长，负债从 2002 年的 600 万亿欧元增长到 2010 年年中的 1740 万亿欧元（西班牙银行，2019a）。

有趣的是，西班牙银行（2017：67）解释道，“一些西班牙银行附属机构——以非货币金融机构的身份募集共同基金，通过发行和出售抵押贷款支持证券来筹集资金”，这些资金以投资组合的方式流向其他常驻代理人。尽管很大一部分信贷随存款融资，但对融资的特殊需求导致各实体主要通过资产担保债券或资产证券化等有价证券来进行大规模融资。2000—2007 年，银行存款增加了 920 万亿欧元，其中 584 亿欧元为客户存款。信贷增速快于存款增速，贷存（LTD）比由 2000 年年底的 93% 升至 2007 年的 155%。之后，借助资产支持证券的发行是必要的，其以每年 40% 的速度增长，特别是以抵押贷款证券化的形式增长（西班牙银行，2017）。应当指出，西班牙对特殊投资工具（SIVs）有着更加严格的标准，因为它不允许将这些工具排除在确定资本要求数额所需资金的计算之外。

10.2.3 反向因果关系（一）：利率和盈利能力

如上所述，房地产繁荣时期西班牙的利率极低。如图10.1所示，直至1995年，名义长期利率高于10%。从那一年开始，出现了前所未有的下降。仅在3年内，这些比率就从11.27%下降到1998年的4.8%，下降了58%。在接下来的几年里，除了2000—2001年短暂而微弱的反弹之外，它们都保持在5%以下，甚至在2005—2006年低于4%。到了2007年，这些利率高于4%，甚至在2011—2012年超过5%，然后暴跌至更低水平，在2015—2017年竟然低于2%。

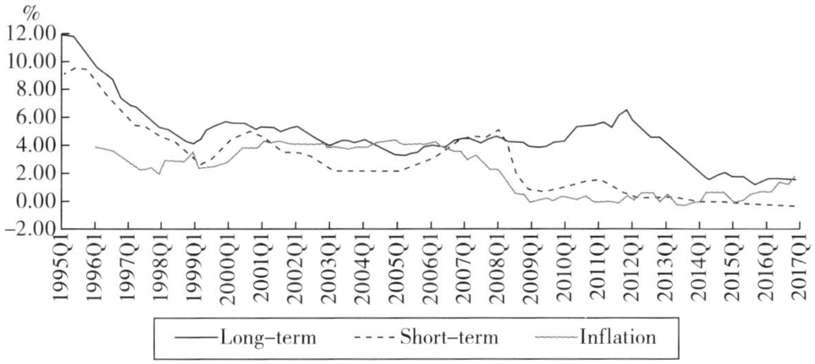

图10.1 利率和通货膨胀

注：利率来自经济合作与发展组织数据库，国内生产总值平减指数依据国民账户体系得到。

资料来源：西班牙国家统计局（2019）；经济合作与发展组织（2019）。

更重要的是要同时慎重考虑通胀率和实际利率。在20世纪70年代的经济衰退期间，西班牙的通胀率一路飙升，直到20世纪80年代上半叶，西班牙的通胀率突破了10%。后来，随着后续的扩张，直到1992—1993年的经济衰退，通货膨胀率在5%～7%波动。与长期利率一样，通胀率在20世纪90年代后半叶出现显著下降，1997—1999年为2.3%～2.6%，尽管在1999年房地产繁荣开始之后其升至每年3%以上。

因此，在引入欧元和房地产繁荣之后，虽然名义利率下降，但西班牙的通货膨胀率却略有增长，从而导致实际利率的异常下降。因此，在20世纪90年代中期，实际长期利率发生了深刻的变化。在此之前，这一数字通常在4%～6%。实际上，1995年这个数字为6.34%，但到了20世纪90年代末，这个数字已经下降到2%，因为2002年的数字还不到1%，甚至到了2005—2006年，这个数字为负数。实际短期利率从20世纪90年代上半叶的4%～7%降至1999年的0.30%，2002—2006年则为负值，2005年更是接近－2%。

图10.2显示了西班牙与德国（作为欧盟的参考经济体）的名义短期和长期利率之间的差异，以及自1978年以来的通胀差距，1978年是欧洲委员会经济和金融事务总署年度宏观经济数据库为西班牙提供数据的第一年。这些结果再次揭示了货币一体化时期的特殊性。当然，在1992—1993年经济危机之前，存在着一个通货膨胀差额和短期利率趋同的过程，它遵循着一个平行的演变过程，且与20世纪80年代中期以来的长期利率有关。

尽管历史上的利率差距自1999年（当时确立了固定的名义平价）以来就消失了，但有了货币联盟以后，由于上述衰退之后的经济恢复增长以及西班牙加入欧元区，重新建立了迄今为止的正常局面：西班牙更高的相对通胀。有必要澄清的是，在研究的这一段时期，西班牙的通货膨胀率处于历史低点。然而，问题在于德国的通胀率也下降了：自1995年以来，它还没有超过2%，在许多年里甚至还没有达到1%。因此，通货膨胀的差距在历史条件下更低，一直伴随着利率差异的消失。因此，基本问题不是西班牙的高通胀，而是欧元区更发达国家的通胀。

根据这些数据，我们可以肯定的是，利率的确定在很大程度上源自欧洲稳价框架的结构要素。但与“政治”或“主观”因素不同的是，根据第5章所示的盈利能力序列表，其最根本的决定因素在于对货币资本的有限需求以及相对低水平的盈利能力——依据第5章所示的盈利能力——对此

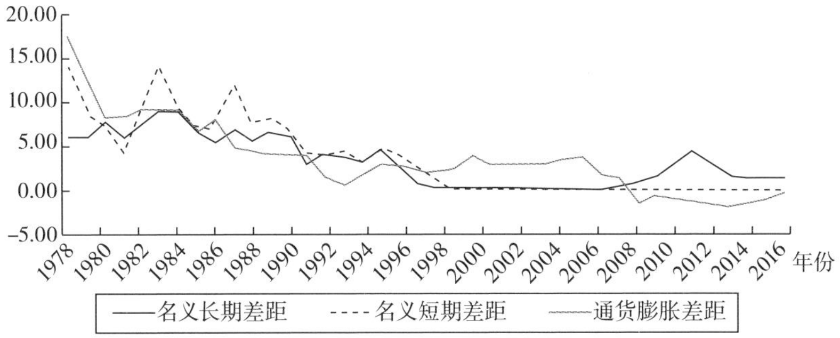

图 10.2　西班牙与德国的利率和通胀差距

注：名义长期（LT）和短期（ST）利率差额；通货膨胀作为国内生产总值平减指数。

资料来源：欧盟委员会经济和金融事务总署年度宏观经济数据库（2019）。

必须加上货币一体化进程，以及欧洲央行的决定。结果是，西班牙的利率已具备“外生”特征。

毫无疑问，利率在增长阶段发挥了重要作用，因为它们容许更大数额的信贷的存在，在这种情况下，它们发挥了触发因素的作用。然而，问题在于：为什么会有这样的借贷需求？或者更笼统地说，这些反常降低的利率的作用和基本角色又是什么？

因为分析如果仅限于声明它们促进了债务，那么就无法对危机进行充分的解释。只是当这一分析会参考西班牙所经历的增长类型，并能参考与其相关的扭曲类型时才能得到充分的解释。换句话说，关注利率并不会让我们建立一个基于危机理论的令人满意的解释；相反，它只会导致肤浅地将激励描述为一系列能够产生不同类型矛盾的做法。

（1）盈利能力和融资成本

相关问题是，利率的下降和总盈利能力的恶化现象无法得到弥补。利率所发挥的作用就是，其下降提高了企业的利润率（r_i），从而实现了房地产繁荣时期的重大收益。

在盈余总额相对较少的情况下，对其组成部分的这次重组有助于维持可供积累的企业净利。即使利息是盈余的一部分，对陷于生产和分配循环中的资本家来说似乎也是一种成本。因此，需要强调的一个基本特征一直就是融资成本超过比例的下降，这有利于净利率或利率的利润空间。与此同时，这种对积累的助推也暴露出它的弱点和有限的时间格局。

在第 5 章中谈论过，生产性部门的总利率在 1995—1999 年下降了 10%，在 2002—2003 年下降了约 20%，在 2005 年之前下降了 30%，2007 年之前下降了 40%。然而，在这些年里，名义长期利率在 20 世纪 90 年代末期下降了一半以上，到 2003 年累计下降超过 60%。此外，按实际价值计算，2003 年的融资成本下降了 97%。根据西班牙银行（2019c）的数据，结果可以从图 10.3 所示的指标，通过一个（常规）盈利能力指数，即对于债务成本的投资回报得到验证。相对于总利率的情况而言，这种反差是明显的，也是非常有意义的，因为它把握了资本积累的过程。

在扩张阶段，这一差额没有出现下降趋势，尽管随着 2000—2001 年的经济放缓，这一差额经历了一次显著下降，但随后有所恢复，并于 2004 年达到峰值。在随后的两年中，尽管有所下降，但仍保持在优于前几年的水平。正是在 2007 年差额开始下跌，跌幅为 23%，2008 年跌幅更是达到 41%，之后在 2001—2012 年暴跌，跌幅分别超过 50% 和 70%。2012 年达到最低值时，差额比 2002—2006 年的平均值低 95%。请注意，根据该比率可预测投资在一年内收回投资。2013 年投资略有增加，进而可预计下一年，即 2014 年国内生产总值的趋势将发生变化。

就企业规模而言，在 2005 年，大型企业的差额高于平均水平。大中型企业的差额在经济危机爆发的几年前，也就是 2004 年和 2005 年达到最大值。大型企业的盈利能力下降，尤其是在 2007 年和 2008 年分别下降了 18% 和 32%，随后在 2011 年和 2012 年下降了 33%。中型企业的跌幅要大得多，因为 2008—2012 年差额为负值。因此，2005—2007 年的跌幅在 12% ~30%，但在接下来的一年中就将全面崩盘。之后，这种情况贯穿了

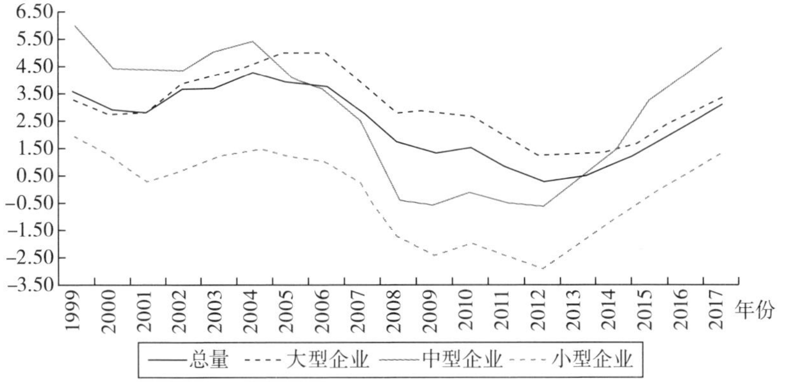

图 10.3　投资回报率相对于债务成本的分布（总平均数和企业规模）

注：根据西班牙银行的分类，适用于大、中、小型企业。

资料来源：西班牙银行（2019c）。

整个危机直至 2013 年经济开始复苏。

小型企业的盈利能力与以前的企业形成了鲜明对比。首先，其差距水平要低得多。2003—2007 年，其差距不到大中型企业的 1/3。尽管波动的情况相似，但波动性更大，在危机中的跌幅也更大，因为 2007 年这一差距已经下降了 80%。2008—2015 年，差额为负值，2009—2015 年不到 -2%。

（2）融资成本的上升与危机

如果说这种繁荣在很大程度上是由利率的相对下降带来的，而利率的相对下降又反过来提高了收益盈利差额（$r-i$），那么导致危机爆发的原因还包括利率的上升及相应的违约。然而，必须澄清，$r-i$ 的水平只能从宏观经济的角度来理解，一方面分析了总剩余的产生，另一方面要考虑欧洲的增值框架。无论如何，这种差额下降的背后是利率的上升，以及随之而来的企业利息负担的增加。

在扩张阶段末期，各种价格（原材料、工资）压力通常极大，而试图控制通胀的需要迫使经济当局提高参考利率。事实上，由于通胀压力，如能源价格成本上升，欧洲央行在 2008 年 7 月就提高了主要再融资率。到目前为止，未出现任何异常。

根据经济合作与发展组织（2019）的季度数据，截至2005年第三季度，名义长期利率在达到最低的3.18%后开始上升。在接下来的两年里，它们超过了4%，而短期利率在2003年第三季度至2005年第三季度为2.0%~2.1%，在2007年年中至2008年年底超过4%，之后急剧下降。

多达100万欧元的非金融企业业务所适用的平均名义利率从2004年到2005年第三季度的2.8%升至2007年上半年的4.5%以上，2007年下半年升至5%以上。至于家庭支出，10年以上的住房贷款利率从2003年的6%降至2004年年中至2006年年中的3.3%~3.5%。从那时起——也就是说，在企业利润上升之后——利息开始增加，在2007年5月已经超过5%，直到2009年4月降到5%以下（西班牙银行，2019a）。

如前文所述，融资成本的增加加重了企业的利息负担。以非金融企业为例，1997—2006年，它们的平均利息负担为13%~17%。增长发生在2006—2008年，当时从15.7%上升到25%，并保持在22%~25%，直到2014年再次下降。因此，这种增长导致了上述差额的崩溃。此外，小企业的利息负担更高，尽管与更高的差额差距相比，它高不了多少。对于这些企业来说，利息负担从2003—2006年的16%~17%上升到2008年的30%，并在2012年达到37%，而大中型企业的利息负担水平尽管高于增长时期的水平，但相对较低，为20%~25%。

作为对家庭支出的补充，应当指出，与其他邻国不同，西班牙的大多数抵押贷款是按浮动利率发放的，2005年高达总额的97%（Jorge Juan，2011）。因此，在经济繁荣期间，尽管信贷异常繁荣，[1] 不良贷款（NPLs）的数量还是减少了，但从2005年开始，这些不良贷款又开始增加。正是在2007年之后，不良贷款率和覆盖率发生了实质性的变化。不良贷款增速加快，甚至高于总贷款增速，主要集中在建筑和房地产行业，这些行业占不

① 在此期间，不良贷款占贷款总额的比例低于1%。近年来，尽管西班牙的覆盖率确实在下降，却仍然很高，约为50%，如果包括反周期准备金，甚至高于200%。

良贷款总额的45%以上，而前几年它们甚至不及总额的1/5（西班牙银行，2017）。

当利率上涨，家庭和非金融企业负债人无法继续偿还债务。然而，低利率并不是危机的根源。一旦它们升级，资本积累的矛盾也会凸显出来，尽管以不同的方式。信贷增长的幅度可能会更小，扩张周期的强度和持续时间可能会更低、更短，但潜在的盈利能力问题仍会存在。从这个意义上讲，霍特和约基皮（Hott and Jokipii，2012）的研究表明，房地产繁荣和利率之间没有关系。事实上，问题在于将利率与盈利能力联系起来，更宽泛地说，是与产生剩余的能力联系起来。

（3）不对称和社会政治不平等

除了上述的利率上升的后果——净利息收益的恶化，以及企业和家庭的违约——还需要提及几个重要的影响因素，因为它们构成了危机作用的方方面面。在这方面，应该注意到发生在危机中的风险溢价的上升。在扩张阶段，它实际上是微不足道的，但在2009年，它已经超过了100个基点。尽管随后再次下跌，但在2010年4月底，风险溢价再次达到100个基点，其后继续上涨，自2012年5月底以来，已超过500个基点（西班牙银行，2019d）。主权债务成本的飙升构成了危机中通常发生的重组的核心要素，这也是欧盟管理全球增值进程及其相关问题的关键因素。

首先，它为银行提供了实现有吸引力的盈利能力的可能性。在危机背景下，面对西班牙银行体系的严峻形势，欧洲央行决定在2008年下半年和2009年上半年降低利率。因此，欧元体系的边际贷款率从2008年夏天时的5.25%（自2007年6月以来一直保持在5%）下降到了2009年5月的1.75%，而同期较长期再融资业务的利率从4.7%下降到1%（西班牙银行，2019b）。金融机构获得融资的成本在危机中变得更具吸引力，而这种特权是各国政府无法获得的。

借贷成本的下降，加上缺乏向私营部门放贷的可能性，使公共债务成为一种吸引力极强的投资方式，比任何私营公司都更具安全性和盈利能力。① 事实就是这样，尽管西班牙银行拒绝放贷，但它们几乎免费使用从欧洲央行获得的资金来收购主权债务——或者说，用西班牙公共债务进行投机——鉴于风险溢价导致了高差额。2007 年 12 月至 2011 年，它们手中的主权债务存量增加了 145%（西班牙银行，2017）。

这一过程应被分析为损失的社会化，或从公共部门向私人银行的资源转移。政府没有提高私人银行的税率，而是以诱人的利息换取资金。但就成本和欧洲央行允许作为抵押品的资产类型而言，私营实体可以通过非常便利的手段获得这些资源。

其次，西班牙——或者更准确地说，工人阶级，也凭借着有限的累进税——贡献了大量资金来纾困银行体系。尽管其具体规模难以说清，但西班牙银行报告指出，2008—2015 年，金融部门资金重组的成本（累计注入总额）高达 619 亿欧元，占国内生产总值的 5.8%（西班牙银行，2017）。这一数字与希腊、塞浦路斯和爱尔兰的情况相去甚远，这些国家的成本占国内生产总值的 20% 以上，但与比利时和卢森堡相似，略高于丹麦、英国、奥地利和荷兰（3% ~4%）。

最后，需要注意的是——请回想一下第 4 章中关于中心和外围国家之间的不对称，尤其是关于利率和金融作用的讨论——风险溢价的增加使欧洲资本主义出现了两极分化。简言之，这意味着债权人的盈利能力提高，进而得到各政府和欧盟机构的支持。与此同时，也切实证明了风险溢价的合理性受到了来自二级市场的干预、贷款条件以及欧盟对各国政府（西班牙）施加的压力的适当限制。欧盟实施这些措施最终旨在降低工资，反过来又有利于债权人实体本身。

如果欧盟机构实际上给予私人利润存在的空间，那么风险溢价以及更

① 西班牙银行本身指出，“在此期间，十年期西班牙债券的收益率保持在每年 4% 左右，远高于从欧洲央行借款的成本”（西班牙银行，2017：87）。

高利率的理由何在？金融，尤其是债务，在危机背景下也是重组的政治机制。

同样，危机导致资本流动从欧洲外围重新转向更发达的经济体，这有助于改善融资并降低发达经济体的利率。2011 年 4 月至 2012 年 7 月，资本外逃——以投资组合剥离的方式出现负债减少——达每月 118 亿欧元。相对于国内生产总值，这些资本外流意味着在这五个季度中，资本外逃的规模相当于国内生产总值的 8% ~13%，其在动荡的 2012 年第二季度达到峰值，占国内生产总值的 22%（西班牙银行，2019b）。

从我们的角度来看，关键是实施这些干预措施的社会意义，最终代表了大量资金向私人资本，特别是金融资本的转移，以及从欧元区外围向中心的转移。在这里，西班牙资本主义的边缘地位显而易见，显示出属于看似强大的欧洲货币联盟的西班牙资本的作用所在。

然而，从危机理论角度来看，应当指出，西班牙利率的演变首先具备一个物质基础，即其较低的生产能力。它的作用首先存在于对一般资本的分析中，并使积累过程中固有的矛盾在社会、时间和地理上发生转移。同时，它在重组过程中发挥作用，无论是在社会资本（破产、资产折旧等）总额方面，还是在货币联盟（地理两极化）的地缘政治方面。尽管很明显的是，国家采取行动保证整个资本增值所需的一切条件，但同样真实的是，这种干预也阻碍了危机中资本破坏现象的必然出现。当然，假设的市场自由（自由放任）的后果对于系统本身来说可能是灾难性的。

10.2.4　反向因果关系（二）：信贷与债务

（1）信贷

如前文所述，在大衰退之前的经济繁荣期间，西班牙的信贷增长迅猛。涨幅如此之高，以致储蓄银行和商业银行在银行间贷款市场上借贷的资产超过其资产负债表的 1/4，这些借贷主要来自德国和荷兰（Fernandez - Villaverde and Ohanian，2010）。

从图 10.4 中可以看出，尽管自危机爆发以来国内非金融部门的信贷增长率的下降变得更加明显，但远高于以当前价格计算的国内生产总值的增长率。自 1997 年以来，信贷每年增长超过 10%，自 2005 年年中以来，信贷每年增长超过 20%。在 2006 年前 4 个月达到增长率峰值（27.9%）后，增长率有所放缓，但仍在 2007 年前三个季度同比增长 20% 以上。2008 年上半年超过 10%，下半年仍在 6% 以上，只是到了 2009 年下半年信贷才绝对崩溃。

自 2004 年以来，流向非金融企业的信贷流量有所增加，通常每月超过 100 亿欧元。2007 年的每个月，信贷流量都超过这个数字，除去 8 月——尽管 2 月也有 92 亿欧元。在接下来的一年，即 2008 年，流量有所减少，前 5 个月在 40 亿 ~90 亿欧元，但在 6 月、7 月和 9 月达到了 120 亿 ~150 亿欧元。

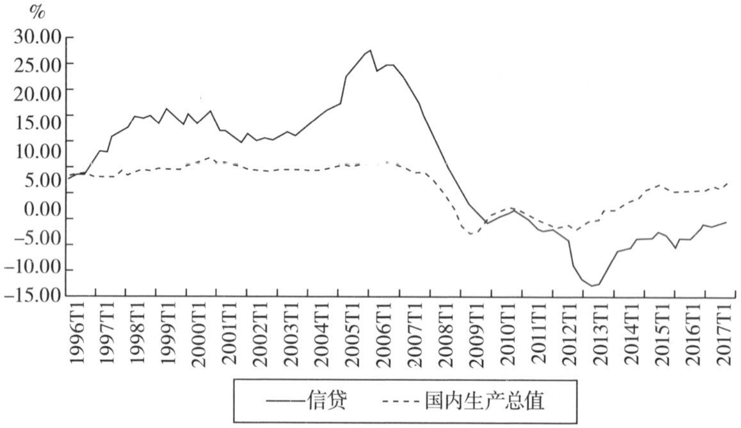

图 10.4 国内非金融部门信贷与国内生产总值

资料来源：西班牙国家统计局（2019）；西班牙银行（2019b）。

1995—2007 年，用于生产性行业——但在此例中，生产性以西班牙银行的数据库为准——的信贷平均增长了 15.4%，而 1999 年的水平为 17.6%。尽管农业和工业部门的信贷分别以每年近 10% 和 9% 的速度增长，建筑业和服务业的信贷却翻了一番，以每年 20% 的速度增长。如果我们将建筑业、房地产业以及房屋收购和重建计入信贷，平均增长率将达到每年23%（西班牙银行，2019b）。

20世纪90年代初，只有1/3的贷款流向了建筑业和房地产业，但自1996年第三季度以来，这一比例超过了总贷款的40%，到2003年，这一比例已经超过了总贷款的一半，截至2006年年底，甚至有60%与房地产有关。2000—2007年，给予房地产行业的贷款增长了513%，而相比之下，其他所有行业的贷款仅增长了120%（西班牙银行，2017）。

同样，用于购房的家庭信贷的增长幅度也高于用于其他消费品的信贷增长幅度。1995年，该项目占家庭总信贷的52.55%，2001年达到2/3，2007—2008年达到74%。在危机期间这一比例甚至继续上升，尽管在2015年上半年之前较低，当时占总信贷的78%。但在2018年，尽管房价下跌，这些贷款仍占到了贷款总额的近3/4。

从这些数据来看，是否可以说信贷过度是造成危机的原因？或者说，是什么有可能及时阻止其爆发？什么时候可以说信贷是过度的：如果它的增长超过了国内生产总值，或者增长超过了生产的剩余？信贷是造成房地产泡沫的原因吗？或者说，在结构方面，信贷的存在是造成这种泡沫的条件吗？

换句话说，如果信贷是积累和危机的解释变量，由此便会产生两个问题：为什么在危机爆发后它会下跌？更重要的是，为什么它会减缓然后下降？那么，它是根本原因还是触发因素呢？审视一下实现信贷的债务水平，将有助于让这场辩论拨云见日。

（2）债务存量

1999年年初，非金融企业债务达2620亿欧元，自2007年1月以来超过1万亿欧元。就家庭而言，同期债务从2090亿欧元增加到7810亿欧元。与公共行政部门的债务对比十分明显，因为同期公共行政部门的债务仅从3450亿欧元增加到3860亿欧元。

非金融企业和家庭债务的这种异常增长可以在图 10.5 中看到。在图 10.5中，它被表示为每年年底占国内生产总值的百分比。直到 1998 年，非金融企业债务占国内生产总值的 42% ~46%。然而，这个比例在 2009—2010 年达到了 115%。

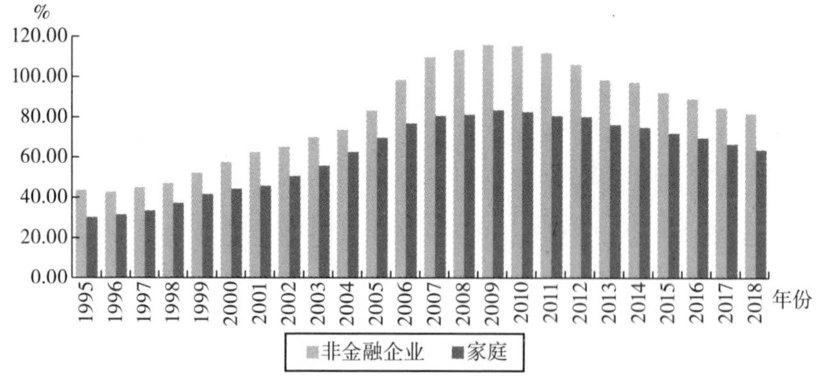

图 10.5　非金融企业和家庭债务占国内生产总值的百分比

注：非金融企业（NFC）和家庭（HH）。

资料来源：西班牙银行（2019a，2019b）。

1995—1997 年，家庭债务占国内生产总值的 1/3，2007—2011 年超过了 80%，2009 年达到最高，为 83%。然而，一般政府债务的演变遵循不同的逻辑。1996—2007 年，由于经济管理部门给予公共账户余额的优先权，这一比例有所下降。在那几年里，这一债务所占国内生产总值的比例大幅下降，从 1996 年占国内生产总值的近 2/3 降至 2007 年的最低 35%。随后，正是这场危机增加了公共债务，究其原因，一个统计基准（国内生产总值）有所下降，而另一个统计基准——最重要的是，失业支出和向银行系统的流动注入——则有所增加，因此 2013—2016 年，公共债务超过了国内生产总值的 90%。

从全球来看，非金融企业、家庭和公共行政部门的债务从 1995 年年底占国内生产总值的 135% 上升到 2012—2013 年的最大值（270% ~271%）。也就是说，在不到 20 年的时间里，它相对于国内生产总值的比例翻了一番。如果只考虑非金融企业和家庭的债务，那么2009年就达到了峰值，约占国内生产总值的200%。家庭债务在2008年11月达到峰值，而非金融企业债务在2009年4月达到峰值。实际上，由于信贷流动的演变，对这一比率和负债存量停止增长给出的解释是，按当前价格计算，生产领域的净经营剩余在2007年达到最大值，一年后在国内生产总值中的占比达到最高值，然后信贷在2009年第三季度下降。因此，从2008年年底到2009年上半年，家庭和非金融企业的累积债务开始下降。

如表10.1所示，债务存量可以按实值进行分析。根据国内生产总值平减指数，2010年按不变价格计算的债务量在2012年第二季度达到最大值。与1995年第一季度相比，2010年第四季度至2013年第三季度，债务水平翻了三番。因此，这一最大值在危机爆发后很久才出现。事实上，从国内生产总值的演变来看，衰退期在那时行将结束。

由于政府债务的动态变化与非金融企业和家庭所遵循的动态变化截然不同，因此现在私营部门债务的演变可以成为分析对象。非金融企业的债务在2009年第一季度达到最大值，达到初始水平的410%。至于家庭，在2008年第二季度达到最大值，达到了1995年的441%，在随后的两年中保持相对稳定。仅从2010年第二季度它再次占据GDP的441%开始时，趋势就发生了变化，并开始下降。因此，这两种类型的债务似乎也不能导致危机，而是因危机本身导致了这两种债务。

表10.1　债务存量

2010年不变价格、变化率（%）				
	国内生产总值价格		资本价格	
	总量	非金融企业	家庭	非金融企业
年度变化				
1996年	5.89	0.87	6.19	-4.72
1997年	5.66	7.01	11.30	6.66
1998年	7.84	10.99	15.89	7.75

续表

2010 年不变价格、变化率（%）				
	国内生产总值价格		资本价格	
	总量	非金融企业	家庭	非金融企业
1999 年	10.59	16.79	16.79	9.82
2000 年	9.07	15.65	13.84	8.74
2001 年	5.68	12.82	7.85	7.23
2002 年	5.05	7.06	11.39	6.96
2003 年	7.20	10.19	14.68	9.48
2004 年	8.60	9.88	15.85	6.75
2005 年	12.8	17.81	16.39	15.52
季度变化				
2006Q1	3.71	6.35	3.35	5.44
2006Q2	3.51	4.67	5.15	5.13
2006Q3	2.83	4.89	1.86	5.23
2006Q4	3.97	6.07	4.14	5.67
2007Q1	2.51	3.42	2.24	3.65
2007Q2	3.69	5.41	3.53	5.81
2007Q3	1.30	2.76	1.30	3.09
2007Q4	1.21	2.30	1.47	2.06
2008Q1	0.53	1.11	0.73	1.34
2008Q2	2.14	2.16	1.99	2.77
2008Q3	0.96	1.31	-0.36	1.38
2008Q4	2.19	1.22	0.40	2.07
2009Q1	1.35	0.62	-0.72	0.92
2009Q2	1.31	-0.35	0.34	3.22
2009Q3	0.36	-0.75	-0.47	-1.35
2009Q4	0.94	-0.75	-0.08	-0.50
年度变化				
2010 年	4.38	1.45	1.07	26.48
2011 年	0.65	-3.98	-3.01	2.75
2012 年	0.73	-7.77	-4.09	0.65
2013 年	-1.32	-7.74	-5.33	2.90

续表

2010 年不变价格、变化率（%）				
	国内生产总值价格		资本价格	
	总量	非金融企业	家庭	非金融企业
2014 年	0.11	-0.25	-0.41	6.63
2015 年	-1.05	-2.11	-1.22	-5.01
2016 年	-0.14	-0.64	-0.75	-6.40
2017 年	-1.59	-1.23	-1.57	

注：非金融企业资本平减指数采用年度变化的资本总存量，季度变化的总投资价格指数，包括所有部门和住宅资产。

资料来源：西班牙银行（2019b）；瓦伦西亚经济研究所（2019）；西班牙国家统计局（2018，2019）。

第三种可能性是分析年际变化率。在整个 2007 年，非金融企业债务的增长率即使在下降，也依然表现惊人。从 2006 年第一季度到 2007 年第二季度，这一债务同比增长超过 20%，在 2007 年下半年，每季度增长 14% ~ 18%。尽管这种趋势是向下的，但即使在 2009 年年初，非金融企业债务也同比增长了 5% 以上。必须等到 2009 年第三季度，其演变才会停滞，到了 2009 年第四季度，非金融企业债务首次开始同比下降。至于家庭，尽管债务存量增长率的强度在那些年有所降低，也发生了类似情况。2007 年上半年，该债务同比增长超过了 10%，直到 2009 年第二季度才开始下降。

因此，没有证据证明可以从信贷和债务角度来解释危机，事实上也不可能这么做，因为它们不是积累动态的解释变量。因此，与信贷和债务相关的不同变量的演变使我们得出了以下结论：①短期来看，这些问题是随着 2008 年危机的爆发而出现的；②只有将各种指标与总体宏观经济动态，特别是创造新价值的能力联系起来，才能把握这些指标的演变。这是价值规律的潜在因果关系，与后凯恩斯主义方法相反。换句话说，它是价值形成的过程，在企业剩余中变成现实。由此解释了为何债务会过度并引发危机，因为只有当剩余不足以偿还债务时，危机才会出现，而在此之前，一切都是假设。

参考文献

[1]Álvarez N (2012) La financiarización de la economía española. Endeudamiento, crisis y recortes sociales. Paper presented at the Workshop on Debt, Rosa Luxemburg Stiftung, Berlin 2 –4 November 2012.

[2]Álvarez N, Luengo F, Uxó J (2013) Fracturas y crisis en Europa. Clave Intelectual, Madrid.

[3]AMECO (2019) Annual macro – economic database. European Commission's Directorate General for Economic and Financial Affairs.

[4]Andrés J (2009) España y los desequilibrios globales. In: FEDEA La crisis de la economía española: lecciones y propuestas. Sociedad Abierta – FEDEA, p 5 –11. Online edition: http://www.crisis09.es/ebook/.

[5]Bagnai A (2013) Unhappy families are all alike: Minskyan cycles, Kaldorian growth and the Eurozone peripheral crisis. Working Papers Series 1301, Italian Association for the Study of Economic Asymmetries, Rome.

[6]Borio C, Disyatat P (2015) Capital flows and the current account: taking financing (more) seriously. BIS Working Papers 525, Bank for International Settlements.

[7]BoS (2006). Annual report 2005. Bank of Spain, Madrid.

[8]BoS (2017) Report on the financial and banking crisis in Spain, 2008 –2014. Bank of Spain, Madrid.

[9]BoS (2019a). Statistical bulletin. Bank of Spain, Madrid.

[10]BoS (2019b). Economic indicators. Bank of Spain, Madrid.

[11]BoS (2019c). Central balance sheet data office. Bank of Spain, Madrid.

[12]BoS (2019d). Summary indicators. Bank of Spain, Madrid.

[13]BoS (2019e). Financial accounts of the Spanish economy. Bank of Spain, Madrid.

[14]Carballo – Cruz F (2011) Causes and consequences of the Spanish economic crisis: why the recovery is taken so long? Panoeconomicus 58 (3): 309 – 328.

[15]Carreras A, Tafunell X (2018) Entre el imperio y la globalización. Historia económica de la España contemporánea. Crítica, Barcelona.

[16]Comín F (2015) Las dimensiones de la crisis actual desde una perspectiva histórica. Gaceta Sindical 24:25 – 64.

[17]Detragiache E, Abiad A, Tressel T (2008) A new database of financial reforms. Working Paper 08/266, International Monetary Fund, Washington, DC.

[18] Estrada A, Jimeno JF, Malo de Molina JL (2009) La economía española en la UEM: los diez primeros años. Occasional Papers 0901, Bank of Spain, Madrid.

[19]FBBVA (2019) El Stock y los servicios del capital en España y su distribución territorial y sectorial (1964 – 2016). BBVA Foundation/Valencian Institute of Economic Research.

[20]Febrero E, Bermejo F (2013) Spain during the Great Recession. Teetering on the brink of collapse. In: Dejuán O, Febrero F, Uxó O (eds) Post – Keynesian views of the crisis and its remedies. Routledge, London, p 266 – 293.

[21]Febrero E, Álvarez N, Uxó J (2017) Current account imbalances or too much bank debt as the main driver of gross capital inflows? Spain during the Great Financial Crisis. Paper presented at the International Post – Keynesian and Institutionalist Conference, Grenoble, 7 – 12 December 2017.

[22]Fernández – Villaverde J, Garicano L, Santos T (2013) Political credit cy-

cles: the case of the Eurozone. The Journal of Economic Perspectives 27 (3): 145 – 166.

[23] Fernandez – Villaverde J, Ohanian L (2010) The Spanish crisis from a global perspective, FEDEA Working Papers 2010 – 3, Foundation for Applied Economics Studies.

[24] Ferreiro J, Gálvez C, González A (2016) Financialisation and the economic crisis in Spain. In: Hein E, Detzer D, Dodig N (eds) Financialisation and the financial and economic crises. Country Studies. Edward Elgar, Cheltenham, p 89 – 113.

[25] García N (2014) Las causas de la doble recesión de España en 2008 – 2013. In: García N, Ruesga SM (coords) ¿Qué ha pasado con la economía española? La Gran Recesión 2.0 (2008 a 2013). Pirámide, Madrid, p 29 – 54.

[26] Garzón E, Medialdea M, Sanabria A (2018). The Spanish financial sector. Debt crisis and bailout. In: Buendía L, Molero – Simaro R (coords) The political economy of modern Spain: from miracle to mirage. Routledge, London, p 77 – 97.

[27] Gavilán A, Hernández P, Jimeno JF et al (2011) The crisis in Spain: origins and developments. In: Beblavý M, Cobham D, Ódor L (eds) The Euro area and the financial crisis. Cambridge University Press, New York, p 81 – 96.

[28] Hein E, Truger A, van Treek T (2011) The European financial and economic crisis: alternative solutions from a (Post –) Keynesian perspective. Working Paper 9/2011, Institute für Makroökonomie und Konjunkturforschung, Hans Böckler Stiftung, Düsseldorf.

[29] Hott Ch, Jokipii T (2012) Housing bubbles and interest rates. Working Paper 2012 – 7, Swiss National Bank.

[30]Jorge Juan (2011) Nada es gratis. Cómo evitar la década perdida tras la década prodigiosa. Destino, Madrid.

[31]Koo R (2011) The world in balance sheet recession: causes, cure, and politics. Real – World Economics Review 58:19 – 37.

[32]Mateo J P (2011). The financialization as a theory of crisis in a historical perspective: nothing new under the sun. Working Paper Series 262, July, Political Economy Research Institute, University of Massachusetts – Amherst.

[33]Muñoz – de – Bustillo R (2014) La crisis del nunca acabar. El comportamiento macroeconómico español 2008 – 13. In: García N, Ruesga SM (coords) ¿Qué ha pasado con la economía española? La Gran Recesión 2. 0 (2008 a 2013). Pirámide, Madrid, p 55 – 82.

[34] NSI (2018). Annual Spanish National Accounts. Base 2010. Accounting series 1995 – 2017. National Statistics Institute, Madrid.

[35] NSI (2019). Quarterly Spanish national accounts. Base 2010. National Statistics Institute, Madrid.

[36]OECD (2019). OECD. Stat. Organisation for Economic Co – operation and Development, Paris.

[37]Pérez – Caldentey E, Vernengo M (2018) Integration, spurious convergence, and financial fragility: a post – Keynesian interpretation of the Spanish crisis. Brazilian Journal of Political Economy 38(2):304 – 323.

[38]Recarte A (2008) El Informe Recarte. La crisis financiera internacional y el crack financiero español, Libertad Digital. Online edition: https://www. libertaddigital. com/fragmentos/recarte – pdf – crisis – financiera – internacional – crack – finaciero – espanol. html.

[39]Sanabria A, Medialdea B (2014) La crisis de la deuda en España: elementos básicos y alternativas. In: Foessa Foundation. Precariedad y cohesión

social, Análisis y perspectivas 2014. Cáritas, Madrid, p 63 – 70.

[40] Sanabria A, Medialdea B (2016) Lending calling. Recession by over – indebtedness: description and specific features of the Spanish case. Panoeconomicus 63(2):195 – 210.

[41] Shaikh A (1990) Valor, acumulación y crisis: ensayos de economía política. Tercer Mundo Editores, Bogotá.

[42] Shaikh A (2016) Capitalism: competition, conflict, crises. Oxford University Press, New York.

[43] Uxó J, Paúl J, Febrero E (2011) Current account imbalances in the monetary union and the great recession: causes and policies. Panoeconomicus 58(5):571 – 592.

[44] Vara O (2009). Causas de la crisis financiera en el caso español. Cuadernos de Economía 32(88):141 – 158.

[45] Vázquez M (2015) Una aproximación a la actual crisis de deuda en España. Economía UNAM 12(34):53 – 67.

11

走出危机：从找出原因到制订经济政策计划

在对西班牙经济危机以及当前不同经济方法之间的矛盾进行分析以后，我们现在必须简单讨论有关经济政策的建议。如果在每一种经济理论中，价值理论与其应对再生产的方式之间存在显著联系，甚至在每种经济增长概念背后都隐含一个有关危机的观点，那么同样地，我们从对每一个有关危机观点的论述中都可以得出一个经济提议。

本章旨在讨论人们为走出危机所提出的不同建议。从概念上讲，根本问题就是要面对以下困境：要么走出这场经济危机，要么摆脱引发经济危机的体制。

11.1　自由主义：在紧急援助以外，扩大市场才是出路

在诸如西班牙银行与欧洲联盟委员会等主要机构的支持下，新古典主义学者强调了改革的必要性。改革、灵活性、竞争力、财政整顿等都成为市场营销经济学家的惯用词汇。他们提出了一些具有积极意义的观点，同时也发表了一系列肤浅到不会引起反对但却能够隐藏其真实意图的建设性意见。

新古典主义学者建议将改革重点放在劳动力市场上。这是因为如果劳

动力市场失灵是由长期僵化所致，那么要想走出危机就必须对其加以纠正。因此，2012 年的劳动力市场改革就是对这些传统分析充分且明确的回应。在西班牙，除了劳动力市场，养老金制度也是人们争论的焦点之一。通过这场危机，人们不仅重新认识到公共养老金分配制度的不可持续性，更重要的是，也重新认识到了社会总支出和福利国家的不可持续性。

简言之，这类建议的共同点是限制工资：降薪的意义在社会关系上得到体现，这种社会关系既可以被直接感知，也可以被间接感知和延迟感知，后两种感知前文有所提及。而摆脱危机的秘诀正在于此。

如前所述，西班牙银行一直都是坚持将限制工资这一措施落到实处的机构之一。如果你在谷歌搜索“el Banco de España recomienda moderación salarial ”（西班牙银行建议限制工资），那么很容易就能检索到这个建议在一年当中的重复率。有趣的是，恰好在经济危机爆发前，西班牙银行发布的《2007 年度报告》中就已经提出了限制工资，谴责劳动力市场的僵化，并对代表公共养老金制度的人口老龄化会带来的危险发出警告（西班牙银行，2008）。在缺乏其他央行所拥有的特权的情况下，近年来西班牙银行的经济职能似乎朝着工资重组的方向转变。在这一战略意图下，国际机构提供的支持总是具有一定价值。

《国际货币基金组织 2013 年度员工报告》（*Staff Report of the IMF*）显示，在西班牙实施了最大胆的劳动力改革的一年后，该机构仍企图进一步侵犯工人权利：“尽管进行了改革，但劳动力市场的僵化现象迫使人们继续对就业进行调整。我们需要更进一步的改革，即提高企业的内部灵活性，减少二元性，增加失业者的就业机会。通过结构性改革，社会契约可以带来就业收益。”（国际货币基金组织，2013：1）对于国际货币基金组织来说，问题在于“私营部门的工资通胀正在放缓，但并未随着劳动力的大量过剩而大幅下降”（同上：12），由此“表明最近的改革应该更进一步”。

于是，国际货币基金组织的建议在一个契约中得到落实，该契约规定“用雇主承诺未来将会显著增加就业机会作为交换，工会同意削减工资，并以立即削减社会保障缴款的形式进行适当的财政刺激以抵消中期提高的间接税收”（同上：13）。在未来两年内削减10%的名义工资将是一个明智的建议，与之相伴的是一种保守措施，如提高增值税（VAT）之类的间接税。

上述措施将有助于投资、出口、就业和国内生产总值的繁荣。以下是国际货币基金组织于2013年8月提出的社会契约：损失1/10的工资，以换取工方雇用更多的工人（Taguas，2014）。事实上，请注意，这种不对等不仅表现在数量上，而且表现在质量上：工人们第一次明确做出的牺牲换来的只是一种可能性。也许，面对这场交易中这种不对等的事实，他们还会建议政府减少1.7%的社会缴款以鼓励税收征收，而减少的这1.7%的社会缴款将被提高的增值税所抵消。

但让我们看看：工人们不仅必须接受收入减少的事实，而且还间接地提供了这项措施所需的经费，这一措施将承担更少的企业支出，以及在之后用以计算他们的养老金数额的一个更小的基数。但这些措施共同导致了税收的大幅缩减。到了第二年，就意味着由于竞争力的提高，将会有150万个就业机会被创造出来。

塔瓜斯（2014）等也提醒人们注意工资贬值的紧迫性和必要性。鉴于无法获得外部融资，国内投资的复苏需要先振兴国内储蓄而不是将消费作为前提条件，因为国内储蓄才是这一论点中的关键变量。奇怪的是，公司利润、利润率或一些商业决策在任何情况下都没有被提及，学者们只是主张废除某些公司的市场权力，这样就会最终实现自由竞争，使利润增长同步于实际生产率。

但这些建议仍然具有互补意义，也总是为新自由主义提倡的措施代言。西班牙银行在其《2017年报告》中分析了危机后复苏年份企业的盈利行为，指出“企业涨价幅度的加大表明某些部门的竞争程度潜力可能不足”（西班牙银行，2018：54）。无论如何，在危机阶段提高这些利润似乎合情合理。

与马克思的方法不同，在这种考量中，建议是通过诊断得来的。与边际生产力无关的工资过高引发了危机，因此这个技术问题必须依靠机器工作来解决。然而，没有人提到需要降低工资以恢复企业利润率。相反，我们需要纠正这种错位，因为只要错位不发生，危机就不会爆发。工资贬值是基于确定工资的需要，以应对供需的即时变化。

11.2 （后）凯恩斯主义者：社会民主改革（需要调整时除外）

考虑到和卡莱茨基，特别是明斯基有关的凯恩斯主义和后凯恩斯主义经济方法的分量，现在很容易做出这样的猜测，即西班牙经济异端中占据主导地位的经济政策方案颇具改革主义的特征。这些学者试图证明新古典主义的谬误，即减少实际工资是增加就业的关键，因为实际单位劳动力成本（RULC）与就业之间并非存在着如此直接的关系。

乌索、费布雷罗和贝尔梅霍（2015）认为，2009 年以来实际工资增长的放缓——即 2011 年年中至 2013 年年底的收缩，意味着 2010—2014 年实际单位劳动力成本的下降——无助于降低失业率，相反，失业率反而上升了。他们指出，如果用生产或出口价格来计算实际有效汇率，那么工资和单位劳动力成本的减少只能在很小程度上转化为实际有效汇率（REER）的上升。对于他们来说，相对于单位劳动力成本，生产或出口价格更适合作为衡量竞争力的标准。

根据乌索、费布雷罗和贝尔梅霍（2015）的这一观点，以下三个根本原因揭示了利用内部贬值战略提高竞争力从而摆脱危机的这种方式的局限性：①价格指数不仅与工资成本有关，还与利润率和间接税有关。2009—2014 年，价格上涨了 0.7%，而单位劳动力成本下降。这就能解释为什么实际有效汇率依赖于单位劳动力成本或最终价格的使用；②必须考虑欧元区其他国家极大地缓解了通货膨胀，并将国内生产总值减缩指数保持在2%以下的情况；③此外，2012 年年中至 2014 年年初欧元的名义汇率升值阻碍了实际有效汇率的贬值。

他们还发现，劳动力成本与就业之间的关系与新古典主义宣称的关系恰好相反，即劳动力成本下降，就业机会随之减少。首先，这种悖论可以用商业利润率和间接税对价格的更大影响来解释，正是国内需求的减少导致进口崩溃，从而产生了贸易平衡这一积极结果。“劳动力市场改革造成的工资下降一直对就业不利，因为工资下降对内需的限制作用——加上财政紧缩——大于对外需的推动作用”（同上：244）。因此，认为通过货币的内部贬值可以促进由出口驱动的经济复苏的想法是完全错误的。

费布雷罗等（2017）侧重于银行信贷，他们指出，从根本上讲，累积的外债总额根本不是由于经常账户失衡所致。因此，限制工资并不能提高竞争力，它反而会抑制国内需求。相反，因为这场危机是由银行信贷引起，所以解决问题的关键在于建立一些机制去限制不可持续的债务主导的增长模式，如宏观审慎信贷政策、单一解决方案和银行系统单一监管模式。

其他学者，如纳瓦罗、托雷斯和加尔松（Navarro，Torres and Garzon，2011），从接近左翼凯恩斯主义和新马克思主义的角度，批评新自由主义提出的经济政策建议虽然符合意识形态标准，但这些意识形态标准往往与他们认同的常识背道而驰。他们指出，“现实表明，毫无疑问，如果目前新自由主义者一直向我们建议的那些措施得以实施，那么人们的生活质量和工作质量就会下降，就业总量就会减少，那些措施只会有利于银行家和大公司从中获取更多利润”（同上：15）。对于纳瓦罗等学者来说，削减公共支出无助于克服危机，因为正是这种削减才造成了危机，“因为它造成了不平等，还限制了创造经济活动的可能性”（同上：103）。最终，这些提案的核心以及由此引发的争议就聚焦在了工资这一概念上：

> 在微观经济层面，工资是一种成本，但在宏观经济层面，它也是需求的一个基本组成部分，即一个经济体的消费能力。如果所有工人的工资都下降了，那么全球消费能力也会大幅下降，企业家出售其生产的所有产品的可能性也会下降……在一个经济体中，提倡削减工资（特别是在危机时期），不仅会使工人本身陷入贫困，也会使整个经济体，当然也使他们自己的企业陷入贫困……如果企业家能够理解这一悖论，那么所有企业的处境都会变好，也会获得更多的利益，但现实并非如此。（Navarro et al. ，2011：121，122）

至于已经提出的改革方案，我们无意对其进行全盘分析，但仍有一些因素值得特别强调。例如，阿尔瓦雷兹等（Alvarez et al. ，2013）为摆脱危机提出了一系列循序渐进的改革措施，虽然仅限于对新自由主义的批评。一方面，他们谈到执行由国家牵头的产业政策的必要性，由于工业的突出作用绝不仅限于对国民生产总值做出贡献，因此这种产业政策十分重要；另一方面，这些学者并不主张退出欧元区，事实上，这也是左派的共同立场。

在后凯恩斯主义方法中，萨纳布里亚和梅地亚尔蒂（Sanabria and Medialdea，2014）认为，即使只使用单一货币人们也有其他选择。他们认为扭转削减政策是有可能的，因为债务问题可以而且应该通过扩张性政策予以解决。他们声称，从历史上看，债务危机都是通过高通胀和某种形式的违约来解决的。

虽然新古典主义所坚持认为的工资和就业之间的关系是错误的，但后凯恩斯主义的批评也难免有其局限性。在某种程度上，这些分析并没有超出正统的概念范畴，经验论认为，工资和就业这两个变量在 5 年限制期内的演变可以证明一个理论的正确与否。假设工资总额是各种收入相加的结果，那么讨论就会围绕其中哪一种负有更大的责任来进行。与马克思的方法恰恰相反，这种推理再现了新古典主义的综合方法论。

当然，新古典主义者对危机的诊断明显过于简单，因为人们必须考虑资本的盈利能力、对产品的需求、其他企业的竞争以及诸如利率或实际有效汇率等变量。但如果要恢复资本盈利能力，降低工资就尤为必要。这种主张并不意味着工资是引发危机的罪魁祸首，也不意味着这是一种价值判断。相反，它是一种系统性要求，即资本主义通过恢复资本的盈利能力来克服危机，这就需要重新分配带薪工作和剩余劳动在劳动日内所占的时间。如果不是这样，资本主义就不是资本主义：

> 然而，问题在于将以下两个密切相关但却并不相同的问题区分开来。一方面是经济现实及其运行机制，问题是了解“市场经济”的生产和分配制度是如何运作的，以及不同的思想流派对这种运行的看法正确与否。另一方面，还有一个问题是什么有利于社会的某些部门、某些社会阶层，什么有利于其他人。
>
> 例如，从维护工薪阶层利益的角度来看，显然必须支持失业补贴等措施，因为失业者必须能够生存下去。但是有时人们站在所谓的进步立场上声称失业补贴创造了需求，因此有利于摆脱危机，这种说法是不切实际的。(Tapia and Astarita，2011：81)

因此，用后凯恩斯主义学者存在争议的术语进行讨论可以解释2014年反工资政策推行后所带来的经济增长。

11.3　向社会主义过渡的计划（仅限于理论层面）

从对已经暴露揭示出来的危机的诊断来看，它不仅是对新自由主义经济学家提案的反对，显然也是对受到凯恩斯主义的启发而进行的改革的批评。但请允许我在这方面予以具体说明：这种对改革主义的批评绝不意味着不重视任何改善工人生活条件的措施，如此就与我的本意相去甚远。此外，鉴于各种社会力量的背景和彼此之间的平衡，即使是任何小范围的改革，只要有利于大多数民众的社会权利，也必须得到支持。

事实上，这不是在讨论进行改革还是革命，也不是在讨论实现某些社会变革的拟议手段，而是在用另一种方式支持任何有利于工人阶级的积极改革——我认为这是对改革主义的辩护——是对改良主义理论框架和行动范围的批判性补充。

一个需要澄清的问题是，经济体系是从捍卫每一种经济思想的经济基础出发，更具体地说，是从危机理论出发。异端方法认为危机不过只是一种可能性，因而可以避免，结果就是最终捍卫了资本主义生产制度的可改革性。虽然这种异端方法可能产生不公正，但如果没有导致危机的倾向，就不必考虑摒弃它。

在这种情况下，为了支持另外一种选择，我们有必要把这种异端方法建立在道德或人文方面的其他一些唯意志论的基础之上。改革主义者暗指资本主义的症结在于收入不平等、人类需求的不满足，或与帝国主义、战争等有关的政治争端方面，而并非在于剩余价值的生产和占有方面。

11.4 备选方案的理由

这种分析不应被解读为否认人类因素的任何作用。当然，所有机构都是由人管理的，这种欧洲一体化也是由人设计出来的。然而，重要的是确认这些代理人的阶级特征和社会政治背景。

强调生产关系的结构与强调社会冲突或实施经济建议的重要性并不矛盾。在这方面，我们必须做到绝对精准。反对劳动价值论的非正统思潮以一种不同的方式融入社会政治领域。在某种程度上，从心理或雇主与工人之间斗争的角度来解释某些经济变量（如投资、工资或价格）时，它们似乎具有更强的政治性或者更激进的内容。从这个意义上讲，这是在把人的因素连同资本竞争、经济政策和工会行动的矛盾置于解释的中心。但是，正如前几章中所试图解释的那样，我认为这也有些虚幻了。

即使冒着被传统的经济主义或决定论指控的风险（Mateo，2011，2013，2018a，2018b），我也必须指出，事实上，正是这种对经济结构及其内在的逻辑一致性的强调才孕育出马克思主义方法的革命性特征。按照本书的说法，如果危机无法避免，而且也可以用生产方式的基本结构来解读危机，那么经济政策提案就必须是反资本主义的。因此，这也是其他非正统方法论证的局限性。

在为社会主义替代方案辩护时，必须简要考虑以下几点（Mateo，2011，2013）。如果缺乏内在逻辑，那么即时的、短期的改革就无法制定出一套完整的规则。关键是将它们置于一个长期的经济计划中，只有这样，这些主张才具有真正的意义。此外，这些主张的真正意义和对人民的吸引力在于如何将它们纳入一个可见和可信的长期的社会主义的社会规划中去。

首先，必须证明改革现行经济制度的必要性。这种经济计划不仅仅是多种可能性中的一种选择。对资本主义的批判还必须与一个解放计划联系起来，该计划能够使生产力获得更大、更全面的发展，从而使大多数人生活得更好，而且在环境上也是可持续的。这些应该作为社会经济提案的参照物。

就西班牙而言，我们目睹了市场的失败，是因为它引导资本走向短期利润的最大化。因此，在市场最后的扩张阶段得到了银行系统广泛参与的房地产泡沫的支持（Naredo，2009），并对权力集团的结构、工人阶级构成的变化以及城市发展速度和对环境造成的灾难性后果的自然资源使用产生了重要影响。

此外，近几十年来，西班牙的生产率几乎没有提高，因此没有理由认为它可以与欧洲最先进的经济体平起平坐。即使是正统的学者也承认“在引入欧元后，劳动生产率的平均增长速度降低了一半”（Estrada et al.，2009：23）。因此，也不能指望未来薪资购买力能够得到提高。

其次，需要考虑经济结构，因为经济结构催生了一定的社会阶层，形成了现有力量之间的各种关系。此前，西班牙经济遭受了去工业化，再加上部门专业化和以建筑业为重点的模式造成了工人阶级的分化，而工人阶级在任何情况下都仍占据人口的大多数。各种劳动合同的存在、工作场所的偶尔变动、小型企业的异军突起，都是阻碍阶级团结和工会参与的因素。

经济计划必须为增强经济变革的社会动力奠定基础。从这个意义上说，捍卫经济规划意味着推进社会民主化的进程，而社会民主化则必须从生产领域开始。在资本主义制度中，人们在政治舞台上享受投票自由，却在工作场所中遭受压迫，忍受着种种不自由和限制。因此，经济领域必须服从于政治领域。

最后，还必须考虑现有的地缘政治体系，这就导致我们在退出欧元区这一问题上产生了分歧。

11.5 欧元区和左翼经济战略

我们应该在经济转型计划中提出退出欧元区这条出路吗？这对于西班牙的左派来说是一个棘手的问题。虽然他们在对这一经济一体化计划的批评上可能达成某种程度的一致，但根本上并不存在任何共识。

考虑到佛朗哥政权时期的相对落后和孤立无援，在历史上，欧洲把西班牙看作解决问题的关键。由此可见，某种自卑情结已经存在并仍然存在，这意味着加入欧元区会被认为是经济现代化的一项重要成就。

现在的问题是，在一个制度体系内，即在以反对劳动力和捍卫资本利益为基础的欧盟体系内，有多大可能取得对劳动力的绝对支配权。作为补充，我们必须考虑退出欧元区的影响，因为实施这样一个社会主义计划将受到来自国外的封锁和攻击。在对欧洲货币联盟进行批评时，需要澄清的一点是，这一点与本书第一部分提出的理论假设保持一致，即欧元区没有制定一套属于自己的、在以前的资本主义制度中并不存在的法律。因此，造成危机的罪魁祸首不是欧元区。对任何欧盟体制框架的不可更改性或阶级特征的任何批评都必须扩展到国家层面。尽管如此，这一体制结构确实不能直接与民族国家相提并论，因为它是一种上层建筑，或者说是一种为侵害劳工权利而专门建立的机制。

因此，如果要退出欧元区，必然绕不开退出欧元区的具体条件。毕竟，一个由企业阶层牵头的经济计划将会制定出与现在正遭受批评的指导方针同样的指导方针，也就是将继续通过其他手段实施工资调整政策，特别是通过国家货币贬值的手段来达成。这样做的第一个后果将是债务负担的增加，因为债务将以欧元为单位进行计算。在这种情况下，经济危机将以一种特定形式出现：汇率下降、通货膨胀压力、利率飙升和资本外流。必须考虑到西班牙对从国外进口的资本货物和其他技术以及能源产品有所依赖这一事实，而这种依赖又因进入全球价值链而加深。因此，哈森（Husson，2011：304）指出，“退出欧元区不是先决条件，它更像是一件终极武器。眼下退出欧元区应从两方面着手，这样才具有真正的回旋余地：银行系统的国有化和债务重组”。

假设退出欧元区，西班牙就有理由拒绝偿还大部分债务、重启谈判，按官方汇率重新确定新货币的汇率。因此，这实际上是一种债务减免。归根结底，转型计划的可行性首先取决于这样一个事实，即没有过度的外债负担去阻碍生产性投资的实现，并且需要实施一些调整政策。在这些前提下，拉帕维茨（Lapavitsas）的以下思考就正中要害：

> 债务人在欧元区范围内主动违约是否可取？答案是否定的。第一，如果不能完全控制其货币政策，那么债务国就更难处理国内银行

> 业的危机。更广泛地说，如果银行由于主权违约而被划归公共所有，但仍然属于欧元体系，那么实际上将它们用于经济改革就是不可能的。第二，在进入资本市场或降低融资成本方面，留在欧元区给违约者不会带来什么好处。第三，选择贬值是不可能的，因为这将使复苏缺失一个重要的组成部分。外围国家债务的积累与共同货币之间有着千丝万缕的联系，如果违约国继续留在欧元区，那么问题就会再次出现。（Lapavitsas et al.，2011：168－169）

然而，在什么情况下可以为劳工运动提供一个更有利的体系？在欧元区，国家资产阶级利用曾经许下的承诺作为实施社会倒退措施的借口。这就是欧洲计划的功能之一：欧洲计划为实施倒退措施提供了重要支持，否则这些措施将遭到更多人的抵制。通过这种方式，各国政府总是可以保护自己免受国际机构的惩罚：

> 商业组织和德国政府强制实行多种政策，帮助各种资产阶级（特别是来自南方的资产阶级）限制和清算社会和工会权利，大大削弱了这个社会国家的力量，并从根本上限制了人民主权。德国是一个“第三实体”，用一种有利于个别国家统治阶层的方式解决危机，并形成一种有利于其地缘政治利益的生产型国家模式。现在的情况是，以德国资产阶级为中心结成的统治阶级之间的联盟强加了一套政策，这套政策是个体国家在没有压力的情况下不会执行的一套政策——其实质是对为德国民族国家利益服务的“三驾马车”为主的敲诈，这种敲诈总是打着拯救“欧元”的幌子。
>
> ……“德国人的欧洲”强制推行了一个名为“全球维希”的政策，不仅因为该政策适用于各种资产阶级，还因为“全球维希”政策做了资产阶级不付出很大代价就干不了的龌龊勾当。（Monereo，2013：41－42）

如果允许一些有利于工人阶级相关势力对某些财政问题和某些国有化项目实施循序渐进的改革，西班牙就需要退出欧元区，但同时又努力留在欧盟。欧元是支配战略的象征，因此这不是实施战略的成败问题。尽管任何国家都具有阶级性，但欧洲货币联盟的破裂将意味着受资本支配的这一最重要的计划受到削弱。

蒙特罗（Montero，2013）所言极是："不离开欧元就不可能摆脱欧元体系。"这是因为欧元相当于"一个服务于扩大欧洲资本再生产的制度体系，一种实用的动力"。简言之，按照蒙特罗的说法，"脱欧的条件并不充分，但对于解放性社会转型的任何计划都是十分必要的"。这一点绝对正确。

然而，脱欧并不能保证一个国家可以独立自主。一个理想的前景是地中海周边的几个经济体在脱欧和开启另一种经济一体化进程的问题上采取步调一致的战略。但这一次，这些发展水平相似的国家至少在接受了瓦萨波洛、马图菲和阿里奥拉（Vasapollo，Martufi and Arriola，2014）等的建议之后，并没有隐藏一个侵犯国家主权的资本计划。

11.6　需要考虑的一些具体建议

第一套建议应涉及收入分配领域。无论如何，这个问题被非正统经济学家广泛接受：增加国家国内生产总值的收入，推进财政累进制度，以扩大福利国家的覆盖面，并为公共部门投资项目提供资金，从而减少对金融市场的依赖。[①]

反过来，工资增长是一个基本要素，但工资长期持续增长则需要进行结构性变革。这就需要我们改变生产模式。这也是社会民主计划和极端腐

① 在紧急财政援助和预算限制条款的威胁始终存在的情况下，强制征收似乎比以高息借款更为合适，最重要的是成本更低。

败者计划的分水岭。一个重要的问题是要确保国有化，或在经济的战略部门建立公有制企业，如某些制造业、能源、运输、通信和银行系统。[①] 私营企业部门将继续存在，但应受到国家的严格监管。

这一国有化计划应优先考虑长期投资，以提高生产过程的机械化程度和西班牙经济的生产专业化程度。在市场机制失灵的情况下，只有通过国家干预，才能实现这种技术的升级迭代，由此，生产率也会得到提高。实施这种生产调整的一个必要条件是建立一个公共银行，以便有效地将资源用于最符合经济需要和社会满意的国家投资计划。

此外，必须实行国有化或金融监管，以免货币在退出欧元区时出现大幅贬值。如果货币贬值，将会阻碍外围国家的结构性变革。与其说这是一种选择，不如说是一种被迫之举：根本不存在一个不受国家发展影响的、不依赖银行系统的、变革程度最小的改革计划。只有通过这一系列的国有化措施，才有可能长期维持更高的工资水平。如果工资成本上涨，那么引入“节省劳动力”的创新技术将受到鼓励。然而，这一过程在西班牙资本主义的发展进程中由于工资水平低下而惨遭推迟。[②]

另一种干预方式则涉及国家的组织结构。在西班牙，必须从根本上纠正自向民主制度过渡以来实行的巨大分权。向社会主义过渡的经济计划需要配备适当的体制结构，以便捍卫国家主权，提高经济效率，保障所有公民的平等权利。

在西班牙，如果一个工人阶级的国家要从左翼建立起来，那么集中主要竞争力量就变得刻不容缓。如果要扩大企业规模，制订一些长期投资的经济计划，对西班牙双语地区讲西班牙语的人受到的歧视进行抗争，提供

---

① 这种部门重组应允许企业扩大业务规模。正如科斯库别拉（Coscubiela，2010：361）所言，“部门重组的前景因小企业的‘神话’而变得扑朔迷离，必须支持中小企业发展壮大，增强实力，再也不做核心企业将危机成本外包出去的工具，因此，终结小公司的‘神话’至关重要”。

② 甚至连西班牙银行（2010）也承认，有证据表明临时聘用对业务革新产生了负面影响，除其他因素外，这是因为当工人知道他们永远不会有无限期合同时，他们的积极性会降低，而且在企业接受培训的可能性也更低。

平等的社会服务，就要求主要竞争力量掌握在中央国家手里，摧毁塔伊法斯（Taifas）王国的结构——类似于“自治国”的那种结构。目前的分权效率低下，因为它导致开支成倍增长，还因它阻碍了地区间的再分配而造成了不公平，同时它也助长了腐败和房地产投机。①

11.7　地平线上，一个激进的改革计划

迄今为止，危机理论所捍卫的内容与改造资本主义社会基本结构的承诺完全一致。这不是一个只是问问或者从根本上弄清谁应该为危机负责的问题，而是存在着一个社会生产关系的客观框架，该框架给社会再生产强加了一种逻辑。不同于自由决策，这种强加的逻辑通过资本间的竞争、劳资矛盾以及地缘政治争端的形式发挥作用。毕竟这就是资本主义的运行方式。

在这一危机理论指导下的经济计划具有一定的激进成分，因为它直指资本主义体系的核心。尽管当前各种力量处于消极的平衡状态，甚至在不可能立即向社会主义过渡的情况下，坚持对资本主义的批评绝对是当务之急。在理论领域，由于学术相关性，也由于相信而非声称资本主义存在失败，但事实证明资本主义本身就是一个失败。

在危机退却之时，我们必须在思想之战中战斗，向工人阶级表明，贫困、工作不稳定、工资低、威胁我们星球的环境退化、战争冲突等一系列问题都构成了资本主义体系的根源性问题。这些特征就是资本主义的特征，在经济危机中，这些特征的黑暗面将变得更加黑暗，更加严重。

可以说，事实上，为资本主义的替代方案进行辩护是一件虚无缥缈的

① 因此，洛佩兹和罗德里格斯（2010：464）解释了分权与房地产泡沫推动力之间的关系：“西班牙积累制度的相对稳定正是基于地域实体的强大活力，这些实体成为积累周期的真正操作者，这显然是因为土地管理当局在结构上服从于他们作为城市竞争推动者或促进者的职能。从这个角度来看，将权力下放等同于民主完全是错误的，坚持这一点完全符合全球化强加给地方政府的竞争逻辑。”不幸的是，它与西班牙左派的一些典型建议相互矛盾。在许多情况下，左派支持所谓的权力下放和有限的市政视角的言论，也支持“小即是美”，反对“大型垄断”。

事情，同时也和在欧洲资本主义边缘地位的西班牙的制度体系内部实行具有货币联盟的阶级特征的改革计划一样虚无缥缈。沃尔夫（2010：203）所言极是："为什么不超越企业的资本主义形式，无论是国营还是私有，除了资本主义危机，我们毫无所失，我们必须要赢得一个新世界。"

参考文献

[1] Álvarez N, Luengo F, Uxó J (2013) Fracturas y crisis en Europa. Clave Intelectual, Madrid.

[2] BoS (2008). Annual report 2007. Bank of Spain, Madrid.

[3] BoS (2010). Annual report 2009. Bank of Spain, Madrid.

[4] BoS (2018). Annual report 2017. Bank of Spain, Madrid.

[5] Coscubiela J (2010) Causas y lecciones ignoradas de la crisis. In: Costas A (coord.) La crisis de 2008. De la economía a la política y más allá. Fundación Cajamar, El Ejido, p 345 – 364.

[6] Estrada A, Jimeno J F, Malo de Molina J L (2009) La economía española en la UEM: los diez primeros años. Occasional Papers 0901, Bank of Spain, Madrid.

[7] Febrero E, Álvarez N, Uxó J (2017) Current account imbalances or too much bank debt as the main driver of gross capital inflows? Spain during the Great Financial Crisis. Paper presented at the International Post – Keynesian and Institutionalist Conference, Grenoble, 7 – 12 December 2017.

[8] Husson M (2011) Exit or voice? A European strategy of rupture. In: Panitch L, Albo G, Chibber V (eds) The crisis and the left. Socialist Register 48. The Merlin Press, London, p 298 – 306.

[9] IMF (2013) Spain: 2013 article IV consultation. IMF country report 13/244, 2 August. International Monetary Fund, Washington, DC.

[10] Lapavitsas C, Kaltenbrunner A, Labrinidis G et al (2011) Crisis en la zona euro: perspectiva de un impago en la periferia y la salida de la moneda única común. Revista de Economía Crítica 11:131 - 171.

[11] López I, Rodríguez E (2010) Fin de ciclo. Financiarización, territorio y sociedad de propietarios en la onda larga del capitalismo hispano (1959 - 2010). Traficantes de Sueños, Madrid.

[12] Mateo J P (2011) Lo que hay que hacer. Una hoja de ruta de política económica para salir de la crisis. Sociedad y Utopía 38:221 - 242.

[13] Mateo J P (2013) La salida de la crisis y los fundamentos de un programa económico alternativo. El Laberinto 40:11 - 29.

[14] Mateo J P (2018a). Teorías económicas, crisis y la crítica del reformismo. In: Guerrero D, Nieto M (eds) Qué enseña la economía marxista. 200 años de Marx. El Viejo Topo, Barcelona, p 201 - 232.

[15] Mateo J P (2018b) Marx's law of the profit rate and the reproduction of capitalism. Neither determinism nor overdetermination. World Review of Political Economy 9(1):41 - 60.

[16] Monereo M (2013) Por una oposición para la alternativa. La crisis de la Europa del euro y las elecciones de la izquierda. El Viejo Topo 308:39 - 45.

[17] Montero A (2013) Plantear la salida del sistema sin plantear la ruptura con el euro equivale a no plantear nada en un escenario de emergencia económica y social, interview, Rebelion 5 June. http://www.rebelion.org/noticia.php?id=169230.

[18] Naredo J M (2009) La cara oculta de la crisis: el fin del boom inmobiliario y sus consecuencias. Revista de Economía Crítica 7:118 - 133.

[19] Navarro V, Torres J, Garzón A (2011) Hay alternativas. Propuestas para crear empleo y bienestar social en España. Sequitur, Madrid.

[20] Sanabria A, Medialdea B (2014) La crisis de la deuda en España: elementos básicos y alternativas. In: Foessa Foundation. Precariedad y cohesión social, Análisis y perspectivas 2014. Cáritas, Madrid, p 63 - 70.

[21] Taguas D (2014) Cuatro bodas y un funeral: cómo salir de la crisis sin salir del euro. Deusto, Barcelona.

[22] Tapia J A, Astarita R (2011) La Gran Recesión y el capitalismo del siglo XXI. Teorías económicas, explicaciones de la crisis y perspectivas de la economía mundial. Los Libros de la Catarata, Madrid.

[23] Uxó J, Febrero E, Bermejo F (2015) Reforma laboral, devaluación salarial y empleo: una perspectiva macroeconómica. Revista de Economía Laboral 12:201 - 247.

[24] Vasapollo L, Martufi R, Arriola J (2014) El despertar de los cerdos. Una alternativa geoestratégica y monetaria de los PIIGS. Maia, Madrid.

[25] Wolff R (2010) Capitalism hits the fan. The global economic meltdown and what to do about it. Olive Branch Press, Northampton MA.

12

结论：西班牙经济危机分析中的理论与实践

本书试图从西班牙经济案例的理论层面和应用层面出发，在经济分析范畴中着重强调危机的意义和重要性。在任何经济理论中，危机概念都构成了一个核心要素。根据对危机概念的不同解释方式，我们可以对不同的经济思潮进行如下划分。

依据谢赫（1990）提出的广为人知的建议，不同于那些将危机视为经济再生产过程中一个必不可少的时刻的观点，我们可以参考其他危机可能性理论。这样说来，基于劳动价值理论的唯物主义方法似乎成了真正的经济学异端。

危机研究和理论争端是一个分析活动，旨在厘清和阐明观点。事实上，危机暴露了隐藏在经济增长背后的东西，同时也揭示了那些系统地降低危机在自由市场体系的动态运行中所发挥作用的理论的基础所在。从这个意义上讲，卡品特罗（2009：69）所言极是。他指出："危机不仅暴露了资本主义在经济、社会和生态方面的脆弱性，而且还再次揭示了过去几十年中制定的大部分政策背后的传统经济理论的不足之处。"然而，这种解释不足以改变大学里正统经济流派权威不减的现象。至少人们总是可以制造这样一个"悖论"，以便掩盖将这种怪异现象（危机）纳入理论体系的那种不可能性。

危机可能性的方法基本上具有两个变体。一方面，正统流派从一个具有完美竞争的有效市场的神奇世界出发，这一神奇世界会被投射在其构成单位，即进行合理决策的那些主要代理机构上。另一方面，非正统经济学的做法则恰恰相反：它强调诸如不平衡、不平等或低效率等不完美现象，这些现象都是对资本主义制度的尖锐批判（Shaikh，2016）。

尽管存在上述差异，但这些流派仍具有一些共同要素。因此，一个最佳结果——一个不会发生危机的经济体——的可能性总是存在的。“新古典主义经济学通过市场这一无形之手的运行所承诺的一切，在凯恩斯主义和后凯恩斯主义经济学那里，是通过国家这一有形之手来确保的”（Shaikh，2016：4）。最终，它是要寻找那些不完美、那些反过来可以解释与想象的理想世界（正统经济学），或者通过适当的经济管理（非正统经济学）可以实现的与那个世界有所偏离的种种不完美。

这些经济思想流派隐约地或明确地支撑着一种关于危机可能性的理论，它们的理论基础导致了这样一种可能性，即人类的干预可以影响资本主义经济的发展模式——这里指的是改变其系统逻辑。危机的解释因素并不是资本主义制度的基本结构，而是一些非基本或偶然的因素。总之，这些都易于纠正。在这种通过聚焦次要因素来把握危机的方法背后，是关乎人性心理的且主观的首要因素。因此，它与劳动价值论的物质主义方法的根本区别正在于此。

从这些方法论基础中得出的不是深入资本主义时代再生产过程中的一个危机理论，而是一个仅仅停留在表层的肤浅研究。一切只能如此，并且最终只会对每一次危机的多种触发因素及其种种表现以及与危机相关的危机理论进行一系列简单的描述。这些描述有悖于分析，这种危机发生的偶然性也有损于其底层的长远系统逻辑。

如果正统理论是这方面的范式，那么我们所分析的非正统流派也是被束缚在同一方法论框架下的牺牲品。总体来说，他们把马克思认为的增值领域出现的问题的后果作为一个解释性因素。也就是说，他们把根本原因（结构性原因）和触发因素（连带原因）混为一谈。因此，其危机的概念侧重于资本周期的各个阶段，在这些阶段中，等价商品得以进行交换，不仅包括所获得的必要的生产资源（工资压力、原材料价格上涨、融资成本）、出售产出（生产过剩或消费不足），还包括偿还债务（利率、信贷、投机）。因此，它们都避开了生产领域，在劳动价值论里就意味着生产了剩余。

因此，这些争议针对的是价值理论，因为价值理论是每个经济理论的核心。危机作为一种必要现象，其物质主义的基础在于其产生剩余的能力。因此，它需要将盈利能力作为一个客观的参照标准，这就是“资本主义的‘动物精神’赖以存在的物质基础”（Shaikh，2016：734）。

在这些基础上，这些危机可能性理论中传播最广泛的、针对西班牙危机的那种分析已经显现。一方面，无法解释的现象激增，但我们也发现了基于一系列不平衡现象的描述。以上列举的这些现象足以表明西班牙经济不再是一种虚假的转向平衡的趋势，这实际上是不可能解开产生一定因果关系的底层逻辑的结果。在这份清单中，与方法论个人主义或社会过程的主观主义概念框架有关的因素凸显出来，此外，在具有基本社会内容的过程中所采用的技术方法也会变得更加引人注目。

* * *

对于与劳动价值理论相反或格格不入的正统流派以及其他非正统流派来说，21 世纪西班牙这一首次大萧条将成为一个巨大的失败，其原因是经济发展的严重失衡或相关人员的目光短浅。这也开启了研究者的另一项工作，即找出责任一方。在本书的第 3 章中，我们可以看到一些被曝光的机构或组织名字，例如欧洲央行或三大巨头机构、负责制定经济政策的机构、贸易联盟、失败的货币联盟的设计者等，此外还有一长串名单，在此无法一一列举。

就西班牙危机而言，房地产泡沫的存在导致了原因和结果的混淆，阻碍了人们对产生这种资产膨胀的原因进行反思。事实上，住宅资产泡沫以及西班牙加入货币联盟，恰好代表了理论和实证分析中最有意义的两个方面。值得注意的是，这种投机泡沫的特征本身就包含了促使危机替代理论形成的有效成分。

首先，这一泡沫使我们能够支持基于供求失衡、消费不足或生产过剩，包括工资压力（利润压缩）的那些解释。这是由于房价和工资增长率之间的差异，人们重视过剩的剩余，因为价格的上涨将会导致利润的增加。但也可以参考过低的工资，因为最终导致住房无法出售的原因仍是工资水平偏低。

同样，驱动大型房地产业的那一类行业缺乏一种低资本构成，它们无助于劳动生产率的提高，因此这些行业的工资偏低。与此同时，作为一种基于价格上涨和生产率低下的劳动密集型模式，这些公司具有较高的单位工资成本。此外，通胀压力被转移到整体经济中，从而导致了与欧元区其他经济体相比时竞争力的丧失。

其次，由于房地产业与使用信贷的企业和家庭之间关系密切，这一危机的出现可能是一种金融现象。这可能和低利率脱不开干系，因为泡沫通常出现在对货币资本需求较低的低盈利阶段。当利率上升时，泡沫破灭，从而导致债务违约。但因为建造和购买住房需要贷款，所以也有负债过度的原因，当经济危机爆发时，收入下降会提高累积债务的相对水平。最后，由于金融领域的扭曲影响，住房价格和其他资产价格与通常的宏观经济变量之间缺少联系，也成为导致危机爆发的原因。

最后，由于房地产泡沫与经济政策、金融监管机构以及城市和地区组织总体之间有着重要关联，因此这一制度框架始终是经济危机的一个诱因。事实上，引入新自由主义政策通常是为了谴责资本主义。但是，由于总会存在一个受监管的空间——对金融活动的某种控制，或者幸存下来的劳动法——此绝对自由市场的缺失总被当成一只替罪羔羊。这是著名经济学家西尼尔（Nassau William Senior，1790—1864 年，英国著名古典经济学家。提出“最后一小时”理论，替利润辩论。“最后一小时”：当时，每天劳动时间不得超过 11.5 小时，只有在最后 1 小时才能生产出纯利润，如果减少 1 小时，纯利润消失，如果减少 1.5 小时，总利润消失。因此，工人劳动时间绝对不能缩短为 10 小时）的“最后一小时”的升级版。准确地说，对于这位经济学家来说，“整个纯利润都来自最后一小时”（Marx，1867：233［MECW35］），这表明任何旨在减少工作日的立法都要为经济罪恶负责。当前，在西班牙，似乎我们尚未失去的劳动权利也不幸导致了我们企业竞争力的丧失。

因此，这种积累的发展变化在增值周期的各个阶段产生了某种不平衡，反过来又导致了每个外围因素所支持的各种理论的产生。换句话说，房地产泡沫的局限性告诉我们这套理论将会出现，以便给这一新生事物一个崭新的解释。

* * *

西班牙盈利能力的实证分析为如下评估提供了足够的证据：在 1995 年至 2007—2008 年十分繁荣的增长阶段背后，存在着一个关于生产剩余的根本问题。通过分析各种衡量利润率的指标，发现近几十年来，所有这些指标都经历了一个持续下降的过程。如果将非生产性——主要是金融、保险和房地产行业——部门排除在外，下降幅度则会更大。

1995 年，即这一研究起始的第一年，利润率比 1965—1974 年繁荣时期的平均水平低了近 30%。而就 1995 年这一年而言，在 2008 年危机爆发之前，占经济总量的剩余备份的利润率下降了 25%，而 2013 年则下降了 38%，随后开始复苏。在经济生产领域，这一利润率 2008 年下降了 40%，到 2012 年下降了 52%。但如果只考虑净经营剩余，盈利能力的下降幅度将会更大：2008 年下降了近 45%，2014 年与 1995 年相比下降了 58%。

利润率的普遍下降被利率的过度下降所对冲。在这方面，西班牙央行提供了一个传统衡量标准——这一有意义的指标就是投资回报和债务成本之间的利差。它的演变与利润率形成了鲜明对照，因为它在增长阶段一直处于波动状态，但没有出现下行趋势。由于总盈利能力的下降和利息负担，增长从 2007 年开始崩溃，随后便出现了下行趋势。

此外，这一结果得到了证实，因为通过验证，剩余量在衰退开始之前确实下降了。甚至在 2002 年，生产领域的净经营剩余量达到了峰值，随后便开始出现下降趋势。作为补充，对导致危机爆发的子时期的季度分析表明，经济问题首先出现在与大型房地产业息息相关的投资中，然后辐射到经济的其他行业和部门：出口和进口、住房价格、消费和信贷，最终所有这些都意味着国内生产总值的下降。然而，在总投资出现这些困难之前，产生的剩余量已经停滞。

因此，资本积累的驱动力取决于改变与剩余价值或权变因素有关的因素：利率下降、融资的巨大可能性、某些建筑资产增殖所产生的价格效应、工人人数的增加和工人实际工资的停滞。

诚然，这些衡量盈利能力的标准难免不会遭遇限制——当然可以讨论各种方法程序——但有一个问题绝对重要：如果资本主义的根本目的是利润最大化，那么为什么绝大多数对于危机的诊断方案中对盈利指标绝口不提？根据所提供的各种衡量标准，反过来表明西班牙经济领域的利润率和剩余量都出现了异常下降，甚至在欧元区国家也是如此，经济学家如何能够对这一问题继续视而不见，置之不理？

正如在第 5 章讨论的那样，利润率的下降似乎既无助于解释增长类型，又无益于探究危机爆发的原因，这一点似乎无可辩驳。因此，我们完全可以质疑，在利润率的背后，是否隐藏着一些至关重要但又令经济分析面临潜在危险的东西。对盈利能力的探究极有可能意味着将企业剩余及其来源置于辩论的中心。这是一条错误的研究路径。

简言之，即使西班牙经济积累的发展演变可能具有一定的特殊性，本书的主要结论仍是：危机的根源在于价值的生产领域，特别是无力生产足量的剩余。

＊＊＊

对盈利能力决定因素的分析揭示了西班牙增值过程的一个特点：就业动力与盈余生产能力之间存在的明显矛盾。或者不仅仅是一个明显的矛盾，而是同时存在的一对矛盾。因为对于劳动价值论来说，价值不是来自一般意义上的劳动——直接劳动、具体劳动或私人劳动——其产生基础就是抽象劳动。同样，资产通胀令住房价格脱离社会必要劳动时间，这并不违背价值规律，这一特点也不会改变马克思主义方法的理论基础。

西班牙经济的积累过程具有一定的劳动密集型特征，体现在机械化程度的相对停滞。因此，在增长阶段，资本—劳动比率几乎没有增加。然而，这是由于部门结构推进了住房繁荣，而行业类型的演变也揭示了西班牙经济融入欧洲资本主义的半边缘特征。

诚然，技术变革可以节约劳动力，更笼统地说，资本比率的演变呈现出重要的特点，但盈利能力的下降取决于资本生产率的演变，或者资本—产出比率的增加。具体来说，分析表明，资本（劳动）生产率的下降——因为资本是一种社会关系，所以厘清这一术语并不违反价值规律——正是从几乎停滞的机械化中衍生出来的，而这不仅反过来阻碍了劳动生产率的提高，还导致一些生产率指数也出现了令人担忧的下降。

作为补充，由于资产通货膨胀和西班牙加入货币联盟，物价平减指数的比率变得异常重要。资本资产相对价格上涨和消费价格指数小幅上升都是相关的过程，表明西班牙在欧元区内生产的相对落后。从这个意义上说，它为资本生产率的下降提供了额外的压力，并削弱了所产生的剩余的购买力。

西班牙经济的部门重组体现了这些特征：最有活力的行业部门是那些与房地产泡沫有关的行业，这些行业通常具有低于平均水平的机械化水平（相对劳动密集型）以及不断下降的劳动生产率。

因此，本书的另一个重要结论提到了盈利危机的原因：利润率下降的压力并不主要来自收入分配或金融领域。恰恰相反，中心部分是由剩余生产和资本构成。准确地说，为了理解工资和信贷发生了什么，分析应该从增值过程开始。从这个意义上讲，只能从产生盈余这一根本问题中理解对于危机多种不同解释所引发的争议。

* * *

与其他经济思想流派的批判性对话一直是本研究的一个重要部分。对收入分配、金融领域以及经济政策框架，所有这些问题以及它们在危机中发挥的作用都进行了详尽的评价。这一三角形关系承认了潜在因果关系的重复性和危机分析中的各种组合，但它是描述性的，因为仅仅包含了危机可能性理论的一些基本要素。

一方面，一些正统的分配理论强调，由于劳动力市场的失灵，按现行价格计算的工资成本有所增加。与此同时，其他一些非正统流派则强调与低工资相关的需求问题。这两种观点都是从工资决定出发，也就是说从分配领域出发，以便解释宏观经济的演变，特别是危机。

然而，对于新古典主义来说，在提高价格这一非正统的做法和政府/联盟的干预中，这种工资决定缺少客观依据，而是社会冲突本身。因此，就社会政治方面而言，工作成了外生的东西。无论是通过对劳动力市场的过度监管还是新自由主义的角度观察，事实证明，工资从供应方来看都是功能失调的——作为公司的成本——或作为需求的来源——获得产出的购买能力。

在正统解释中，一个核心方面就是工资和通货膨胀之间的关系：薪酬将是西班牙相对最高通货膨胀的根源。在反对新古典主义理论对劳动力市场的解释时，在这些诊断中，工资的购买力是无关紧要的，它只是一个结果。中心部分只是名义收入。真正能说明这一主流问题的是，在13年明显的经济奇迹中，平均实际工资并没有获得相应增长，在这种背景下，对工资的抱怨从未消失。

然而，对于凯恩斯主义学者来说，这一问题在于工资水平的低下，尤其是工资的下降。除了没有具体说明什么是工资的最优水平或其合理演变之外，问题在于，这种方法从分析上来说是从一个矛盾开始的，虽然这个矛盾只是表面的，但却是真实的：资产通胀受到了最终源自需求的限制。然而，因果关系却是相反的，因为没有任何物质基础。没有物质基础，就无法持续提高工资。

出于不同原因，自由主义者和凯恩斯主义者都宣称，与其说是工资导致了住房泡沫，不如说是实际工资的停滞以及迫使名义工资急剧上升的通货膨胀导致的，而这些都是住宅资产泡沫中出现的盈余生产能力不足而造成的后果。换句话说，劳动力价值的概念缺失了——马克思认为在短期内是相对固定的。

另一方面，来自新古典主义、奥地利流派和后凯恩斯主义流派的经济学家从金融领域的角度对西班牙危机进行了解释。这里的罪魁祸首是那些制定对于西班牙来说过低利率的经济管理部门，以及那些决定提供过多信贷的人或陷入无力偿还的债务中的人。在这条分析路径上可能会出现：货币联盟的设计者、银行家、投机者、不负责任的政治家和一长串被告人。

最后，这些对危机的诊断再现了主观主义的方法论要素，即强调缺乏某种系统逻辑的非整体性分析。公司或官方机构做出的某些决定表明，金融是引发冲击的最初原因。但在这里，原因和影响的位置被颠倒了。如果金融领域发挥了主导作用——这一点毫无疑问是对的，也符合资本的逻辑——那么更应该由产生剩余的过程中出现的种种困难来解释。

获得融资的便捷并不能解释危机，而是危机表现的形式。信贷允许系统性矛盾随着时间的推移不断被替代，使西班牙经济中流通剩余超过内部产生的剩余。事实上，利率下降是利润率下降的一种对冲力量，它能够使企业的净利润率（$r-i$）得到维持甚至得到提高。从这个意义上讲，这是危机的一种结果或触发因素，但并非危机的本质。

金融领域，作为资本不可避免的一部分，综合了具有多种意义的趋势和力量。泡沫对劳资关系产生了社会影响：它在繁荣期间削弱了工资的购买力，风险溢价的飙升已成为实施反工资政策的一种机制，提高了债权人实体的盈利能力。反过来，它也综合了欧元区的地理不平衡：西班牙和其他外围经济体的资本外流惠及了最发达的经济体——流动性、低利率——欧洲央行（ECB）的干预也带来了沉重负担。研究者必须意识到还有一些其他因素存在。这一新联邦银行不仅揭示了它的阶级特征，还表明了其决策中体现的地缘政治立场，由此也增加了西班牙危机的成本。

* * *

总之，有关分配和金融领域的争论表明了马克思关于危机的理论与其他经济思想流派之间存在着根本矛盾。其差异表现在思想方法论、提出的问题和所遵循的分析路径等方面。

劳动价值论的唯物主义方法设立了一个客观标准，如剩余的生产。由此出发，它确实试图解释了为什么分配和金融领域遵循了一条特定的路径，但必须始终保持资本的客观理性逻辑，绝不能使之独立于必然出现在这种动荡的生产模式中的社会政治的方方面面。其他经济学流派则为这场危机建立了一些临时性理论。因此，如果对劳动力市场减少管制，工资就可如实反映工人的边际生产率，或恰好相反，正如：如果利率更高一些，发放的信贷就会更少，债务也会变得更少。由此一来，危机则可避免。

弗里曼（2016：89）所言极是：“由于所有这些混乱的存在，人们对这一问题展开了广泛讨论：一些新的现象，如金融化、新自由主义或不平等，是否是20世纪80年代利润率下降（FRP）的遗留。只有当我们要么坚持因果排除法，要么利用多元因果关系来限制一般原因时，这些原因才能被看作是‘新发现’。关键是，是什么导致了金融化或新自由主义?”的确，这就是我们恰好必须要思考的问题，以便对危机理论进行明确的论述。因为新古典学派、奥地利学派和（后）凯恩斯主义者所指出的那一套失衡现象，实际上是利润率下降趋势规律所造成的结果，这是资本主义生产的普遍规律。

这次经济大衰退的严重程度迫使自由经济学家竭尽全力地说服我们相信危机爆发时工人自己明白应担负什么责任。尽管缺乏证据，但我们信奉的这一概念已经在社会中伴随了我们很长时间，并且早已超出我们力所能及的范围。在这项任务中，这些权威经济学家责任重大。我们必须承认，他们为此付出了巨大努力。在公开反对自由主义时，作为工人阶级的学者，我们有责任对这些包庇资本主义生产方式背后的真实特征及在其反复发生的危机中所产生的具有不同经济思想的各种流派予以强烈的驳斥并给予严厉的批评。

在经济思想中，别无他物，唯有阶级斗争。

参考文献

[1] Carpintero O (2009) Burbuja financiera y deterioro ecológico: la necesidad de un cambio de modelo. Papeles de Relaciones Ecosociales y Cambio Global 105:69 – 80.

[2] Freeman A (2016) Booms, depressions and the rate of profit: a pluralist, inductive guide. In: Subasat T (ed) the great financial meltdown. Systemic, conjunctural or policy created? Edward Elgar, Northampton MA, p 73 – 96.

[3] Marx K (1867) Capital, vol. I. Marx & Engels Collected Works, vol. 35. Lawrence & Wishart, London.

[4] Shaikh A (1990) Valor, acumulación y crisis: ensayos de economía

política. Tercer Mundo Editores, Bogotá.

[5] Shaikh A (2016) Capitalism: competition, conflict, crises. Oxford University Press, New York.

参考文献 | THE THEORY OF CRISIS AND THE GREAT RECESSION IN SPAIN

[1]Álvarez N (2012) La financiarización de la economía española. Endeudamiento, crisis y recortes sociales. Paper presented at the Workshop on Debt, Rosa Luxemburg Stiftung, Berlin 2 –4 November 2012.

[2]Álvarez N, Luengo F, Uxó J (2013) Fracturas y crisis en Europa. Clave Intelectual, Madrid.

[3]Álvarez del Cuvillo A (2009) Informe sobre la regulación del despido en Europa. Temas laborales 99:259 –297.

[4]AMECO (2019) Annual macro – economic database. European Commission's Directorate General for Economic and Financial Affairs.

[5]Andrés J (2009) España y los desequilibrios globales. In: FEDEA La crisis de la economía española: lecciones y propuestas. Sociedad Abierta – FEDEA, p 5 – 11. Online edition: http://www. crisis09. es/ebook/.

[6]Astarita R (2004) Valor, mercado mundial y globalización. Kaicron, Buenos Aires.

[7]Astarita R (2010) Economía política de la dependencia y el subdesarrollo. Universidad Nacional de Quilmes Editorial, Buenos Aires.

[8]Astarita R (2011) Ley de Say, Marx y las crisis capitalistas. http://rolandoastarita. wordpress. com/? blogsub = confirming # subscribe - blog. Accessed 28 Oct 2018.

[9] Bagnai A (2013) Unhappy families are all alike: Minskyan cycles, Kaldorian growth and the Eurozone peripheral crisis. Working Papers Series 1301, Italian Association for the Study of Economic Asymmetries, Rome.

[10]Baran P, Sweezy P (1966) Monopoly capital: an essay on the American economic and social order. Monthly Review Press, New York.

[11] Bellod J F (2007) Crecimiento y especulación inmobiliaria en la economía española. Principios: Estudios de Economía Política 8:59 - 84.

[12]Bellod J F (2009) El precio de la vivienda y la inflación en España. El Trimestre Económico 76(302): 379 - 405.

[13] Bernaldo L, Martínez R (2005) El modelo económico español, 1996 - 2004. Una revolución silenciosa. Instituto de Est udios Económicos, Madrid.

[14]Bernardos G (2009) Creación y destrucción de la burbuja inmobiliaria en España. Información Comercial Española 850:23 - 40.

[15] Boldrin M, Conde - Ruiz I, Díaz - Giménez J (2009) Eppur si Muove! España: creciendo sin un modelo. In: Bentolila S, Boldrin M, Díaz - Giménez J et al (coords) La crisis de la economía española. Anólisis económico de la Gran Recesión. FEDEA, p 165 - 235. Online edition: http://crisis09. fedea. net/libro_crisis/la_crisis_de_la_economia_espanola. pdf.

[16]Borio C (2012) The financial cycle and macroeconomics: What have we learnt? . BIS Working Papers 395, Bank for International Settlements.

[17]Borio C, Disyatat P (2015) Capital flows and the current account: taking financing (more) seriously. BIS Working Papers 525, Bank for Interna-

tional Settlements.

[18]BoS (2006a). Annual report 2005. Bank of Spain, Madrid.

[19]BoS (2006b). Economic bulletin. Bank of Spain, Madrid.

[20]BoS (2007). Economic bulletin. Bank of Spain, Madrid.

[21]BoS (2008a). Survey of household finances. Bank of Spain, Madrid.

[22]BoS (2008b). Annual report 2007. Bank of Spain, Madrid.

[23]BoS (2010). Annual report 2009. Bank of Spain, Madrid.

[24]BoS (2014). Annual report 2013. Bank of Spain, Madrid.

[25] BoS (2017) Report on the financial and banking crisis in Spain, 2008 – 2014. Bank of Spain, Madrid.

[26] BoS (2018). Annual report 2017. Bank of Spain, Madrid. BoS (2019a). Statistical bulletin. Bank of Spain, Madrid.

[27]BoS (2019b). Economic indicators. Bank of Spain, Madrid.

[28]BoS (2019c). Central balance sheet data office. Bank of Spain, Madrid.

[29]BoS (2019d). Summary indicators. Bank of Spain, Madrid.

[30]BoS (2019e). Financial accounts of the Spanish economy. Bank of Spain, Madrid.

[31]BSE (2019). System of continuous evaluation of the Spanish social reality. IOE Group, Barómetro Social de España.

[32]Buendía L (2018) A perfect storm in a sunny economy: a political economy approach to the crisis in Spain. Socio – Economic Review. https://doi.org/10.1093/ser/mwy021.

[33]Buendía L, Molero – Simaro R (coords) (2018) The political economy of modern Spain: from miracle to mirage. Routledge, London.

[34]Buendía L, Moleo – Simarro R, Murillo F J (2018) The distributive

pattern of the Spanish economy: the impact of adjustment on inequalities. In: Buendía L, Molero – Simaro R (coords) the political economy of modern Spain: from miracle to mirage. Routledge, London, p 124 – 149.

[35] Carballo – Cruz F (2011) Causes and consequences of the Spanish economic crisis: why the recovery is taken so long? Panoeconomicus 58 (3): 309 – 328.

[36] Carchedi G (1997) The EMU, monetary crises, and the single European cur – rency. Capital & Class 21(3):85 – 114.

[37] Carchedi G (2011) Behind the crisis. Marx's dialectics of value and knowledge. Brill, Leiden and Boston.

[38] Carpintero O (2009) Burbuja financiera y deterioro ecológico: la necesidad de un cambio de modelo. Papeles de Relaciones Ecosociales y Cambio Global 105:69 – 80.

[39] Carpintero O, Bellver J (2013) ¿Es posible la sostenibilidad ambiental de la economía española? In Worldwatch Institute (ed.) Informe sobre la situación del mundo 2013: ¿es aún posible lograr la sostenibilidad? FUHEM Ecosocial/ Icaria, Madrid, p 557 – 579.

[40] Carreras A, Tafunell X (2018) Entre el imperio y la globalización. Historia económica de la España contemporánea. Crítica, Barcelona.

[41] Catalán J, Sánchez A (2013) Cinco cisnes negros: grandes depresiones en la industrialización moderna y contemporánea, 1500 – 2012. In: Comín F, Hernández M (eds) Crisis económicas en España, 1300 – 2012. Lecciones de la Historia. Alianza, Madrid, p 83 – 112.

[42] Charnock G, Purcell T, Ribera – Fumaz R (2014) The limits to capital in Spain. Crisis and revolt in the European South. Palgrave Macmillan, London.

[43] Charnock G, Purcell T, Ribera – Fumaz R (2015) The limits to capital in Spain: the roots of the "New Normal". Critique 43(2):173 – 188.

[44] Charnock G, Purcell T, Ribera – Fumaz R (2016) New international division of labour and differentiated integration in Europe: the case of Spain. In: Charnock G, Starosta G (eds.) the new international division of labour. Global transformation and uneven development. Palgrave Macmillan, London, p 157 – 180.

[45] Clarke S, Ginsburg N (1976) The political economy of housing. In: Political economy and the housing question. CSE Books, London, p 3 – 33.

[46] Cockshott P, Nieto M (2017) Ciber – comunismo. Planificación económica, computadoras y democracia. Trotta, Madrid.

[47] Cohen G (1978) Karl Marx's theory of history. A defence. Princeton University Press, Princeton NJ.

[48] Colom A (2012) La crisis económica española: orígenes y consecuencias. Una aproximación crítica. Paper presented at the 13rd Jornadas de Economía Crítica, University of Seville, 9 – 11 February 2012.

[49] Comín F (2015) Las dimensiones de la crisis actual desde una perspectiva histórica. Gaceta Sindical 24:25 – 64.

[50] Coscubiela J (2010) Causas y lecciones ignoradas de la crisis. In: Costas A (coord.) La crisis de 2008. De la economía a la política y más allá. Fundación Cajamar, El Ejido, p 345 – 364.

[51] Cuadrado – Roura J R (2010) El sector construcción en España. Análisis, perspectivas y propuestas. Colegio Libre de Eméritos, Madrid.

[52] Cuadrado – Roura J R and Maroto A (2012) El problema de la productividad en España: causas estructurales, cíclicas y sectoriales. FUNCAS, Madrid.

[53] Deltell C (2008) Ciudad y ecología. In: Seminario de Economía Crítica TAIFA Auge y crisis de la vivienda en España. Informes de Economía 5, p 36 – 37.

[54] Desai R (2012) Marx, List, and the materiality of nations. Rethinking Marxism 24(1):47 – 67.

[55] Detragiache E, Abiad A, Tressel T (2008) A new database of financial reforms. Working Paper 08/266, International Monetary Fund, Washington, DC.

[56] Dobb M (1937) Political economy and capitalism: some essays in economic tradition. Routledge, London.

[57] ECB (2010). Monthly Bulletin, June. European Central Bank, Frankfurt. https://www.ecb.europa.eu/pub/pdf/mobu/mb201006en.pdf.

[58] El Economista (2015) La burbuja inmobiliaria se detectó tarde por la falta de buenos datos, según el Banco de España, 28 April.

[59] El País (2008) Botín: la crisis es como la fiebre de los niños, empieza fuerte y luego baja, 22 June.

[60] Estrada A, Jimeno J F, Malo de Molina JL (2009) La economía española en la UEM: los diez primeros años. Occasional Papers 0901, Bank of Spain, Madrid.

[61] Etxezarreta M, Ribera R (2008) Capitalismo, espacio y vivienda. In: Seminario de Economía Crítica TAIFA. Auge y crisis de la vivienda en España. Informes de Economía 5, p 6 – 18.

[62] Eurostat (2019) Database. Statistical office of the European Union.

[63] Fama E (2010) Interview with Eugene Fama, by John Cassidy. The New Yorker, 13 January.

[64] FBBVA (2019) El Stock y los servicios del capital en España y su distribución territorial y sectorial (1964 – 2016). BBVA Foundation/Valencian

Institute of Economic Research.

[65]Febrero E, Bermejo F (2013) Spain during the Great Recession. Teetering on the brink of collapse. In: Dejuán O, Febrero F, Uxó O (eds) Post – Keynesian views of the crisis and its remedies. Routledge, London, p 266 – 293.

[66]Febrero E, Álvarez N, Uxó J (2017) Current account imbalances or too much bank debt as the main driver of gross capital inflows? Spain during the Great Financial Crisis. Paper presented at the International Post – Keynesian and Institutionalist Conference, Grenoble, 7 – 12 December 2017.

[67]Fernández J I, Mayals D (2008) La evolución de la situación de la vivienda (1995 – 2008). Seminario de Economía Crítica TAIFA. Auge y crisis de la vivienda en España. Informes de Economía 5, p 19 – 47.

[68]Fernández – Villaverde J, Garicano L, Santos T (2013) Political credit cycles: the case of the Eurozone. the Journal of Economic Perspectives 27(3): 145 – 166.

[69]Fernandez – Villaverde J, Ohanian L (2010) The Spanish crisis from a global perspective, FEDEA Working Papers 2010 – 3, Founda4tion for Applied Economics Studies.

[70]Ferreiro J, Gálvez C, González A (2016) Financialisation and the economic crisis in Spain. In: Hein E, Detzer D, Dodig N (eds) Financialisation and the financial and economic crises. Country Studies. Edward Elgar, Cheltenham, p 89 – 113.

[71]Fleetwood S (2012) Laws and tendencies in Marxist political economy. Capital & Class 36(2):235 – 262.

[72]Foley D (2010) The political economy of post – crisis global capitalism. Paper prepared for the Economy and Society Conference at the University of Chicago, 3 – 5 December 2010.

[73] Freeman A (2004) The inequality of nations. In: Freeman A, Kagarlitsky B (eds) the politics of empire. Globalisation in crisis. Pluto Press, London, p 46 – 83.

[74] Freeman A (2009) The poverty of statistics and the statistics of poverty. Third World Quarterly 30(8):1427 – 1448.

[75] Freeman A (2010a) Marxism without Marx: a note towards a critique. Capital & Class 34(1):84 – 97.

[76] Freeman A (2010b) Crisis and "law of motion" in economics: a critique of positivist Marxism. Research in Political Economy 26:211 – 250.

[77] Freeman A (2016) Booms, depressions and the rate of profit: a pluralist, inductive guide. In: Subasat T (ed) the great financial meltdown. Systemic, conjunctural or policy created? Edward Elgar, Northampton MA, p 73 – 96.

[78] Gandoy R, Álvarez ME (2017) Sector industrial. In: Delgado JL, Myro R (dirs) Lecciones de economía española. Aranzadi, Pamplona, p 161 – 179.

[79] García C, Tello P (2011) La evolución de la cuota de exportación de los productos españoles en la última década: el papel de la especialización comercial y de la competitividad. Economic Bulletin 5:49 – 60.

[80] García M A, Zarapuz L (2005) Una nueva cultura para afrontar el creciente problema de la vivienda en España. Cuadernos de Información Sindical, CCOO. Paralelo Edición, Madrid.

[81] García N (2014a) Las causas de la doble recesión de España en 2008 – 2013. In: García N, Ruesga SM (coords) ¿Qué ha pasado con la economía española? La Gran Recesión 2.0 (2008 a 2013). Pirámide, Madrid, p 29 – 54.

[82]García N (2014b) La débil competitividad de la economía española. In: García N, Ruesga SM (coords)¿Qué ha pasado con la economía española? La Gran Recesión 2.0 (2008 a 2013). Pirámide, Madrid, p 117 -150.

[83]García - Montalvo J (2009) Financiación inmobiliaria, burbuja crediticia y crisis financiera. Lecciones a partir de la recesión de 2008 -09. Papeles de Economía Española 122:66 -85.

[84]Garicano L (2014) El dilema de España. Ser más productivos para vivir mejor. Península, Barcelona.

[85]Garzón E, Medialdea M, Sanabria A (2018). The Spanish financial sector. Debt crisis and bailout. In: Buendía L, Molero - Simaro R (coords) the political economy of modern Spain: from miracle to mirage. Routledge, London, p 77 -97.

[86]Gavilán A, Hernández P, Jimeno JF et al (2011) The crisis in Spain: origins and developments. In: Beblavý M, Cobham D, Ódor L (eds) the Euro area and the financial crisis. Cambridge University Press, New York, p 81 -96.

[87]Gill L (1996) Fundamentos y límites del capitalismo. Trotta, Madrid.

[88]Gintis H (1992) The analytical foundations of contemporary political economy: a comment on Hunt. In: Roberts R, Feiner S (eds) Radical economics. Kluwer Academic Publishers, Boston, p 108 -116.

[89]González J, Mariña A (1992) Formación de capital, productividad y costos: rela - ciones básicas. Revista Análisis Económico 10(20):3 -17.

[90]Gotham K F (2006) The secondary circuit of capital reconsidered: globalization and the U. S. real estate sector. American Journal of Sociology 112(1): 231 -275.

[91]Gouverneur J (2005) The foundations of capitalist economy. An introduction to the Marxist economic analysis of contemporary capitalism. Diffusion

Universitaire Ciaco, Louvain – la – Neuve.

[92]Gowan P (1999) The global gamble: Washington's faustian bid for world dominance. Verso, London.

[93]Guamán A, Illueca H (2012) El huracán neoliberal. Una reforma laboral contra el trabajo. Sequitur, Madrid.

[94]Guerrero D (1997a) Historia del pensamiento económico heterodoxo. Trotta, Madrid.

[95]Guerrero D (1997b) Un Marx imposible: el marxismo sin teoría laboral del valor. Investigación Económica 57(222):105 – 143.

[96]Guerrero D (2018a) La teoría laboral del valor y la crítica de la teoría neoclásica. In: Guerrero D, Nieto M (eds) Qué enseña la economía marxista. 200 años de Marx. El Viejo Topo, Barcelona, p 25 – 66.

[97]Guerrero D (2018b) Las crisis económicas y la incompatibilidad entre capitalismo y democracia. In: Guerrero D, Nieto M (eds) Qué enseña la economía marxista. 200 años de Marx. El Viejo Topo, Barcelona, p 171 – 198.

[98]Harvey D (1982) Limits to capital. Verso, London.

[99]Harvey D (2004) The "new" imperialism: accumulation by dispossession. In: Panitch L, Leys C (eds) the New Imperial Challenge. Socialist Register 40. the Merlin Press, London, p 63 – 87.

[100]Hein E, Truger A, van Treek T (2011) The European financial and economic crisis: alternative solutions from a (Post –) Keynesian perspective. Working Paper 9/2011, Institute für Makroökonomie und Konjunkturforschung, Hans Böckler Stiftung, Düsseldorf.

[101] Hott Ch, Jokipii T (2012) Housing bubbles and interest rates. Working Paper 2012 – 7, Swiss National Bank.

[102]Husson M (2011) Exit or voice? A European strategy of rupture. In:

Panitch L, Albo G, Chibber V (eds) The crisis and the left. Socialist Register 48. The Merlin Press, London, p 298 – 306.

[103] Idoate E, Zamorano F, Caicedo N et al (2008) Políticas de vivienda en el Estado español. Seminario de Economía Crítica TAIFA. Auge y crisis de la vivienda en España. Informes de Economía 5, p 66 – 80.

[104] IMF (2008) World economic outlook. International Monetary Fund, Washington, DC, October.

[105] IMF (2012) Spain: staff report for the 2012 article IV consultation. IMF country report 12/202, 27 July. International Monetary Fund, Washington, DC.

[106] IMF (2013) Spain: 2013 article IV consultation. IMF country report 13/244, 2 August. International Monetary Fund, Washington, DC.

[107] IMF (2019) World economic outlook database, April. International Monetary Fund, Washington, DC.

[108] Izquierdo M, Lacuesta A, Puente S (2013) La reforma laboral de 2012: un primer análisis de algunos de sus efectos sobre el mercado de trabajo. Economic Bulletin 9:55 – 64, Bank of Spain, Madrid.

[109] Jones P (2013) The falling rate of profit explains falling US growth. Paper presented at the 12th Australian Society of Heterodox Economists Conference, November 2013.

[110] Jorge Juan (2011) Nada es gratis. Cómo evitar la década perdida tras la década prodigiosa. Destino, Madrid.

[111] Keynes J M (1936) the general theory of employment, interest, and money. Online edition: https://cas2.umkc.edu/economics/people/facultypages/kregel/courses/econ645/winter2011/generaltheory.pdf.

[112] King J E (2013) A brief introduction to Post Keynesian macroeco-

nomics. Wirtschaft und Gesellschaft 39(4):485 -508.

[113]Kliman A (2007) Reclaiming Marx's Capital: a refutation of the myth of inconsistency. Lexington Books, Lanham.

[114]Knoop T (2004) Recessions and depressions: understanding business cycles. Praeger, Westport CT.

[115]Koo R (2011) The world in balance sheet recession: causes, cure, and politics. Real - World Economics Review 58:19 -37.

[116]Kose A, Terrones M (2015) Collapse and revival: understanding global recessions and recoveries. International Monetary Fund, Washington, DC.

[117]Lapavitsas C, Kaltenbrunner A, Labrinidis G et al (2011) Crisis en la zona euro: perspectiva de un impago en la periferia y la salida de la moneda única común. Revista de Economía Crítica 11:131 -171.

[118]Lois R, Piñeira M J, Vives - Miró S (2016). The urban bubble process in Spain: an interpretation from the point of view of geography and the theory of the circuits of capital. Journal of Urban and Regional Analysis 8(1): 5 -20.

[119]López I, Rodríguez E (2010) Fin de ciclo. Financiarización, territorio y sociedad de propietarios en la onda larga del capitalismo hispano (1959 -2010). Traficantes de Sueños, Madrid.

[120]López I, Rodríguez E (2011) The Spanish model. New Left Review 69: 5 -29.

[121]Malo de Molina J L (2013) Entre la micro y la macro: el papel del mercado de trabajo en la crisis del euro en España. In: Lucena M, Repullo R (coords) Ensayos sobre economía y política económica: homenaje a Julio Segura. Antoni Bosch, Barcelona, p 351 -368.

[122]Maluquer J (2014) La economía española en perspectiva histórica.

Siglos XVIII – XXI. Pasado y Presente, Barcelona.

[123] Mandel E (1976) El Capital: cien años de controversia en torno a la obra de Karl Marx. Siglo XXI, Madrid.

[124] Mankiw G, Scarth W (2001) Macroeconomics. Worth Publishers, New York.

[125] Martínez – Hernández FA (2017) The political economy of real exchange rate behavior: theory and empirical evidence for developed and developing countries, 1960 – 2010. Review of Political Economy 29(4):566 – 596.

[126] Marx K (1857a – 1958). Economic Manuscripts of 1857 – 1958. Marx & Engels Collected Works, vol. 28. Lawrence & Wishart, London.

[127] Marx K (1857b – 1958). Outlines of the critique of political economy (rough draft of 1857 – 1958) [second instalment], vol. 29, p 5 – 256. Lawrence & Wishart, London.

[128] Marx K (1861 – 1963) A contribution to the critique of political economy. Marx & Engels Collected Works, vol. 32. Lawrence & Wishart, London.

[129] Marx K (1867) Capital, vol. I. Marx & Engels Collected Works, vol. 35. Lawrence & Wishart, London.

[130] Marx K (1885) Capital, vol. II. Marx & Engels Collected Works, vol. 36. Lawrence & Wishart, London.

[131] Marx K (1894) Capital, vol. III. Marx & Engels Collected Works, vol. 37. Lawrence & Wishart, London.

[132] Mateo J P (2007) La Tasa de ganancia en México, 1970 – 2003. Análisis de la crisis de rentabilidad a partir de la composición del capital y la distribución del ingreso. Dissertation, Complutense University de Madrid.

[133] Mateo J P (2011a). The financialization as a theory of crisis in a historical perspective: nothing new under the sun. Working Paper Series 262, July,

Political Economy Research Institute, University of Massachusetts – Amherst.

[134] Mateo J P (2011b) Lo que hay que hacer. Una hoja de ruta de política económica para salir de la crisis. Sociedad y Utopía 38:221 –242.

[135] Mateo J P (2013a) La crisis económica mundial y la acumulación de capital, las finanzas y la distribución del ingreso. Revista de Economía Crítica 15: 31 –60.

[136] Mateo J P (2013b) La salida de la crisis y los fundamentos de un programa económico alternativo. El Laberinto 40:11 –29.

[137] Mateo J P (2016) Capitalismo, neoliberalismo y política económica. Pensamiento al Margen 4:1 –24.

[138] Mateo J P (2017a) Theory and practice of crisis in political economy: the case of the Great Recession in Spain. Working Paper 1715, Department of Economics, the New School for Social Research, April.

[139] Mateo J P (2017b) The profit rate and asset – price inflation in the Spanish economy. Working Paper 1721, Department of Economics, the New School for Social Research, June.

[140] Mateo J P (2018a). Teorías económicas, crisis y la crítica del reformismo. In: Guerrero D, Nieto M (eds) Qué enseña la economía marxista. 200 años de Marx. El Viejo Topo, Barcelona, p 201 –232.

[141] Mateo J P (2018b) Marx's law of the profit rate and the reproduction of capitalism. Neither determinism nor overdetermination. World Review of Political Economy 9(1):41 –60.

[142] Mateo J P (2018c) Ortodoxia disfrazada: una crítica del pensamiento post – keynesiano. Paper presented at the XVI Jornadas de Economía Crítica. 10 de años de ajuste ... . ¿ hacia dónde? University of León, 20 – 21 September 2018.

[143]Mateo J P (2018d). The long depression in the Spanish economy: bubble, profits and debt. In: Carchedi G, Roberts M (eds) The world in crisis. A global analysis of Marx's law of profitability. Haymarket, Chicago, p 201 - 227.

[144] Mateo J P (2018e) Capital, trabajo y la ley general de la acumulación. Sociología Histórica, 9: 507 - 534.

[145]Mateo, J P (2020). La acumulación de capital en la periferia. Una propuesta analítica desde la economía política. Cuadernos de Economía, 43 (122).

[146]Mateo J P, Lima V (2012) Aspectos metodológicos en el análisis del cambio tecnológico. Una perspectiva holista. Principios: Estudios de Economía Política 20:105 - 126.

[147]Mateo J P, Montanyà M (2018) the accumulation model of the Spanish econ - omy: profitability, the real estate bubble and sectoral imbalances. In: Buendía L, Molero - Simarro R (coords) the political economy of modern Spain: from miracle to mirage. Routledge, London, p 20 -48.

[148]Mattick P (1969) Marx and Keynes: the limits of the mixed economy. Porter Sargent, Boston.

[149]Mavroudeas S (ed) (2015) Greek capitalism in crisis. Routledge, London.

[150]May 1st Foundation (2012) El modelo de despido en la Unión Europea. Elementos clave para la comparación de los distintos modelos de despido en la Unión Europea. CCOO, Madrid.

[151]McNally D (2009) From financial crisis to world slump: accumulation, financialization, and the global slowdown. Historical Materialism 17(2): 35 -83.

[152]Milios J, Dimoulis D, Economakis G (2002) Karl Marx and the classics. An essay on value, crises and the capitalist mode of production. Ashgate, Hampshire.

[153]Milios J, Sotiropoulos D (2009) Rethinking imperialism. A study of capitalist rule. Palgrave Macmillan, London.

[154]Minsky H (1982) Can "it" happen again? essays on instability and finance. Taylor and Francis, Armonk, NY.

[155]Minsky H (1986) Stabilizing an unstable economy. Yale University Press, New Haven.

[156]Minsky H (1992) The financial instability hypothesis. Working Paper 74, the Jerome Levy Economics Institute of Bard College, May.

[157]Monereo M (2013) Por una oposición para la alternativa. La crisis de la Europa del euro y las elecciones de la izquierda. El Viejo Topo 308: 39 – 45.

[158]Montero A (2013) Plantear la salida del sistema sin plantear la ruptura con el euro equivale a no plantear nada en un escenario de emergencia económica y social, interview, Rebelion 5 June. http://www.rebelion.org/ noticia.php?id=169230.

[159]Morishima M (1973) Marx's economics: a dual theory of value and growth. Cambridge University Press, Cambridge.

[160]MPWT (2019). Statistical information. Ministry of Public Works and Transport, Madrid.

[161]Muñoz – de – Bustillo R (2014) La crisis del nunca acabar. El comportamiento macroeconómico español 2008 – 13. In: García N, Ruesga SM (coords) ¿Qué ha pasado con la economía española? La Gran Recesión 2.0 (2008 a 2013). Pirámide, Madrid, p 55 – 82.

[162] Muñoz – de – Bustillo R, Esteve F (2017) the neverending story. Labour market deregulation and the performance of the Spanish labour market. In: Piasna A, Myant M (eds) Myths of employment deregulation: how it neither creates jobs nor reduces labour market segmentation. European Trade Union Institution, Brussels, p 61 – 80.

[163] Murillo F J (2015) Análisis marxista del milagro económico español (1994 – 2007): dinámica salarial e impacto sobre la estructura de propiedad. Dissertation, Complutense University de Madrid.

[164] Naredo J M (2009) La cara oculta de la crisis: el fin del boom inmobiliario y sus consecuencias. Revista de Economía Crítica 7:118 – 133.

[165] Naredo J M (2010) El modelo inmobiliario español y sus consecuencias. Paper presented at the Coloquio sobre Urbanismo, democracia y mercado: una experiencia española (1970 – 2010), Institut d'Urbanisme de Paris, University of Paris XII – Val – de – Marne, 15 – 16 March 2010.

[166] Navarro V, Torres J, Garzón A (2011) Hay alternativas. Propuestas para crear empleo y bienestar social en España. Sequitur, Madrid.

[167] NBER (2019). US business cycle expansions and contractions. National Bureau of Economic Research.

[168] Nicholas H (2011) Marx's theory of price and its modern rivals. Palgrave Macmillan, London.

[169] Nicholas H (2014) Problems with post Keynesian price theory. A Marxist perspective. World Review of Political Economy 5(1):78 – 95.

[170] Nieto M (2015) Cómo funciona la economía capitalista. Escolar y Mayo, Madrid.

[171] NSI (2004). Annual non – financial accounts by institutional sectors. Accounting series 1995 – 2003. National Statistics Institute, Madrid.

[172] NSI (2011). Annual Spanish national accounts. Base 2000. Accounting series 1995 – 2009. National Statistics Institute, Madrid.

[173] NSI (2014). Annual Spanish national accounts. Base 2008. Homogeneous series 1995 – 2012. National Statistics Institute, Madrid.

[174] NSI (2018). Annual Spanish national accounts. Base 2000. Accounting series 1995 – 2017. National Statistics Institute, Madrid.

[175] NSI (2019a). Annual Spanish national accounts. Accounts of the institutional sectors. National Statistics Institute, Madrid.

[176] NSI (2019b). Economically active population survey. National Statistics Institute, Madrid.

[177] NSI (2019c). Population figures and demographic censuses. Demography and population. National Statistics Institute, Madrid.

[178] NSI (2019d). Statistical use of the Central Business Register, CBR. National Statistics Institute, Madrid.

[179] NSI (2019e). Quarterly Spanish national accounts. Base 2010. National Statistics Institute, Madrid.

[180] OECD (2014). The 2012 Labour Market Reform in Spain. A Preliminary Assessment. OECD Publishing. https://doi.org/10.1787/9789264213586 – en.

[181] OECD (2019). OECD. Stat. Organisation for Economic Co – operation and Development, Paris.

[182] Ortega E, Peñalosa J (2012) Claves de la crisis económica española y retos para crecer en la UEM. Occasional Papers 1201, Bank of Spain, Madrid.

[183] Palafox J (2017) Cuatro vientos en contra. El porvenir económico de España. Pasado y Presente, Barcelona.

[184] Pérez F (2013) Crecimiento y competitividad. Los retos de la recuperación. BBVA Foundation and Valencian Institute of Economic Research.

[185]Pérez - Caldentey E, Vernengo M (2018) Integration, spurious convergence, and financial fragility: a post - Keynesian interpretation of the Spanish crisis. Brazilian Journal of Political Economy 38(2):304 - 323.

[186]Pérez - Infante JI (2013) Crisis, reformas laborales y devaluación salarial. Relaciones laborales 10:69 - 96.

[187]Prados de la Escosura L (2017) Spanish economic growth, 1850 - 2015. Palgrave Macmillan, London.

[188]Puente S, Galán S (2014). Un análisis de los efectos composición sobre la evolución de los salarios. Economic Bulletin 2:57 - 61. Bank of Spain, Madrid.

[189]Recarte A (2008) El Informe Recarte. La crisis financiera internacional y el crack financiero español, Libertad Digital. Online edition: https://www.libertaddigital.com/fragmentos/recarte - pdf - crisis - financiera - internacional - crack - financiero - espanol.html.

[190]Recio A (2010) Capitalismo español: la inevitable crisis de un modelo insostenible. Revista de Economía Crítica 9:198 - 222.

[191]Reinhart C, Rogoff K (2009) This time is different: eight centuries of financial folly. Princeton University Press, Princeton NJ.

[192]Roberts M (2016) The long depression. Haymarket, London.

[193]Rodríguez J (2009) Los booms inmobiliarios en España: un análisis de tres períodos. Papeles de economía española 109:76 - 90.

[194]Ruesga SM (2013) Para entender la crisis económica en España. El círculo vicioso de la moneda única y la carencia de un modelo productivo eficiente. Economía UNAM 10(28):70 - 94.

[195]Ruiz - Gálvez ME, Vicent L (2018) The Spanish labor market on the path of flexibility and wage devaluation. In: Buendía L, Molero - Simaro R

(coords) the political economy of modern Spain: from miracle to mirage. Routledge, London, p 98 – 123.

[196]Sanabria A, Medialdea B (2014) La crisis de la deuda en España: elementos básicos y alternativas. In: Foessa Foundation. Precariedad y cohesión social, Análisis y perspectivas 2014. Cáritas, Madrid, p 63 – 70.

[197]Sanabria A, Medialdea B (2016) Lending calling. Recession by over – indebtedness: description and specific features of the Spanish case. Panoeconomicus 63(2):195 – 210.

[198]Sanjuán C (2019) Historia y sistema en Marx. Hacia una teoría crítica del capitalismo. Siglo XXI, Madrid.

[199]Sawyer M (1985) The economics of Michał Kalecki. ME Sharpe, Armonk NY.

[200]Sawyer M (1988) Theories of monopoly capitalism. Journal of Economic Surveys 2(1):47 – 76.

[201]Segura F (2012) Infraestructuras de transporte y crisis: grandes obras en tiempos de recortes sociales. Libros en Acción, Madrid.

[202]Shaikh A (1990) Valor, acumulación y crisis: ensayos de economía política. Tercer Mundo Editores, Bogotá.

[203]Shaikh A (2016) Capitalism: competition, conflict, crises. Oxford University Press, New York.

[204]Shaikh A, Tonak A (1994) Measuring the wealth of nations: the political economy of national accounts. Cambridge, Cambridge University Press.

[205]Smith M (1994) Invisible leviathan: Marxist critique of market despotism beyond postmodernism. University of Toronto Press, Toronto.

[206]Smith T (1990) The logic of Marx's Capital. Replies to Hegelian criticisms. State University of New York Press, Albany NY.

[207]Sotiropoulos D, Milios M, Lapatsioras S (2013) A political economy of contemporary capitalism and its crisis: demystifying Finance. Routledge, London.

[208]Sweezy P (1942) The theory of Capitalist Development. Principles of Marxian Political Economy. Monthly Review Press, New York.

[209]Taguas D (2014) Cuatro bodas y un funeral: cómo salir de la crisis sin salir del euro. Deusto, Barcelona.

[210]Tapia J A (2009) Causas de las crisis: especulación financiera, burbujas inmobiliarias, machismo desaforado y otras explicaciones económicas de nuestra penuria. Ensayos de Economía 34:35 - 46.

[211]Tapia J A (2018) Investment, profit and crises: theories and evidence. In: Carchedi G, Roberts M (eds) the world in crisis. A global analysis of Marx's law of profitability. Haymarket, Chicago, p 78 - 126.

[212]Tapia J A, Astarita R (2011) La Gran Recesión y el capitalismo del siglo XXI. Teorías económicas, explicaciones de la crisis y perspectivas de la economía mundial. Los Libros de la Catarata, Madrid.

[213] Torres J (2009) Crisis inmobiliaria, crisis crediticia y recesión económica en España. Papeles de Europa 19:82 - 107.

[214]Torres J (2011) Contra la crisis, otra economía y otro modo de vivir. HOAC, Madrid.

[215]Tsoulfidis L (2010) Competing schools of economic thought. Springer, Berlin.

[216]Uxó J, Febrero E, Bermejo F (2015) Reforma laboral, devaluación salarial y empleo: una perspectiva macroeconómica. Revista de Economía Laboral 12:201 - 247.

[217]Uxó J, Paúl J, Febrero E (2011) Current account imbalances in the

monetary union and the great recession: causes and policies. Panoeconomicus 58 (5):571 -592.

[218]Valle A, Martínez B G (2013) The problem of absorbing all the available labor force and capital composition. World Review of Political Economy 4(2): 178 -191.

[219]Vara O (2009). Causas de la crisis financiera en el caso español. Cuadernos de Economía 32(88):141 -158.

[220]Vasapollo L, Martufi R, Arriola J (2014) El despertar de los cerdos. Una alternativa geoestratégica y monetaria de los PIIGS. Maia, Madrid.

[221]Vázquez M (2015) Una aproximación a la actual crisis de deuda en España. Economía UNAM 12(34):53 -67.

[222]Veld J, Kollmann R, Pataracchia B et al (2014) International capital flows and the boom -bust cycle in Spain. Economic Papers 519, June. Economic and Financial Affairs, European Commission.

[223]Weeks J (1981) The differences between materialist theory and dependency theory and why they matter. Latin American Perspectives 8(3/4): 118 -123.

[224]Weeks J (1982) A note on underconsumptionist theory and the labor theory of value. Science & Society 46(1):60 -76.

[225]Weeks J (2010) Capital, exploitation and economic crisis. Routledge, London.

[226]Westphal K R (2003) Hegel's epistemology. a philosophical introduction to phenomenology of spirit. Hackett, Indianapolis and Cambridge.

[227]Wolff E N (2001) The recent rise of profits in the United States. Review of Radical Political Economics 33(3):315 -324.

[228]Wolff R (2010) Capitalism hits the fan. the global economic melt-

down and what to do about it. Olive Branch Press, Northampton MA.

[229] Wolff R, Resnick S (2012) Contending economic theories: Neoclassical, Keynesian, and Marxian. MIT Press, Cambridge MA.

[230] Wolfson M, Kotz D (2010) A reconceptualization of social structure of accumulation theory. In: McDonough T, Reich M, Kotz D (eds) Contemporary capitalism and its crises. Social structure of accumulation theory for the 21st century. Cambridge University Press, Cambridge, p 72 –90.

[231] World Bank (2019) World Development Indicators. Washington, DC.

索 引